L'intervention sociale auprès des groupes

Daniel Turcotte et Jocelyn Lindsay
avec la collaboration d'Isabelle Côté
et de Geneviève Lamonde

L'intervention sociale auprès des groupes

gaëtan morin
éditeur

CHENELIÈRE ÉDUCATION

L'intervention sociale auprès des groupes

Daniel Turcotte et Jocelyn Lindsay avec la collaboration d'Isabelle
Côté et de Geneviève Lamonde

© gaëtan morin éditeur ltée, 2000

Révision linguistique : Bérengère Roudil

**Catalogage avant publication
de la Bibliothèque nationale du Canada**

Turcotte, Daniel, 1952-

L'intervention sociale auprès des groupes

Comprend des réf. bibliogr. et des index.

ISBN 2-89105-786-4

1. Service social des groupes. 2. Groupes sociaux.
3. Groupes, Dynamique des. 4. Services sociaux – Planification.
I. Lindsay, Jocelyn, 1944- . II. Titre.

HV45.T86   2002   361.4   C2001-941061-1

**gaëtan morin
éditeur**

CHENELIÈRE ÉDUCATION

7001, boul. Saint-Laurent
Montréal (Québec)
Canada H2S 3E3
Téléphone : (514) 273-1066
Télécopieur : (514) 276-0324
info@cheneliere-education.ca

ISBN 2-89105-786-4

Dépôt légal 3e trimestre 2001
Bibliothèque nationale du Québec
Bibliothèque nationale du Canada

Imprimé au Canada

4 5 6 7 8 A 09 08 07 06 05

Nous reconnaissons l'aide financière du gouvernement du Canada
par l'entremise du Programme d'aide au développement de l'industrie de
l'édition (PADIÉ) pour nos activités d'édition.

Gouvernement du Québec — Programme de crédit d'impôt pour
l'édition de livres — Gestion SODEC

Tableau de la couverture :
Dix-sept heures
Œuvre d'**André Prégent**

Né à Montréal en 1947, André Prégent
poursuit une carrière comme cadre
d'entreprise avant de se découvrir,
accidentellement, une véritable pas-
sion pour la peinture. Son objectif con-
sistera désormais à traduire l'émotion
qu'il ressent au moyen des couleurs,
des formes et des lignes. Cet artiste,
qui accorde une importance primor-
diale à la composition, a une prédilection pour l'abstraction, laquelle lui
permet d'accéder à la créativité pure.

On peut se procurer les œuvres
d'André Prégent chez Micheline
Basilières à Saint-Lambert.

Avant-propos

L'idée de réaliser ce livre a commencé à germer il y a cinq ou six ans. Comme la difficulté de trouver des écrits en français appropriés sur le service social des groupes nous obligeait à rédiger des textes pour appuyer notre enseignement, nous avons pensé qu'un volume d'introduction sur l'intervention sociale auprès des groupes pourrait répondre à un besoin à la fois chez les étudiants en formation et chez les intervenants désireux de rafraîchir leurs connaissances.

Cet ouvrage a comme particularité de présenter de façon systématique les étapes du processus d'intervention auprès des groupes et les différentes actions qui les sous-tendent et les ponctuent. Il se veut un texte d'introduction ; en ce sens, il n'a pas la prétention de couvrir toutes les dimensions du service social des groupes. En outre, il ne traite que superficiellement des savoirs théoriques qui peuvent guider l'étude des groupes restreints ; d'autres textes en français abordent ces aspects de manière spécifique.

Plusieurs personnes ont collaboré à ce livre, dont trois de manière substantielle. Isabelle Côté, du CLSC des Hautes-Marées, a rédigé la première version du chapitre 8 sur la coanimation en plus de fournir des commentaires sur l'ensemble de l'ouvrage. Geneviève Lamonde, étudiante en maîtrise, a fait des recherches documentaires et a participé à la structuration de plusieurs chapitres. Enfin, Ginette Berteau, professeure à l'Université du Québec à Montréal, nous a fait profiter de sa grande expérience de formatrice et d'intervenante en commentant plusieurs parties du livre.

D'autres personnes ont apporté une aide qui mérite d'être soulignée. Nous pensons ici à Marie-Luce Garceau et à Christine Filion de l'Université Laurentienne de Sudbury et à Micheline Potvin de l'Université du Québec en Abitibi-Témiscamingue, qui ont lu et commenté l'ensemble de l'ouvrage. Nous pensons également à tous les étudiants qui, par leurs questions et leurs commentaires, nous ont obligés à structurer nos idées et à préciser notre pensée pour mieux faire comprendre les messages que nous voulions transmettre.

Toutes ces personnes ont apporté une contribution essentielle à la réalisation de cet ouvrage, non seulement par leurs commentaires sur le contenu, mais aussi par leurs propos encourageants et stimulants. Nous tenons à les remercier chaleureusement.

Table des matières

CHAPITRE 4   La planification de l'intervention 87

Introduction

Le service social des groupes est une méthode d'intervention dont les domaines d'application sont diversifiés, puisqu'il peut être utilisé tout autant pour des actions visant le changement personnel que pour des projets axés sur l'action sociale ou le développement organisationnel. Cette diversité de domaines d'application provient des trois grands courants qui ont marqué les débuts du service social des groupes : le mouvement des *settlements* (centres communautaires), l'éducation progressiste et le développement par les activités récréatives. Le service social des groupes est caractérisé par trois préoccupations importantes. D'abord, les membres du groupe sont considérés comme des personnes dont les comportements sont influencés par leurs conditions sociales, économiques et politiques. Ensuite, la réalité des membres du groupe est abordée dans une perspective globale qui tient compte de leurs forces et de leurs compétences et ne s'arrête pas à leurs problèmes et à leurs limites. Enfin, le groupe est considéré comme un sous-système dans un environnement plus large au sein duquel les membres entretiennent avec d'autres des relations multiples et diversifiées.

L'intervention de groupe est née de pratiques s'inscrivant historiquement dans le cadre de services offerts aux populations les plus démunies et se distinguant par une reconnaissance explicite de l'influence des conditions de vie sur l'intégration sociale et l'adaptation. Outre son approche des problèmes sociaux, c'est le recours à une démarche d'intervention structurée qui est axée sur l'accroissement du pouvoir individuel et collectif qui la caractérise. L'intervenant est polyvalent et s'adapte aux différentes situations ; il se sert des processus de groupe et de l'aide mutuelle pour susciter le changement.

Au cours des prochaines années, l'intervention de groupe devrait beaucoup se développer, du fait de l'alourdissement des problématiques sociales et de la mise à contribution de plus en plus importante des réseaux naturels dans la distribution des services aux personnes dans le besoin. L'utilisation du potentiel d'entraide qui est présent dans tout groupe rend cette méthode particulièrement intéressante pour aider les populations démunies à augmenter le pouvoir qu'elles peuvent exercer sur le plan collectif comme sur le plan individuel.

L'intervention de groupe doit, pour atteindre sa pleine efficacité, faire l'objet d'une planification soignée et être mise en œuvre par des intervenants qui sont sensibles à ses enjeux particuliers et qui possèdent les connaissances et les habiletés nécessaires pour réagir adéquatement aux phénomènes qui se produisent en situation de groupe. C'est dans le but de fournir une préparation de base aux personnes intéressées par la pratique du service social des groupes que ce livre a été élaboré. Il se veut ainsi accessible aux personnes qui n'ont aucune formation en intervention de groupe.

Cet ouvrage comporte huit chapitres. Le premier présente la méthode du service social des groupes au regard de ses fondements historiques et axiologiques, de ses particularités par rapport aux autres méthodes du service social et de ses domaines et modalités d'application. Après une définition de cette méthode d'intervention et des valeurs sur lesquelles elle s'appuie, nous abordons les moments charnières de son évolution, la nature des pratiques actuelles et les principales assises théoriques qui guident l'intervention de groupe. Ce chapitre fait notamment ressortir l'importance que revêt, dans cette méthode, la coopération, l'entraide, la démocratie et la liberté d'expression dans le respect des différences, et cela que le groupe ait été constitué à des fins d'action sociale, de prévention, de formation, de socialisation ou de thérapie.

Le deuxième chapitre porte sur les éléments à prendre en considération pour analyser le fonctionnement d'un groupe et donner un sens aux phénomènes qui se manifestent tout au long du processus d'intervention. La première section définit le groupe et décrit les différents types de groupes. Les sections suivantes décrivent les aspects d'un groupe qui doivent être examinés : le but, la structure, les normes, les rôles, le leadership, la vie socio-affective et la communication.

Le troisième chapitre étudie les trois facteurs qui permettent d'influer sur la transformation des rapports entre les membres d'un groupe et de l'apprécier au fil du temps : la prise de décision en groupe, les stades de développement et les phases du processus d'intervention. Comme l'évolution d'un groupe est étroitement liée aux efforts qui sont consacrés à la résolution des problèmes et aux prises de décisions qui jalonnent son histoire, l'intervention doit viser à accompagner et à soutenir les membres du groupe dans ces tâches. Il est donc important que l'intervenant social structure son action en fonction du degré de développement du groupe et de son habileté grandissante à faire face à des situations complexes.

Les quatre chapitres suivants sont consacrés aux différentes phases du processus d'intervention de groupe : la planification, le début de l'intervention, la phase de travail et la conclusion de l'intervention. Chacun de ces chapitres traite de la façon dont il faut interpréter la réaction des membres du groupe, des tâches de l'intervenant et des principaux écueils que peut rencontrer le groupe, dans l'optique de bien préparer l'intervenant à faire face aux différentes situations qui peuvent se présenter dans un groupe.

Le quatrième chapitre décrit les différentes étapes que comporte la planification d'une intervention de groupe. Il s'agit de l'étude de la demande de service, du choix de la méthode répondant le mieux à la demande, de la formulation des buts et objectifs du groupe, de la description du cadre général du groupe, de la rédaction du projet d'intervention, de la formation du groupe et de la préparation personnelle de l'intervenant. Bien que cela puisse sembler paradoxal de prime abord, une planification rigoureuse constitue généralement la meilleure façon de se préparer. Cependant, la démarche d'intervention devra laisser de la place à la souplesse et à la spontanéité.

Le cinquième chapitre aborde le début de l'intervention. Nous décrivons d'abord rapidement le vécu des membres au cours de cette phase. Par ailleurs, l'intervenant a cinq objectifs à cette étape : susciter la participation, créer un climat de confiance, dégager un terrain commun, faire prendre conscience aux membres de leurs forces et de leurs compétences, et mettre en place un cadre de travail adéquat. Par la suite, huit opérations pouvant conduire à l'atteinte de ces objectifs sont décrites. Finalement sont abordés quelques-uns des motifs les plus fréquents d'abandon au cours des premières rencontres d'un groupe.

La phase centrale du processus d'intervention, la phase de travail, fait l'objet du sixième chapitre. Le texte présente ce sur quoi l'intervenant doit alors se concentrer. Il s'agit de la préparation des rencontres, et particulièrement du choix des activités, de la structuration de la démarche du groupe, des rôles à jouer dans l'acquisition de compétences par les membres, des actions à privilégier pour actualiser les facteurs de changement présents dans un groupe, de la gestion des situations problématiques, de l'évaluation du cheminement des membres et du groupe, et de la rédaction du dossier. Par ces activités, l'intervenant aide le groupe à franchir les obstacles qui se présentent et les membres à cheminer vers l'atteinte de leurs objectifs individuels et collectifs.

Le septième chapitre présente la conclusion de l'intervention. Il s'agit d'une phase importante, car elle exerce une influence marquée sur les retombées de la participation au groupe. En effet, le souvenir que les membres conservent du groupe et la capacité qu'ils ont d'utiliser ce qu'ils ont appris sont largement tributaires de la façon dont la fin de l'intervention est vécue. Les principaux éléments qui doivent alors être considérés sont : les réactions à la fin des rencontres du groupe, le maintien des apprentissages faits en groupe et leur transfert dans des situations quotidiennes, ainsi que l'évaluation de l'intervention.

Enfin, le huitième chapitre aborde brièvement le thème de la coanimation, plus précisément les contextes dans lesquels on peut y recourir, les inconvénients qu'elle présente pour les membres, le groupe et les intervenants, et les conditions de son efficacité. Dans la mesure où la coanimation est de plus en plus répandue, il est important de s'y arrêter pour connaître ses caractéristiques et en maximiser le potentiel.

Tous les êtres humains font partie de groupes qui exercent sur eux une influence considérable, que ce soit dans le cadre de leur vie familiale, de leurs activités professionnelles ou de leurs loisirs. L'appartenance à ces groupes contribue à la construction de l'identité et à l'acquisition de compétences, car les groupes favorisent le changement personnel et social. Ainsi, le regroupement de personnes partageant des problèmes, des besoins ou des intérêts communs peut se révéler fort intéressant, car il peut permettre à des personnes en difficulté d'améliorer leur situation. C'est là l'idée sous-jacente de la méthode du service social des groupes.

Si les indications fournies ici concernent l'intervention en service social des groupes, elles peuvent cependant être transposées à d'autres contextes tels la famille, les groupes d'entraide, les assemblées délibérantes et le réseau social. Par conséquent, bien que cet ouvrage s'adresse en premier lieu aux intervenants sociaux, son contenu est susceptible de répondre aux questions que peut se poser toute personne qui s'intéresse aux situations où plusieurs personnes sont regroupées.

CHAPITRE 1

Le service social
des groupes

INTRODUCTION

Tous les êtres humains font partie de groupes qui exercent sur eux une influence considérable. Que ce soit dans le cadre de la vie familiale, des activités professionnelles ou des loisirs, une proportion importante de l'activité humaine se passe en groupe. Il n'est donc pas étonnant que notre identité personnelle soit fortement influencée par la façon dont nous sommes perçus et dont les autres se comportent avec nous dans les groupes auxquels nous appartenons. Si le groupe constitue le principal contexte d'apprentissage, de construction de l'identité et d'acquisition des compétences, il peut également se révéler un puissant catalyseur de changement personnel et social. Les connaissances permettant d'analyser et de comprendre les phénomènes de groupe, de même que les habiletés facilitant l'action au sein des groupes, sont donc essentielles à tout intervenant social. Dans un contexte de multiplication des problèmes sociaux, de diminution des services institutionnels et d'effritement du tissu social, le recours à des stratégies d'intervention fondées sur le regroupement de personnes partageant des problèmes, des besoins ou des intérêts devrait être une préoccupation centrale pour les travailleurs sociaux. Ce chapitre vise à fournir une vue d'ensemble du service social des groupes. Les premières sections fournissent des précisions sur la nature, les valeurs et les objectifs du service social des groupes, de même que sur les grandes étapes de son histoire. Ensuite, une section présente plusieurs pratiques en les distinguant selon qu'elles sont réalisées dans des groupes axés sur le développement personnel ou sur la réalisation d'une tâche. Enfin, les deux dernières sections suggèrent des préceptes de pratique et exposent les principales connaissances sur lesquelles s'appuie l'intervention auprès des groupes en service social.

1.1   LE SERVICE SOCIAL COMME DISCIPLINE PROFESSIONNELLE

déf. service social

Le service social est une discipline professionnelle qui vise, d'une part, à aider les personnes à atteindre le meilleur fonctionnement possible dans leur environnement social et, d'autre part, à faire en sorte que l'environnement soit le mieux adapté possible aux besoins des personnes. L'intervention en service social est principalement axée sur le développement des capacités individuelles et sur la mise en place d'institutions sociales qui permettent à chaque personne de se réaliser selon ses propres aspirations (Reid, 1997 : 2).

particularité du T.S

Le service social s'intéresse aux aspects intrapersonnels et interpersonnels du fonctionnement humain. Il examine avec attention à la fois la personne, avec ses caractéristiques physiques, intellectuelles, spirituelles, psychologiques et économiques, et son environnement social, c'est-à-dire l'ensemble des structures physiques, sociales, politiques et économiques qui ont une influence sur elle. En ce sens, le service social souscrit à la perspective écologique (Bronfenbrenner, 1986 ; Garbarino et Stocking, 1980 ; Whittaker et Garbarino, 1983), puisqu'il reconnaît la nécessité de porter une attention particulière non seulement aux milieux de vie qui exercent une influence directe sur la personne, c'est-à-dire l'environnement proximal (famille, amis, voisinage, milieu de travail), mais également aux structures de l'environnement (exosystème et macrosystème) dont l'influence est généralement moins directement perceptible. Ces structures de l'environnement distal correspondent aux organismes de services, aux politiques sociales et aux valeurs dominantes d'une société.

Selon Ephross (1997), le service social a deux objectifs principaux : la prévention des problèmes individuels et sociaux, et la mise au point de ressources susceptibles d'optimiser le fonctionnement social et la réadaptation. Les actions visant l'atteinte de ces objectifs s'inscrivent dans un cadre qui comporte quatre composantes : 1) une pratique centrée sur les personnes et sur les problèmes ; 2) le recours à des interventions directes et indirectes ; 3) des actions orientées vers des transactions démocratiques et enrichissantes entre les personnes et leur environnement ; et 4) l'utilisation de connaissances issues de la recherche dans l'articulation de stratégies d'intervention (Schatz, Jenkins et Sheafor, 1990). Une telle vision de la pratique, qui exige l'élaboration d'une méthodologie établissant des liens entre les personnes et leur communauté, rejoint les principes du service social des groupes.

1.2 LE SERVICE SOCIAL DES GROUPES

DEF.

Selon Toseland et Rivas (1998), l'intervention de groupe se définit comme une action réalisée auprès d'un groupe afin d'aider les personnes à satisfaire leurs besoins sociaux et émotifs ou à accomplir certaines tâches. Cette action s'inscrit dans le cadre des activités d'un organisme de distribution de services et elle est orientée autant vers les membres comme individus que vers le groupe comme entité. Cette définition situe l'intervention de groupe comme une activité orientée vers un but et composée de tâches planifiées, ordonnées méthodiquement et exécutées dans le cadre d'une pratique professionnelle. L'expression « groupe » souligne l'occasion qui est offerte aux personnes de s'engager dans des interactions directes et de partager des idées et des émotions à travers une communication verbale ou non verbale. La définition souligne également que le groupe permet de répondre à des besoins ou d'accomplir certaines tâches. Ainsi, il est possible qu'un intervenant aide simultanément des membres à satisfaire des besoins personnels et à réaliser certaines actions à portée sociale.

Membres + groupes

Par ailleurs, l'intervenant a deux centres d'intérêt quand il travaille avec un groupe : les membres pris individuellement et le groupe pris dans son entier. Ces deux composantes (les membres et le groupe) ont des besoins, des objectifs et une dynamique qui leur sont propres et l'intervenant doit avoir cela à l'esprit ; il se doit d'être à l'affût à la fois des réactions individuelles et des processus de groupe. Enfin, comme le groupe n'existe pas isolément, il est essentiel de tenir compte de l'influence des autres systèmes avec qui il est en contact, particulièrement de l'organisme au sein duquel il prend place.

Cette définition rejoint celle qui est présentée dans le dictionnaire du travail social (*The Social Work Dictionary*, Barker, 1999). Le service social des groupes y est défini comme une méthode d'intervention auprès d'un petit nombre de personnes qui partagent des intérêts similaires ou des problèmes communs, se rencontrent régulièrement et s'engagent dans des activités visant l'atteinte de leurs objectifs communs. *← But*

Certains auteurs estiment cependant que le service social des groupes présente des aspects qui vont au-delà de cette définition. Ainsi, pour Northen (1988), le service social des groupes se caractérise par l'attention particulière qui est accordée à l'aide mutuelle dans les relations entre les membres du groupe. Heap (1994) abonde dans le sens de Northen : il souligne que *aide mutuelle*

l'intervention de groupe en service social s'appuie sur l'idée que les membres peuvent à la fois s'aider eux-mêmes et aider les autres en partageant des idées, des suggestions, des solutions, des sentiments et des informations, en comparant des attitudes et des expériences, et en entretenant leurs relations.

Pour Home et Darveau-Fournier (1980), l'intervention de groupe en service social se distingue des pratiques de groupe présentes dans les autres disciplines de plusieurs manières :

particularités

> Elle s'en différencie par sa clientèle variée, son contexte de milieu de vie quotidienne, son utilisation de diverses ressources intérieures et extérieures au groupe et par le rôle du travailleur social axé sur l'utilisation consciente et polyvalente de soi et de son activité et sur la recherche de l'autonomie de l'individu et du groupe. (P. 30.)

Papell et Rothman (1983) relèvent également certaines caractéristiques du service social des groupes : la présence d'un objectif commun, de l'aide mutuelle et d'expériences variées, l'utilisation de l'évolution spontanée du groupe, l'extériorité du groupe, l'encouragement à l'autonomie des membres et la flexibilité d'action de l'intervenant.

≠ pas pareil que thérapie de groupe

Dans le même sens, Middleman et Goldberg (1987) distinguent le service social des groupes de la thérapie de groupe. Ils estiment que l'intervention auprès des groupes de rencontre et des groupes de thérapie ne peut être considérée comme du service social, bien qu'il soit par ailleurs possible de trouver une dimension thérapeutique dans le service social des groupes. À leur avis, pour être rattachée au domaine du service social des groupes, une intervention doit respecter quatre critères :

objectifs de l'intervenant

1. L'intervenant doit aider les membres du groupe à construire un système d'aide mutuelle ;

2. Il doit comprendre et utiliser les processus de groupe tout en aidant les membres à en faire autant ;

3. Il doit faire en sorte que les membres soient le plus autonomes possible ;

4. Au terme de l'intervention, il doit permettre aux membres de prendre conscience de ce qu'ils ont vécu au sein du groupe afin qu'ils puissent utiliser leur expérience dans d'autres situations.

fondements

Il se dégage de ces différents points de vue que le service social des groupes adopte une perspective d'intervention fondée sur les notions d'aide mutuelle, de responsabilité partagée et de solution collective aux problèmes, les membres du groupe pouvant à la fois s'aider eux-mêmes et s'aider les uns les autres (Brown, 1991 ; Heap, 1994 ; Middleman, 1990 ; Northen, 1988 ; Shulman, 1992). Tout en reprenant ces éléments de base, d'autres auteurs soulignent que l'intervention doit favoriser l'acquisition de pouvoir par les

+ empowerment

membres du groupe et qu'elle doit permettre d'agir sur le contexte socio-économique (Breton, 1994, 1996; Mullender et Ward, 1991; Garvin, 1997).

À partir de ces différentes perspectives, le service social des groupes peut être défini comme :

> une méthode d'intervention qui s'appuie sur le potentiel d'aide mutuelle présent dans un groupe et sur une démarche structurée visant à aider les membres à satisfaire leurs besoins socio-émotifs ou à accomplir certaines tâches afin d'acquérir du pouvoir. Cette démarche, orientée à la fois vers les membres en tant qu'individus et vers le groupe dans son ensemble, s'inscrit généralement dans le cadre des activités d'un organisme de services.

1.3   LES VALEURS DE BASE DU SERVICE SOCIAL DES GROUPES

La pratique du service social des groupes est largement influencée par les valeurs qui sont privilégiées dans l'organisme dans le cadre duquel a lieu l'intervention, par les valeurs personnelles de l'intervenant, par les valeurs des membres du groupe et par les valeurs de la discipline du service social elle-même (Morales et Sheafor, 1977). Véhiculant un ensemble d'idées qui peuvent aussi bien se rapporter à la nature humaine qu'au statut des membres du groupe ou au rôle de l'intervenant, ces valeurs influent sur l'intervention à travers les habiletés et les méthodes utilisées par l'intervenant.

Les valeurs de base du service social sont le respect de la dignité et de la valeur de chaque personne, la promotion de l'autonomie et de l'autoréalisation, l'absence de jugement, la participation de chaque personne au processus d'aide et l'offre de services de qualité (Siporin, 1975). Si les professionnels du service social reconnaissent que les personnes possèdent généralement les ressources pour se réaliser, ils affirment également qu'elles ont besoin de la protection et du soutien de leur environnement. D'où leur engagement dans des actions visant le développement des personnes et des communautés. À partir de la position de Konopka (1963, citée dans Toseland et Rivas, 1998) et de celles de Reid (1997) et de Brown (1991), il est possible de déterminer neuf préoccupations que devrait avoir l'intervenant social qui travaille avec des groupes :

1. L'établissement de relations professionnelles fondées sur le respect de la valeur et de la dignité de chaque personne, qui devrait se traduire par l'acceptation de l'autre, la confidentialité, l'honnêteté et la gestion responsable des conflits ;

2. La promotion de la coopération et de la participation démocratique aux prises de décision au sein du groupe ;

3. Le souci de rendre accessibles aux personnes en difficulté les ressources dont elles ont besoin ;

4. La mise en œuvre d'actions visant à faire en sorte que les institutions
sociales répondent mieux aux besoins des personnes ;

5. La reconnaissance et le respect des particularités des populations opprimées, marginales et minoritaires ;

6. La défense de la liberté d'expression des membres, dans le respect des
différences ;

7. La prise en compte des préoccupations particulières de chaque
membre du groupe ;

8. L'acquisition continue de connaissances et d'habiletés ;

9. L'évaluation de son travail et la remise en question de ses valeurs, de
ses attitudes et de ses comportements.

Les valeurs du service social ne sont toutefois pas les seules à influer sur
l'intervention. Chaque membre d'un groupe a en effet un système personnel
de valeurs, qui oriente ses opinions et ses actions, et dont il n'est pas toujours
conscient. L'intervenant doit l'aider à cerner ses valeurs individuelles et à résoudre les conflits de valeurs qui peuvent se présenter (Toseland et Rivas,
1998). Pour pouvoir agir efficacement sur ce plan, l'intervenant doit non seulement être sensible aux valeurs des membres du groupe, mais également être
conscient des siennes propres. En effet, s'il éprouve des difficultés à aborder
certains sujets ou s'il a tendance à imposer ses propres valeurs au groupe, son
intervention en sera modifiée. Ainsi, plus il sera conscient de ses valeurs personnelles, plus il sera en mesure de faire face aux tensions et aux conflits au
sein du groupe d'une façon éclairée et réfléchie.

Enfin, les valeurs de l'organisme qui parraine le groupe ont également de
l'importance dans la dynamique de l'intervention. La poursuite de la mission
d'un organisme s'accompagne généralement de la promotion de certaines valeurs qui sous-tendent les politiques, les procédures et les pratiques. L'intervenant doit être au fait de ces valeurs afin de pouvoir repérer les zones de
résistance et les sources de soutien à ses projets d'intervention.

1.4 LES OBJECTIFS DU SERVICE SOCIAL DES GROUPES

Le service social des groupes a comme objectif d'agir sur la
personne et sur son environnement ; il vise à la fois le développement de la
personne, dans ses relations intrapersonnelles et interpersonnelles et dans son
fonctionnement social, et le changement social (Paré, 1971). Le groupe

comme contexte d'intervention permet à des personnes qui partagent des intérêts similaires ou des problèmes communs non seulement de s'aider mutuellement, mais aussi d'agir collectivement en vue de susciter des changements sociaux (Home et Darveau-Fournier, 1980).

Reid (1997) mentionne que les buts du service social des groupes sont d'améliorer l'adaptation sociale des individus en les aidant à trouver un sens à leurs expériences de vie et d'élargir les possibilités de développement qui s'offrent à eux. Selon Papell et Rothman (1978), la méthode du service social des groupes peut être utilisée dans quatre buts principaux : 1) favoriser le changement d'attitude ou de comportement des personnes qui font face à des situations problématiques de même nature ; 2) susciter le changement social en encourageant les personnes à agir dans leur milieu, en mettant en place des ressources ou en faisant la promotion de changements sociaux ; 3) favoriser le développement personnel, la socialisation et l'action préventive ; 4) humaniser les organismes et les rendre plus efficaces.

Klein (1972) suggère une distinction plus nuancée en énonçant huit objectifs qui peuvent guider l'intervention de groupe :

1. La réadaptation, qui consiste à retrouver un niveau de fonctionnement antérieur par la résolution de difficultés qui peuvent être d'ordre émotionnel, mental ou comportemental ;

2. Le développement personnel, processus qui correspond à l'acquisition de connaissances et d'habiletés ;

3. La correction, qui implique l'aide aux personnes qui ont des démêlés avec la justice ou qui violent des lois ;

4. La socialisation, par une aide visant à ce que les personnes apprennent à se comporter selon les normes sociales ou à entrer en interaction avec les autres ;

5. La prévention, par la mise en place de conditions environnementales permettant d'éviter que des difficultés anticipées ne se présentent ;

6. L'action sociale, par l'accompagnement des personnes qui veulent changer leur environnement ;

7. La résolution de problèmes, processus qui consiste à aider les personnes à prendre des décisions et à agir en conséquence ;

8. L'acquisition de valeurs sociales favorisant l'harmonie avec les autres.

Évidemment, l'intervention de groupe peut poursuivre plusieurs de ces objectifs simultanément, de la même façon qu'elle peut passer d'un objectif à l'autre. Ainsi, les objectifs de l'intervention de groupe peuvent se situer à différents endroits sur un continuum allant du changement individuel au changement social en passant par la prévention (Brown, 1991). Cette diversité d'objectifs reflète les différentes influences et les divers courants qui ont marqué l'histoire du service social des groupes. Défini comme un mouvement social avant d'être une méthode d'intervention (Papell, 1983), le service social des groupes est porteur d'une tradition dont les valeurs et les façons de faire sont toujours considérées comme pertinentes pour guider les interventions actuelles (Breton, 1990). Il est donc essentiel de connaître les grandes périodes de son histoire.

1.5   L'HISTOIRE DU SERVICE SOCIAL DES GROUPES

Il est possible de distinguer dans les écrits différentes façons de découper l'évolution du service social des groupes (voir Toseland et Rivas, 1998 ; Garvin, 1997 ; Anderson, 1997 ; Reid, 1997). La division proposée ici, qui s'inspire principalement de Garvin (1997), présente cinq grandes périodes pour ce qui concerne le contexte nord-américain :

1. Le tournant du XXe siècle, qui marque les débuts de l'intervention de groupe en Amérique du Nord ;

2. Les années trente, qui correspondent au mouvement de profession-nalisation ;

3. L'après-guerre, marquée par le développement de l'intervention de groupe en milieu clinique ;

4. Les années soixante, qui correspondent à la mise à l'écart de la méthode de groupe au profit de l'intervention individuelle ;

5. Les années quatre-vingt, qui sont les années de consolidation.

étapes historiques

1.5.1   Le tournant du XXe siècle : les débuts du service social des groupes

Le service social des groupes a pris naissance dans les organismes communautaires portant assistance aux personnes démunies. Les pionniers sont des intervenants sociaux qui travaillent dans des *settlements* (centres communautaires), auprès des pauvres et des immigrants, dans des organismes de loisirs, auprès des jeunes, et dans des milieux d'éducation populaire. À l'origine, le service social des groupes a un caractère préventif, éducatif et communautaire. Il est utilisé tout autant dans la résolution de problèmes personnels que dans l'analyse sociopolitique, l'action sociale, la récréation, la socialisation et l'éducation (Toseland et Rivas, 1998).

Les premières activités structurées d'intervention de groupe sont mises en place pour répondre aux problèmes de pauvreté, d'insalubrité, de criminalité et de promiscuité qui sont nés de l'industrialisation et de l'urbanisation ayant marqué la fin du XIXe siècle. Les structures créées en Angleterre sont importées aux États-Unis, au tournant du siècle, par des personnes qui avaient des préoccupations sociales et religieuses et qui voulaient pallier les effets négatifs de l'industrialisation par la création d'organismes susceptibles de favoriser les réformes sociales. C'est à l'intérieur de structures comme les *settlements* et les associations de jeunes (Young Men's Christian Association [YMCA], Young Women's Christian Association [YWCA], scouts et guides) qu'ont lieu les premières interventions de groupe. Si les *settlements* offrent un ensemble de programmes visant à répondre à l'ensemble des besoins d'une communauté alors que les autres structures sont davantage centrées sur les loisirs, les objectifs des deux sont fondamentalement les mêmes : le renforcement de la société démocratique et la socialisation des personnes.

À l'époque, la vision du groupe comme lieu de renforcement de la démocratie s'appuie sur la croyance que les gens les plus démunis peuvent acquérir des connaissances et des habiletés leur permettant d'être de meilleurs citoyens s'ils participent aux prises de décisions concernant la communauté et à des actions sociales. Le groupe offre aux citoyens la possibilité de partager leurs points de vue, de se soutenir et de s'associer pour agir collectivement dans la perspective d'un changement social axé sur l'élimination des injustices. Il apparaît ainsi comme un contexte de solidarité favorable à l'apprentissage de la démocratie et à la participation sociale. Les *settlements* peuvent également contribuer au renforcement de la démocratie par l'influence qu'ils ont sur les personnes importantes. En effet, plusieurs intervenants sont des personnes bénévoles, bien éduquées, provenant de familles aisées ; les *settlements* leur donnent l'occasion d'être en contact avec la réalité des pauvres et leur permettent ainsi d'augmenter leur connaissance de la condition humaine. Ces personnes étant plus proches des structures du pouvoir, leur mise en contact avec la réalité des groupes démunis est vue comme susceptible d'influencer les décisions politiques (Reid, 1997).

Le groupe est également considéré comme un cadre de socialisation, comme un contexte permettant à l'enfant de former son caractère et d'améliorer ses habiletés sociales. Par le jeu, l'enfant apprend à composer avec la réalité, il améliore sa façon d'entrer en relation avec les autres et acquiert des valeurs morales qu'il peut transposer dans sa vie quotidienne. Fondées sur la croyance que chacun possède la capacité d'évoluer et d'être créateur, les activités axées sur les loisirs et la pratique sportive mettent l'accent sur les compétences plutôt que sur les limites de l'enfant, souscrivant ainsi à une approche globale et non pathologique des personnes. En donnant à l'enfant l'occasion de vivre des interactions positives dans un cadre démocratique et créateur, le groupe apparaît comme un contexte de croissance et de socialisation (Breton, 1990).

Le tournant du siècle marque donc les origines du service social des groupes. Cependant, à l'époque, les intervenants ne s'identifient pas aux travailleurs sociaux et ne considèrent pas explicitement le groupe comme contexte d'action. En fait, ils se définissent essentiellement par leur milieu de travail (Reid, 1997) et utilisent surtout les concepts associés au développement communautaire. Il est donc difficile de distinguer l'origine de l'organisation communautaire avec son accent sur la participation des citoyens de celle du service social des groupes (Toseland et Rivas, 1998).

1.5.2   Les années trente : la professionnalisation de l'intervention de groupe

C'est au début des années trente que les premiers enseignements sur l'intervention de groupe sont introduits dans les programmes de formation universitaire en service social, aux États-Unis. En 1936, l'American Association for the Study of Group Work, qui vient de voir le jour, considère que les connaissances permettant l'interprétation des comportements individuels dans les groupes sont des éléments indispensables dans la formation des travailleurs sociaux (Paré, 1971). Il apparaît alors essentiel que les travailleurs sociaux soient en mesure de reconnaître et d'utiliser les processus de groupe.

Au cours de cette période, marquée par la crise économique, les réformateurs sociaux s'interrogent sur la capacité du système en place à répondre aux besoins de tous les citoyens. L'intervention de groupe connaît alors un essor important, car le groupe apparaît comme un lieu privilégié de promotion du changement social. En outre, les intervenants commencent à prendre conscience que leurs pratiques présentent plusieurs similitudes, bien que les organismes dans lesquels ils travaillent soient différents. Cette situation, combinée au fait que de plus en plus d'écoles offrent des programmes de formation sur l'intervention auprès des groupes, contribue au développement d'une identification professionnelle chez les intervenants de groupe.

Ce mouvement n'est pas sans susciter certaines réserves chez les autres travailleurs sociaux, qui remettent en question le caractère professionnel des activités récréatives et éducatives réalisées dans les *settlements*, les YMCA, les YWCA et les autres structures de ce genre. Ils se demandent si ces activités sont des moyens sérieux pour aider les personnes à développer leur personnalité et à résoudre leurs problèmes psychosociaux. De leur côté, les intervenants de groupe critiquent l'intervention individuelle (*casework*), qui selon

↗ critique de l'intervention individuelle [handwritten]

eux est trop centrée sur les dynamiques personnelles et néglige les dimensions sociales des problèmes.

critiques [handwritten marginal note]

Dans la pratique, plusieurs caractéristiques distinguent l'intervention de groupe de l'intervention individuelle. Dans l'intervention de groupe, les personnes sont considérées comme des membres plutôt que comme des clients et l'accent est mis sur le « faire avec » plutôt que sur le « faire pour », sur l'action plutôt que sur la discussion, sur la contribution des membres au processus d'aide plutôt que sur le seul apport de l'intervenant, sur la volonté de changement social plutôt que sur la réadaptation et la thérapie, et sur les compétences et les forces des membres plutôt que sur leurs limites et leurs défaillances (Reid, 1997). Alors que l'intervention personnelle, s'appuyant sur l'approche psychodynamique, est principalement axée sur l'introspection et la conscience de soi, le service social des groupes privilégie une approche active fondée sur l'engagement dans l'action (Toseland et Rivas, 1998). Ces différences conduisent certains intervenants sociaux à se demander si l'intervention de groupe ne relève pas plus de l'éducation que du travail social.

Dans son livre *Group Work and Casework: Their Relationship and Practice*, publié en 1941, Wilson cherche à atténuer les tensions en faisant ressortir les traits communs des deux méthodes. En même temps qu'elle rappelle aux travailleurs de groupe qu'ils consacrent une partie importante de leur temps aux contacts individuels, elle met en évidence les habiletés communes aux deux méthodes. Cela aura pour effet d'encourager les *caseworkers* à expérimenter l'intervention de groupe (Reid, 1997). À cet égard, l'ouvrage de Wilson contribuera au développement du service social des groupes dans une perspective clinique.

1.5.3 L'après-guerre : le développement de l'intervention de groupe en milieu clinique

La fin de la Deuxième Guerre mondiale correspond à une période d'expansion des services sociaux, notamment pour répondre aux besoins des militaires et des personnes qui ont été dans les camps de prisonniers. Les interventions de groupe sont alors utilisées pour répondre à des besoins nouveaux ; elles se font de plus en plus dans les hôpitaux, les cliniques de santé mentale, les agences familiales et les centres de réadaptation. Le contexte multidisciplinaire dans lequel évoluent les travailleurs sociaux en milieu hospitalier les met en contact avec des psychiatres et des psychologues qui ont l'expérience de la psychothérapie de groupe et qui s'appuient principalement sur des connaissances théoriques en psychologie et en médecine.

contexte [handwritten marginal note]

Touché par l'influence interne de l'intervention clinique et par l'influence externe de la psychothérapie de groupe, le service social des groupes devient alors moins axé sur l'action sociale et la prévention, et davantage sur la thérapie et la réadaptation. Le groupe constitue pour le travailleur social un moyen pour atteindre des objectifs précis d'intervention. Et ce moyen gagnera en efficacité sous l'impulsion des nombreuses connaissances sur le groupe qui sont acquises pendant cette période, que certains ont d'ailleurs qualifiée d'âge d'or de la dynamique des groupes (Anderson, 1997). Les travaux de Lewin (1951), d'Homans (1950) et de Bales (1950) conduisent à concevoir le groupe comme un système social, avec ses frontières, ses normes, ses processus de communication, ses tâches et ses fonctions socio-émotionnelles ; comme un contexte propice au changement, à l'enseignement et à l'acquisition de compétences ; comme un lieu d'exercice du pouvoir et de développement de l'intimité dans les relations sociales.

Au Québec, c'est pendant cette période que l'on trouve les premières pratiques de groupe en institution, notamment en milieu hospitalier et dans les centres de réadaptation. L'utilisation du groupe se fait d'abord en milieu anglophone, et seulement après dans les institutions francophones (Berteau, Côté et Lindsay, 1994).

1.5.4   Les années soixante : la mise à l'écart du service social des groupes au profit de l'intervention personnelle

Alors que l'après-guerre a été une période de développement des services sociaux, les années soixante sont marquées par les remises en question. L'augmentation des problèmes sociaux et l'échec de la lutte contre la pauvreté, combinés aux résultats de recherches évaluatives mettant en doute l'efficacité des services sociaux, font en sorte que les travailleurs sociaux subissent de fortes pressions pour élaborer de nouvelles stratégies d'intervention. L'idée de privilégier un modèle générique combinant l'intervention individuelle, le groupe et l'organisation communautaire surgit alors. Elle s'appuie sur le postulat que la combinaison de plusieurs méthodes devrait être plus efficace que l'utilisation d'une seule et sur le principe qu'il faut se prémunir contre la tendance à définir les besoins en fonction de la méthode de l'intervenant.

Cette nouvelle orientation aura toutefois des effets négatifs sur l'approfondissement des connaissances pratiques et théoriques en service social des groupes. En effet, dans les universités nord-américaines, plusieurs écoles de formation en service social choisissent d'éliminer les cours portant spécifiquement sur les méthodes et de privilégier l'enseignement d'une approche générique. Le contenu de la formation sur l'intervention de groupe diminue alors au profit de l'enseignement sur l'intervention individuelle. Cette modification du contenu des programmes de formation aura comme conséquence une faible préparation des intervenants sociaux au travail de groupe. En effet, s'il se fait encore de l'intervention de groupe, elle est le plus souvent réalisée par des intervenants peu formés à cette méthode ; leur façon de faire est fortement teintée par les modèles et les techniques de l'intervention individuelle et par la psychothérapie de groupe.

Pour faire contrepoids à cette tendance, certains théoriciens du service social des groupes sentent le besoin de réaffirmer le caractère spécifique de cette méthode d'intervention. Papell et Rothman (1966) distinguent alors trois modèles de pratique en service social des groupes : le modèle à buts sociaux, le modèle de réadaptation et le modèle de réciprocité.

Le *modèle à buts sociaux* s'appuie sur l'idée qu'il est important d'aider les personnes marginales et opprimées à découvrir et à utiliser leur potentiel afin de promouvoir le changement social. Conscience et responsabilité sociale sont les deux concepts clés de ce modèle, qui se fonde sur la reconnaissance d'un lien entre l'action sociale et le bien-être psychologique (Reid, 1997). Alors que chaque membre est considéré comme capable de participer à la société, le groupe apparaît comme une structure ayant un potentiel de changement social. Le rôle de l'intervenant consiste à mobiliser les personnes, à les accompagner dans leurs prises de décisions collectives et à les aider à utiliser leur force collective pour créer une société qui répond davantage à leurs besoins. Ses principales activités sont orientées vers la reconnaissance des leaders naturels et la sollicitation de l'engagement des membres selon leurs capacités.

Le *modèle de réadaptation* a été conceptualisé à partir de l'observation du travail auprès de personnes présentant des problèmes de fonctionnement psychosocial. Dans ce modèle, le groupe est utilisé comme un moyen pour favoriser le changement personnel : le groupe vise à réhabiliter les membres ou à restaurer leur niveau de fonctionnement en les aidant à modifier certains comportements. L'intervenant accompagne les membres dans l'atteinte d'objectifs fixés par ces derniers, par lui-même ou par l'organisme. Son rôle s'apparente à celui d'un thérapeute : il occupe une position centrale, adopte une attitude directive et intervient de façon active dans le processus de groupe. Ses principales tâches touchent la formulation d'un diagnostic individuel, la formation du groupe et l'élaboration du programme d'activités en fonction des buts visés. Ce modèle est principalement utilisé avec des personnes qui présentent des troubles du comportement ou des déficits majeurs sur le plan des habiletés sociales.

Dans l'optique du *modèle de réciprocité,* le groupe est vu comme un cadre d'entraide où des personnes qui partagent une situation semblable ou qui poursuivent des objectifs communs peuvent s'aider mutuellement. Il apparaît comme une alliance d'individus qui ont besoin les uns des autres, à des degrés divers, pour résoudre des problèmes semblables. La composante majeure du processus de groupe est l'aide mutuelle ; chacun peut donc en appeler aux autres au sujet de ses propres besoins ou de ses problèmes personnels. L'intervention vise, d'une part, à aider la personne à utiliser le groupe pour trouver une solution à ses difficultés et, d'autre part, à aider le groupe à intégrer la personne et à la soutenir dans ses efforts. L'intervenant fixe son attention à la fois sur la façon dont chaque membre réagit aux paroles et attitudes des autres et sur l'évolution du groupe dans son ensemble. Son rôle consiste principalement à faire la promotion de l'aide mutuelle et à agir comme médiateur entre les membres et le groupe, d'une part, et entre le groupe et son environnement, d'autre part. Ainsi, il n'agit pas pour les membres, mais avec les membres (Reid, 1997). Ce modèle est particulièrement approprié dans le cas de personnes qui sont capables d'avoir une certaine intimité et qui sont en mesure d'exprimer leurs émotions et de centrer leurs échanges sur des sujets qui préoccupent l'ensemble des membres.

La définition de ces trois modèles de pratique fait ressortir la diversité qui caractérise alors le service social des groupes. Exclusivement axée sur l'action sociale et l'éducation à l'origine, l'intervention de groupe s'est transformée, au fil des ans, pour s'adapter à différents contextes. Au Québec, cette diversification des pratiques est largement influencée par les changements importants qui sont apportés aux structures de distribution de services sociaux, changements qui se sont traduits par une modification des mandats des organismes et par une transformation des conditions de travail. L'intervention de groupe, surtout présente jusque-là en milieu hospitalier et en milieu scolaire, se retrouve alors dans les centres de services sociaux (CSS) et dans les centres locaux de services communautaires (CLSC), établissements qui offrent des services sociaux généraux et spécialisés (Berteau, Côté et Lindsay, 1994).

Si la diversification des lieux et des modes de pratique traduit bien la richesse et la flexibilité de l'intervention de groupe, elle conduit toutefois à la nécessité de distinguer les pratiques propres au service social des interventions de groupe qui se font dans d'autres disciplines. La volonté des travailleurs sociaux de groupe d'affirmer ce caractère spécifique et leur préoccupation de mieux faire connaître les pratiques en service social des groupes marqueront les années quatre-vingt.

1.5.5 Les années quatre-vingt : la consolidation de la méthode de groupe

La consolidation du service social des groupes a véritablement lieu aux États-Unis avec la création, en 1978, de l'Association for the Advancement of Social Work with Groups (AASWG), la création de la revue *Social*

Work with Groups et l'organisation, en 1979, du premier Symposium sur le service social des groupes. Des initiatives semblables ont lieu en France avec la mise sur pied, en 1988, d'un regroupement axé sur le développement du travail social avec les groupes, l'Association nationale des travailleurs sociaux, en Angleterre avec la création de la revue *Groupwork* et l'organisation du Symposium européen de travail social avec les groupes, en 1988, et au Québec avec les Journées Simone-Paré, en 1992.

Ces actions s'accompagnent d'une volonté de réunifier les différentes tendances en service social des groupes en leur donnant des bases communes. Le texte de Papell et Rothman (1983) sur le modèle du courant central servira d'assise à cette réunification. Il fait essentiellement ressortir que le groupe est un système d'aide mutuelle à l'intérieur duquel le comportement des membres est abordé dans une perspective systémique et interactionniste et où la relation intervenant-membre s'appuie sur la reconnaissance de la capacité du groupe et des membres à résoudre les problèmes qu'ils éprouvent. Selon les auteurs, les pratiques en service social des groupes présentent sept caractéristiques principales :

1. La flexibilité des objectifs et du processus d'intervention ;
2. L'affirmation de l'aide mutuelle comme élément central de la démarche du groupe ;
3. La reconnaissance de l'extériorité du groupe, c'est-à-dire la prise en considération du fait que les membres et le groupe, d'une part, sont influencés par ce qui se passe à l'extérieur du groupe et, d'autre part, peuvent eux-mêmes influencer cette réalité ;
4. L'adoption d'une vision systémique du groupe ;
5. La recherche d'un équilibre dans la réponse aux besoins individuels des membres et aux besoins collectifs du groupe ;
6. La spontanéité dans le choix des actions alliée à une planification rigoureuse dans l'exécution ;
7. La promotion d'une relation égalitaire entre l'intervenant et les membres du groupe.

Les transformations que connaît le système de distribution des services sociaux au début des années quatre-vingt, transformations qui se caractérisent par la recherche de l'efficacité et la nécessité d'obtenir de meilleurs résultats avec des moyens plus limités, viennent influer sur la nature des interventions en service social des groupes, comme l'illustre l'étude réalisée par Turcotte et Fournier (1994) sur les pratiques de groupe au Québec. En comparaison avec les pratiques du début des années quatre-vingt telles qu'elles sont décrites dans la recherche de Home et Darveau-Fournier (1981) et dans celle de Pâquet-Deehy et autres (1983), les pratiques des années quatre-vingt-dix s'inscrivent dans une démarche d'intervention beaucoup plus structurée : les actions sont davantage planifiées, l'animation est plus directive, la durée est plus limitée, les rencontres sont plus régulières et il y a une préoccupation marquée pour l'évaluation des résultats. En fait, elles présentent plusieurs caractéristiques qui se retrouvent chez les groupes à court terme : spécificité des objectifs, utilisation structurée du temps, directivité de l'intervenant et intensité des relations (Alissi et Casper, 1985). Ainsi, les pratiques en service social des groupes des années quatre-vingt-dix correspondent à ce que McKay et Paleg (1992) définissent comme les groupes centrés (*focal groups*). Les principales caractéristiques de ces groupes sont un haut degré de structure, une cible d'intervention spécifique et limitée, des actions très orientées vers l'objectif et une volonté de changement rapide.

Ce mouvement de développement de pratiques centrées sur des objectifs précis soulève toutefois deux préoccupations majeures. La première tient au rôle de l'intervenant : certains travailleurs sociaux de groupe qui se définissent davantage comme des promoteurs de l'aide mutuelle au sein du groupe voient dans ce mouvement une menace à l'autonomie du groupe et au développement des membres. La seconde se rapporte à la place accordée au changement social dans ces pratiques qui visent davantage le changement individuel. À cet égard, Breton (1990) souligne qu'il est important d'intégrer le changement social et l'engagement politique dans l'intervention. Elle fait référence aux enseignements issus de la tradition du service social des groupes quant à l'importance de tenir compte de l'appartenance culturelle et socioéconomique des membres, quant à la nécessité d'adopter une perspective globale qui conduit à mettre l'accent sur les forces et les compétences des personnes plutôt que sur leurs limites, et quant à l'intérêt de situer le groupe dans un environnement plus large, la société.

En résumé, depuis les premières expériences faites dans les *settlements* et les mouvements de jeunes, les interventions de groupe ont évolué sous l'effet de multiples facteurs : les tensions entre les intervenants ; la transformation des systèmes de services ; la modification des programmes de formation ; l'approfondissement des connaissances sur le groupe ; la volonté d'affirmer le caractère spécifique du service social des groupes. Au fil des ans, l'intervention de groupe a été utilisée dans différents milieux, ce qui a entraîné la diversification de ses objectifs et de ses cibles et, par voie de conséquence, l'émergence de nouveaux types de pratiques.

1.6   LA DIVERSITÉ DES PRATIQUES

Relativement au principal objectif de l'intervention, Brown (1991) distingue quatre types de pratiques en service social : la thérapie ou le traitement, l'éducation, l'action sociale et l'administration. Dans leurs recherches sur les pratiques au Québec, Home et Darveau-Fournier (1981), Pâquet-Deehy et autres (1983) ainsi que Turcotte et Fournier (1994) s'appuient sur une classification semblable; ils distinguent les groupes de changement personnel, les groupes de développement, les groupes d'action sociale et les groupes axés sur les services. Lindsay (1990) utilise une typologie en cinq catégories selon que les groupes sont orientés vers le traitement, l'éducation, la socialisation ou le soutien, le fonctionnement organisationnel ou encore l'action sociale.

À partir de la mission de l'organisme dans lequel le groupe prend place, Garvin (1997) détermine deux grandes catégories de groupes divisées elles-mêmes en deux types: les groupes de socialisation, qui peuvent être orientés vers le développement de l'identité ou vers l'acquisition d'habiletés, et les groupes de resocialisation, qui peuvent être axés sur le contrôle social ou sur la réadaptation.

La typologie la plus répandue actuellement est celle de Toseland et Rivas (1998), dans laquelle les groupes que l'on trouve dans les organismes de services sociaux sont divisés en deux grandes catégories: les groupes de tâche et les groupes de traitement. Les groupes de traitement portent sur les besoins sociaux et émotionnels des membres. Ils peuvent avoir des visées de soutien, d'éducation, de croissance, de socialisation ou de thérapie. Les groupes de tâche sont quant à eux utilisés pour trouver des solutions à des problèmes organisationnels, pour faire émerger de nouvelles idées ou pour prendre des décisions. Ils peuvent avoir trois objectifs: répondre aux besoins de la clientèle; répondre aux besoins de l'organisme; ou répondre aux besoins de la communauté. Ils peuvent également prendre différentes formes: équipes de travail, comités d'étude de cas, équipes multidisciplinaires et interdisciplinaires, bureaux de direction, coalitions, délégations et groupes d'action sociale. Le tableau 1.1 présente ces différents groupes en fonction des besoins auxquels ils répondent.

1.6.1   Les groupes de tâche

Essentiellement, les groupes de tâche se distinguent des groupes de traitement par sept aspects: le motif de la formation du groupe, les rôles attribués aux personnes, la nature des communications, les critères de constitution, la transparence des membres, la confidentialité des propos et les critères utilisés pour évaluer les résultats. Ces différences sont illustrées dans le tableau 1.2 (p. 23). Il s'en dégage que les groupes de tâche sont constitués pour s'acquitter d'une mission, fonctionnent sur la base de rôles assignés et de

TABLEAU 1.1

Les différents groupes de tâche

Nature des besoins	Type de groupe
Besoins des clients	• Équipes interdisciplinaires ou multidisciplinaires • Comités d'étude de cas • Groupes de supervision ou de formation
Besoins de l'organisme	• Comités • Conseils consultatifs • Conseils d'administration • Bureaux de direction
Besoins de la communauté	• Coalitions • Groupes d'action sociale • Tables de concertation • Associations

procédures formelles, donnent lieu à des communications centrées sur la tâche avec une faible transparence des membres quant à leur vie personnelle, et sont évalués en fonction de l'atteinte ou non de leur objectif. Les groupes de traitement sont quant à eux formés pour répondre aux besoins personnels des membres, fonctionnent sur la base de rôles qui sont attribués à travers les interactions entre les membres, s'appuient sur des procédures flexibles, donnent lieu à une communication ouverte qui laisse place à une grande transparence des membres mais exige en contrepartie une grande discrétion sur ce qui se passe dans le groupe, et finalement fondent l'évaluation de leur efficacité sur l'atteinte des objectifs fixés par les membres.

Les groupes de tâche peuvent être d'une grande utilité dans les organismes de services sociaux. La participation aux activités du groupe aide les membres à acquérir un sens des responsabilités vis-à-vis de l'organisme ; en leur offrant la possibilité de participer aux décisions, le groupe peut réduire la résistance au changement. Par ailleurs, le groupe constitue un cadre approprié pour la résolution de problèmes complexes, car il permet la mise en commun de compétences, de connaissances et d'opinions diversifiées (Hare et autres, 1995). Un groupe bien dirigé au sein duquel les tâches sont réparties adéquatement peut se révéler très efficace (Tropman, 1995). En contrepartie, un groupe qui fonctionne mal peut être source de frustration, d'ennui et d'insatisfaction (Napier et Gershenfeld, 1993).

 **TABLEAU 1.2**

Comparaison entre le groupe de tâche et le groupe de traitement

Dimensions	Groupe de traitement	Groupe de tâche
Motif de formation	Besoins personnels des membres	Mission à accomplir
Rôles	Attribués au fur et à mesure des interactions entre les membres	Généralement assignés
Communication	Ouverte	Centrée sur la tâche
Procédures	Flexibles	Formelles (encadrées par des règles)
Critère de constitution	Présence chez les membres de préoccupations ou de problèmes communs	Expertises des membres liées à la mission
Transparence	Forte révélation de soi	Faible révélation de soi
Confidentialité	Discussions privées gardées dans le groupe	Discussions privées ou ouvertes au public
Évaluation	Fondée sur l'atteinte des objectifs fixés par les membres	Fondée sur l'accomplissement de la mission

Source: Adapté de Toseland et Rivas (1998).

Johnson et Johnson (1997) cernent cinq éléments qui sont présents dans les groupes de tâche efficaces : une interdépendance positive entre les membres, des interactions directes axées sur le soutien mutuel, un sentiment de responsabilité de chaque membre par rapport au mandat du groupe, la présence de membres ayant des habiletés sociales adéquates et l'attention de chacun au processus du groupe.

Ainsi, dans les groupes efficaces, chaque membre estime qu'il ne peut réussir sans la contribution des autres et chacun est conscient qu'il doit coordonner ses efforts à ceux des autres pour atteindre son objectif. En outre, les membres s'encouragent mutuellement et chacun s'efforce de faciliter la tâche de l'autre. On trouve dans le groupe un sentiment de responsabilité individuelle et collective par rapport à la mission ; ainsi, chacun a le souci d'apporter sa contribution tout en ayant la préoccupation de soutenir les autres. Les membres du groupe possèdent des habiletés interpersonnelles qui les rendent aptes à percevoir les sentiments et les besoins des autres et qui les amènent à se comporter avec honnêteté, intégrité, constance et respect. De plus, ils ont le souci de s'évaluer régulièrement et n'hésitent pas à échanger entre eux leurs perceptions sur l'évolution du groupe et sur son cheminement dans la réalisation de la tâche.

1.6.2   Les groupes de traitement

Les groupes de traitement ont pour objectif de répondre aux besoins sociaux et émotifs des membres. La typologie suggérée par Toseland et Rivas (1998) comprend cinq types de groupes qui se distinguent par des dimensions telles que le but, le rôle de l'intervenant, la cible de l'intervention, le terrain commun aux membres, la composition du groupe et le style de communication. Le tableau 1.3 présente les similitudes et les différences entre ces différents types de groupes. Évidemment, dans la pratique, les groupes qui sont mis en place ne correspondent pas intégralement à ces modèles ; il faut donc voir dans cette typologie un guide pour l'étude des pratiques plutôt qu'un cadre rigide de classification.

Les groupes de thérapie

Bien qu'ils comportent souvent une dimension de soutien, les groupes de thérapie se caractérisent par l'accent qui est mis sur la réadaptation et la modification de comportements. En effet, les groupes de thérapie ont comme objectifs d'aider les membres à résoudre des problèmes personnels, à se réadapter à la suite d'un traumatisme physique, psychologique ou social, ou à se comporter d'une façon différente. L'intervenant est généralement perçu comme un expert, un agent de changement ou une figure d'autorité. Il aide les membres dans l'évaluation de leur situation et dans la détermination d'objectifs d'intervention qui leur sont propres. Comme la réalité de chaque membre est différente de celle des autres, l'intervenant offre un accompagnement personnalisé, tout en restant attentif aux processus de groupe, de façon à s'assurer que ce dernier offre un cadre qui favorise l'atteinte des objectifs de chacun. C'est pourquoi les groupes de thérapie font généralement l'objet d'une planification rigoureuse et la sélection des membres s'appuie sur une évaluation approfondie de leurs besoins, de leur motivation et de leur capacité à contribuer positivement à la démarche du groupe. Les personnes qui peuvent faire partie des groupes de thérapie sont notamment :

— les conjoints violents ;

— les personnes souffrant de dépression nerveuse ;

— les personnes qui sont aux prises avec des problèmes de toxicomanie ;

— les personnes qui commettent des délits.

TABLEAU 1.3

Typologie des groupes de traitement

	Thérapie	Soutien	Éducation	Croissance	Socialisation
Buts	Aider les membres à modifier des comportements Aider les membres à se réadapter Aider les membres à résoudre des problèmes personnels	Aider les membres à faire face à un événement stressant et à utiliser leurs capacités d'adaptation	Faire acquérir des connaissances et des habiletés par le biais de présentations, de discussions et d'expérimentations	Accroître le potentiel des membres, leur conscience de soi et leur capacité d'introspection	Accroître les habiletés sociales et les habiletés de communication, et améliorer les relations interpersonnelles
Rôle de l'intervenant	Expert, figure d'autorité, promoteur d'aide mutuelle	Promoteur d'aide mutuelle	Enseignant, pédagogue	Promoteur d'aide mutuelle et modèle de rôle	Animateur des activités
Cible d'intervention	Problèmes individuels, préoccupations ou objectifs des membres	Capacité d'adaptation des membres Communication et aide mutuelle	Structuration des activités d'apprentissage	Croissance individuelle à travers l'expérience de groupe	Le groupe comme contexte de participation et d'engagement

TABLEAU 1.3

Typologie des groupes de traitement (*suite*)

	Thérapie	Soutien	Éducation	Croissance	Socialisation
Lien entre les membres	But commun avec des objectifs spécifiques pour chaque membre	Partage entre les membres d'une expérience commune	Intérêt commun Niveaux de connaissances ou d'habiletés similaire	Buts communs et vision partagée du groupe comme lieu de croissance	Activité, situation ou projet partagé
Critère de composition	Problèmes ou préoccupations semblables	Expériences de vie semblables	Similitude de l'éducation ou du niveau d'habileté	Capacité des membres à s'engager dans une démarche de croissance	Varie en fonction du but du groupe : peut être homogène ou diversifié
Communication	Révélation de soi : de modérée à importante	Partage d'émotions et d'expériences Révélation de soi : importante	Contenu didactique Faible révélation de soi	Forte interaction entre les membres Révélation de soi : de modérée à importante	Communication non verbale, par des activités Révélation de soi : de faible à modérée

Source : Adapté de Toseland et Rivas (1998).

Les groupes de soutien

Les groupes de soutien se distinguent des autres types de groupes par leur but, qui est d'aider les personnes à faire face à des événements stressants par l'utilisation de leurs capacités d'adaptation. Ces groupes réunissent des personnes qui vivent un problème ou une situation de même nature. L'intervenant y assume principalement un rôle de médiateur ; il favorise le partage d'expériences en créant un climat d'accueil et d'acceptation, il aide les membres à composer avec leurs sentiments d'aliénation, de stigmatisation et d'isolement, et il s'efforce de faire naître l'espoir et la motivation. Pour susciter l'émergence de l'entraide entre les membres, l'intervenant cherche à favoriser l'instauration de normes qui encouragent le partage d'informations et qui autorisent l'expérimentation de nouvelles façons d'agir. L'établissement de liens étroits entre les membres est favorisé par le partage d'expériences, la transparence et la prise de conscience de la similitude entre les situations individuelles. En mettant en commun leurs réalités, les membres découvrent que d'autres personnes connaissent des situations identiques, éprouvent les mêmes sentiments et pensent de la même façon. Voici quelques exemples de personnes qui peuvent tirer profit d'un groupe de soutien :

— Les personnes récemment endeuillées ;
— Les femmes victimes de violence conjugale ;
— Les enfants dont les parents ont divorcé ;
— Les parents qui éprouvent des problèmes dans l'éducation de leur enfant ;
— Les proches de personnes atteintes du sida ;
— Les étudiants étrangers qui doivent s'adapter à la vie universitaire.

Les groupes d'éducation

Les groupes d'éducation visent à aider les membres à acquérir de nouvelles connaissances ou habiletés. Dans ces groupes, le rôle de l'intervenant s'apparente à celui d'un enseignant : il doit structurer la démarche d'apprentissage. Ainsi, l'intervenant fournit aux membres des informations et propose des activités qui sont en lien avec les apprentissages visés : des discussions, des jeux de rôles, etc. Les groupes d'éducation s'adressent à des personnes qui ont un intérêt commun et qui présentent un niveau de connaissances ou d'habiletés relativement similaire. Bien que la démarche du groupe soit plus centrée sur la diffusion d'information que sur l'expression de soi des membres, l'apprentissage est grandement facilité lorsque l'intervenant peut faire des liens entre l'information transmise et les expériences personnelles des membres. Ces groupes sont utilisés dans plusieurs milieux : organismes communautaires, écoles, hôpitaux, CLSC. Voici quelques exemples de groupes d'éducation :

— Les groupes de parents désirant acquérir des habiletés éducatives ;
— Les groupes pour adolescentes enceintes ;
— Les groupes d'information sur les drogues ;
— Les groupes pour aidants naturels sur les soins à donner aux personnes âgées ;
— Les groupes pour les familles d'accueil.

Les groupes de croissance

Les groupes de croissance offrent aux membres la possibilité d'être plus conscients de leurs émotions, de leurs croyances et de leurs comportements. Ils ont généralement pour but de faciliter les transitions qui se produisent au cours d'une vie et abordent des thèmes comme les relations interpersonnelles, les valeurs, la résolution de problèmes, la communication, l'expression des émotions. Ces groupes ne tentent pas d'enrayer des pathologies ou des difficultés ; ils se présentent comme un cadre d'enrichissement personnel et d'approfondissement des compétences sociales. Le rôle de l'intervenant consiste à favoriser la mise en place d'un climat d'acceptation qui aide les membres à prendre conscience de leurs façons d'être et qui facilite l'expérimentation de nouveaux comportements à travers l'expression et la réception de messages positifs. Ces groupes s'adressent à des personnes qui ont le potentiel de s'enrichir mutuellement. Dans certaines situations, la formation d'un groupe hétérogène permettra d'élargir les perspectives ; dans d'autres, on préférera le groupe homogène afin de favoriser le soutien et l'empathie. Dans tous les cas, la communication doit être interactive et fondée sur la révélation de soi. Voici quelques exemples de groupes de ce type :

— Les groupes de clarification des valeurs ;
— Les groupes de discussion pour personnes handicapées ;
— Les groupes sur la communication dans les couples.

Les groupes de socialisation

Les groupes de socialisation visent l'acquisition d'habiletés sociales et l'apprentissage de comportements qui vont permettre aux membres d'améliorer leur fonctionnement en société. Le programme de ces groupes accorde généralement plus d'importance aux activités telles que les jeux, les mises en situation et les sorties qu'à la discussion ; l'apprentissage se fait par la pratique. Le rôle de l'intervenant varie selon la complexité des activités et l'autonomie des membres ; parfois il doit se montrer directif, parfois il a intérêt à laisser les membres cheminer seuls. Toutefois, il doit posséder les habiletés nécessaires pour encadrer la démarche du groupe et coordonner les activités au programme.

Toseland et Rivas (1998) distinguent trois modèles de groupes de socialisation : les groupes axés sur les habiletés sociales, les groupes de participation et les groupes récréatifs. Les premiers sont particulièrement utiles aux personnes qui ont de la difficulté à s'affirmer, qui éprouvent des problèmes de communication ou qui n'arrivent pas à établir des relations sociales satisfaisantes. Ils sont utilisés notamment avec de jeunes enfants, des personnes très timides ou qui présentent des déficits sur le plan des habiletés sociales. Les groupes d'affirmation de soi en sont un exemple.

Les groupes de participation sont constitués surtout en milieu résidentiel, par exemple dans les foyers pour personnes âgées, dans les centres de réadaptation ou dans les centres hospitaliers. En encourageant les résidants à participer au fonctionnement quotidien de l'organisme, ces groupes contribuent à l'acquisition chez les membres d'habiletés telles que la résolution de problèmes, la défense de droits, la négociation, la prise de pouvoir (*empowerment*). Le comité de résidants est un exemple de groupe de participation.

Les groupes récréatifs, qui s'adressent surtout aux jeunes et aux adolescents, peuvent avoir de multiples objectifs. Ils peuvent viser l'apprentissage de valeurs positives, l'acceptation de normes de comportement ou le développement d'un sentiment d'appartenance. Ils peuvent également viser l'amélioration des habiletés sociales en aidant les membres à prendre conscience de leurs capacités à faire partie d'un groupe ou à faire face à des situations difficiles. Les scouts, les guides, les maisons de jeunes sont autant d'exemples de groupes récréatifs.

1.7   QUELQUES PRÉCEPTES DE PRATIQUE

Malgré leurs différences, les interventions de groupe ont en commun l'objectif d'aider les membres à atteindre un niveau optimal de fonctionnement social à travers les occasions d'apprentissage et de développement qu'offre le groupe. Dans cette dynamique, les principales tâches de l'intervenant consistent à créer un contexte sécurisant pour les membres, à encourager l'adoption de normes susceptibles de favoriser la cohésion et à inciter les membres à s'engager au sein du groupe. Selon Reid (1997), 12 préceptes doivent guider l'intervenant qui entreprend une démarche d'intervention de groupe :

1. Comme il existe des styles d'interventions, des approches et des types de groupes différents, l'intervenant doit adapter sa façon de faire aux besoins des membres ;

2. L'intervention de groupe ne convenant pas aux besoins de toutes les personnes, il faut juger de la pertinence d'utiliser cette méthode pour chacune ;

3. L'intervenant a deux centres d'intérêt : il doit être sensible à la fois au comportement de chaque membre et à la dynamique d'ensemble du groupe ;

4. La planification des activités du groupe, dont dépend en partie l'atteinte des objectifs, doit être bien faite ;

5. Tout ce qui arrive au sein d'un groupe est une occasion d'apprentissage ;

6. Il est important d'être créatif lorsqu'on intervient dans un groupe ;

7. L'intervenant doit être en mesure de justifier la nature de ses interventions ;

8. Le noyau central du processus d'intervention peut se résumer à huit dimensions : l'empathie, la chaleur, le respect, l'authenticité, le sens concret, l'ouverture, la confrontation et l'attention à ce qui se passe « ici et maintenant » ;

9. L'intervention doit permettre à chaque membre et au groupe dans son ensemble d'acquérir un sentiment de pouvoir lui permettant d'agir efficacement ;

10. L'évaluation de l'efficacité d'un groupe doit s'appuyer sur les changements qui se manifestent à l'extérieur du groupe ;

11. Les changements significatifs se produisent plus facilement dans un climat de confiance et d'acceptation ;

12. L'intervenant doit à tout moment être attentif aux forces et aux compétences des membres.

Pour être en mesure d'intervenir dans le respect de ces préceptes, l'intervenant doit posséder des connaissances de base sur la dynamique du groupe. En effet, pour interpréter les phénomènes qui se manifestent dans un groupe et pour y réagir correctement, l'intervenant doit pouvoir s'appuyer sur des éléments théoriques qui lui fournissent un cadre d'analyse des comportements individuels et collectifs.

1.8 LES CONNAISSANCES SUR LE GROUPE

Les observations accumulées au fil des ans dans les laboratoires et dans les milieux naturels ont conduit à l'élaboration de théories qui fournissent un cadre pour l'observation et l'analyse des comportements au sein des groupes. Ces théories, issues de recherches réalisées dans des domaines aussi variés que l'éducation, la sociologie, le travail social, la psychologie et les sciences politiques, peuvent être divisées en deux grandes catégories : celles qui mettent l'accent sur les comportements individuels dans un groupe et celles qui s'intéressent au groupe comme entité (Schultz, 1988).

1.8.1   Les théories centrées sur les comportements individuels dans un groupe

La théorie psychanalytique

Les concepts de la théorie psychanalytique accordent une attention particulière à deux aspects du fonctionnement individuel dans un groupe : la perception qu'a la personne des événements et sa réaction aux messages des autres. Ces éléments sont interprétés comme une réactivation de la dynamique familiale vécue antérieurement (Garvin, 1987). En effet, selon la théorie psychanalytique, le comportement des membres au sein d'un groupe peut être interprété comme la réactivation de conflits antérieurs non résolus au sein de la famille ; les rapports des membres avec l'intervenant sont alors vus comme une répétition de relations antérieures avec une figure de pouvoir. En présence d'une situation conflictuelle, l'intervenant a pour rôle d'aider les membres à prendre conscience de la nature et des motifs de leur comportement ; l'introspection est alors essentielle pour arriver à modifier les modèles de comportements à l'intérieur et à l'extérieur du groupe (Toseland et Rivas, 1998).

Les théories de l'apprentissage

Les théories de l'apprentissage suggèrent un cadre différent pour l'analyse des comportements au sein d'un groupe. Elles considèrent que ces comportements constituent soit une réponse à un stimulus, soit le produit d'observations ou de conséquences anticipées. Bien que les théories de l'apprentissage ne permettent pas d'expliquer le fonctionnement d'un groupe dans sa globalité, elles peuvent être d'une grande utilité pour comprendre les comportements individuels et déterminer les stratégies d'intervention à mettre en place pour les modifier (Schultz, 1988).

La sociométrie

Bien qu'elle soit une démarche d'analyse des interactions au sein d'un groupe et non un courant théorique, la sociométrie n'en constitue pas moins une perspective intéressante d'analyse du groupe. S'appuyant sur le postulat qu'un groupe composé de personnes engagées les unes envers les autres va permettre d'aboutir à des résultats plus positifs qu'un groupe de personnes non engagées ou hostiles, la sociométrie propose un modèle d'analyse des relations fondé sur les processus d'attraction et de répulsion. Ce modèle indique qui est l'allié de qui et quels sont les membres populaires, rejetés ou isolés. Outre qu'elle permet une représentation visuelle des interactions au sein du groupe, la sociométrie peut aider à interpréter les conflits interpersonnels et à évaluer l'effet des réactions d'acceptation et de rejet sur la structure du groupe.

La théorie de l'échange social

La théorie de l'échange social s'appuie sur le postulat que les personnes qui entrent en interaction avec d'autres agissent de façon à maximiser les bénéfices qu'elles retirent et à minimiser les inconvénients qu'elles subissent. Ainsi, la décision d'adopter un comportement plutôt qu'un autre est fondée sur l'évaluation des coûts et des bénéfices anticipés. Selon cette théorie, comme on n'obtient rien sans donner en retour, il y a un échange implicite dans toutes les relations sociales. Dans la logique de la théorie de l'échange social, pour qu'un comportement soit maintenu, les bénéfices doivent excéder les coûts ou les inconvénients. Ainsi, si un membre en arrive à la conclusion que sa participation au sein du groupe comporte plus d'inconvénients que d'avantages, il va y mettre un terme. Dans l'analyse du groupe, cette théorie suggère de porter une attention particulière aux bénéfices et aux inconvénients que comporte, pour les membres, leur participation aux activités du groupe. Elle permet par ailleurs de saisir les relations de pouvoir et les rapports de dépendance qui sont présents dans toute interaction sociale. Ainsi, pour qu'un groupe puisse survivre, les membres doivent en arriver à la conclusion qu'il y a une certaine équité dans la distribution des bénéfices et des inconvénients.

1.8.2 Les théories centrées sur le groupe comme entité

La théorie des systèmes

On peut dire, d'une certaine façon, que toutes les théories sur le groupe sont d'orientation systémique dans la mesure où elles abordent le groupe comme un système, c'est-à-dire comme une entité organique ayant ses frontières, ses objectifs et ses mécanismes régulateurs qui lui permettent de se transformer tout en maintenant une certaine stabilité. En outre, l'étude du groupe repose sur la reconnaissance du principe de totalité, selon lequel tout ce qui arrive à un élément du système (à un membre du groupe) a un effet direct ou indirect sur les autres éléments : « Les liens qui unissent les éléments sont tels que la modification de l'un entraîne une modification de tous les autres et du système entier. » (De Rosnay, 1975 : 33.)

Selon Parsons (1964), les groupes sont des systèmes sociaux composés de membres interdépendants. Devant constamment faire face à des demandes changeantes, les groupes doivent, pour survivre, mobiliser leurs ressources afin de répondre à ces demandes. Ainsi, en tant que systèmes, les groupes ont quatre tâches majeures : 1) l'intégration, par laquelle on s'assure d'une certaine cohésion entre les membres ; 2) l'adaptation aux demandes de l'environnement ; 3) le maintien ainsi que la définition de ses objectifs, de son identité et de ses procédures ; et 4) l'atteinte du but, soit l'accomplissement de ce pourquoi ils existent.

Parmi les théoriciens qui se sont inspirés de la théorie des systèmes, il faut citer Bales (1950 ; Bales, Cohen et Williamson, 1979), qui a abordé le fonctionnement d'un groupe comme une recherche d'équilibre entre la réalisation de la tâche et le maintien d'un climat positif.

La théorie des systèmes offre une perspective globale pour l'étude du groupe. En examinant le groupe comme un système, elle incite à voir les membres comme autant d'éléments interdépendants qui sont en interaction. Toseland et Rivas (1998) cernent six notions découlant de la théorie des systèmes qui sont particulièrement pertinentes dans l'étude des groupes :

1. L'existence de caractéristiques propres au groupe comme entité ;
2. L'influence du groupe sur le comportement des membres ;
3. Le défi du groupe de préserver son existence lorsqu'il fait face à des conflits ;
4. La conscience que le groupe doit tenir compte à la fois de son environnement externe et de son fonctionnement interne ;
5. L'idée que le groupe se transforme constamment, ce qui influe sur son équilibre et sur sa survie ;
6. La reconnaissance du fait que le groupe est une entité qui a un cycle de développement.

Les travaux de Lewin sur la dynamique des groupes

Dans la foulée de la théorie des systèmes, on trouve le modèle théorique de Kurt Lewin (1959), le père de la dynamique des groupes. Selon ce modèle, le groupe se présente comme une entité soumise à des forces internes et externes et qui est en mouvement vers l'atteinte d'un but. Dans son mouvement, le groupe est influencé par les besoins et les objectifs individuels des membres, qui sont eux-mêmes influencés par les standards du groupe. Plusieurs concepts utilisés dans l'étude du groupe proviennent des travaux sur la dynamique des groupes, notamment : les rôles, qui correspondent au statut, aux droits et aux obligations des membres au sein d'un groupe ; les normes, c'est-à-dire les règles qui régissent les comportements individuels et collectifs au sein du groupe ; le leadership, qui tient de l'aptitude de chacun des membres à exercer de l'influence sur les autres ; la cohésion, qui est associée au sentiment d'attachement au groupe ; et le degré d'adhésion aux buts du groupe. Le sens et la portée de ces concepts pour l'analyse du groupe sont explorés plus profondément dans le chapitre suivant.

SYNTHÈSE

Ce chapitre a présenté une vue d'ensemble de la nature et des fondements du service social des groupes en tant que méthode d'intervention fondée sur l'aide mutuelle et accordant une place prépondérante à la coopération, à l'entraide, à la liberté d'expression et à l'appropriation du pouvoir. Les groupes constitués dans le cadre de cette méthode peuvent se diviser en deux catégories principales : les groupes de traitement et les groupes de tâche. Les premiers portent sur les besoins sociaux et émotionnels des membres, alors que les seconds ont pour but de trouver des solutions à des problèmes organisationnels, de générer de nouvelles idées ou de prendre des décisions. Quel que soit le type de groupe dont il s'agit, l'intervenant social doit toujours se préoccuper à la fois des besoins des membres et de la dynamique du groupe. Concernant ce dernier aspect, le chapitre suivant présente les éléments à prendre en considération dans l'analyse du fonctionnement du groupe.

LECTURES COMPLÉMENTAIRES

BRETON, M. (1990). « Leçons à tirer de nos traditions en service social des groupes ». *Service social*, 39 (1), 13-26.

PAPELL, C. et ROTHMAN, B. (1983). « Le modèle de courant central en service social des groupes en parallèle avec la psychothérapie et l'approche de groupe structurée ». *Service social*, 32 (1-2), 11-31.

HOME, A. et DARVEAU-FOURNIER, L. (1980). « La spécificité du service social des groupes ». *Service social*, 29 (1-2), 16-31.

MIDDLEMAN, R.R. et GOLDBERG, G. (1987). « Social work practice with groups ». Dans *Encyclopedia of Social Work*, 18ᵉ éd. New York : National Association of Social Workers.

CHAPITRE 2

L'analyse du groupe

INTRODUCTION

Le service social des groupes se distingue des autres méthodes d'intervention en service social par l'utilisation systématique du groupe comme catalyseur de changement personnel et social. Il est donc essentiel pour l'intervenant de posséder des connaissances sur le groupe afin de faire une utilisation maximale du potentiel de changement qui s'y trouve. Ce chapitre présente les principaux concepts qui peuvent guider l'étude du fonctionnement des groupes. L'intervenant social y trouvera des notions de base qui le guideront dans la planification et la réalisation de ses actions. Ce chapitre fournit des outils pour comprendre ce qui se passe dans le groupe. À cet égard, il constitue pour l'intervenant un guide pour l'étude du groupe.

2.1 LA NATURE DU GROUPE

2.1.1 Définitions du groupe

Leclerc (1999) définit le groupe comme

un champ psychosocial dynamique constitué d'un ensemble repérable de personnes dont l'unité résulte d'une certaine communauté du sort collectif et de l'interdépendance des sorts individuels. Ces personnes, liées volontairement ou non, sont conscientes les unes des autres, interagissent et s'influencent directement (p. 30).

Cette définition met en évidence trois caractéristiques fondamentales du groupe. Premièrement, le groupe est une structure qui fait naître un sentiment d'appartenance, car les membres se perçoivent et sont perçus comme appartenant à une entité formelle. Deuxièmement, les membres sont interdépendants dans la réalisation de leurs projets individuels ou de leur projet collectif ; ils sont conscients d'avoir besoin les uns des autres. Troisièmement, dans un groupe, les membres sont en interaction directe les uns avec les autres ; chacun peut communiquer directement avec tous les autres membres.

Définissant le groupe comme « un système psychosocial pouvant être composé de 3 à 20 personnes qui se réunissent et interagissent en vue d'atteindre une cible commune », Landry (1995 : 52-53) relève quant à elle un certain nombre de caractéristiques qui traduisent la dynamique propre de ce système. Outre le nombre restreint de membres (de 3 à 20), l'existence d'interactions directes et la poursuite de buts fixés par les membres, il est possible de déceler dans les groupes des liens affectifs et une interdépendance des membres, une différenciation des rôles, l'émergence de normes, la constitution d'une culture propre marquée par des croyances, des rites et un langage, et des interactions constantes, symboliques et réelles entre le groupe et son environnement.

Ces deux définitions font bien ressortir les différences qui existent entre le groupe et les autres formes de regroupements tels que les agrégats, qui sont des « attroupements » de personnes se trouvant dans un même endroit au même moment, les foules ou les organisations. Dans ces regroupements, les relations sont inexistantes ou indirectes, l'appartenance, lorsqu'elle existe, est vague et les communications passent par des intermédiaires.

2.1.2   Les différents types de groupes

Si les groupes se distinguent des autres types de regroupements, ils ne se présentent pas pour autant sous une forme unique. Il est ainsi possible de les classer selon leur origine, leur niveau de fonctionnement, leur durée de vie et leur composition. L'origine conduit à établir une distinction entre les groupes naturels et les groupes formés. Les *groupes naturels* se constituent spontanément sur la base d'un événement particulier, de l'attraction entre des personnes ou de la similitude des besoins ou des intérêts. Les groupes d'amis, les collègues de bureau, les gangs de rue et les cliques en sont des exemples. Les *groupes formés* sont le fruit d'une intervention extérieure aux membres. Ils sont mis en place pour répondre à des objectifs définis ou à des impératifs particuliers. En voici quelques exemples : les groupes de traitement, les comités, les équipes de travail, les conseils d'administration. La plupart des groupes avec lesquels les intervenants sociaux travaillent appartiennent à cette catégorie.

Les groupes peuvent également être classés selon leur niveau de fonctionnement. Sur cet aspect, Richard (1995), reprenant la typologie de Lewin (1959), établit une distinction entre le *psychogroupe* et le *sociogroupe*. Le premier type de groupe constitue une fin en soi : « Les membres se réunissent parce qu'ils se trouvent bien ensemble […] ils ressentent un besoin commun, très souvent purement affectif, et leur association contribue à satisfaire ce besoin. » (Richard, 1995 : 14-15.) Le deuxième type de groupe rassemble des personnes qui entretiennent des relations dans le but de travailler à la résolution d'un problème commun ou à la modification de situations similaires : « Les individus s'allient à cause de l'attrait, de l'intérêt pour une tâche qui leur est présentée. » (Richard, 1995 : 15.) Si le premier s'apparente davantage à un groupe de traitement, le second est plus proche d'un groupe de tâche. Évidemment, ces deux types de groupes ne se présentent pas à l'état pur ; le plus souvent, le groupe tient à la fois du psychogroupe et du sociogroupe. Par exemple, lorsqu'un intervenant social met sur pied un groupe d'éducation ou un groupe de soutien, les membres s'engagent au départ à participer dans le but de faire des apprentissages ou d'apporter des changements à leurs situations individuelles ; le groupe s'apparente alors plutôt à un sociogroupe. Mais pour que les membres continuent d'être actifs et tirent pleinement profit des avantages qu'offre la participation à un groupe, ils doivent tisser des liens affectifs entre eux et trouver plaisir à être ensemble ; le groupe présente alors également des caractéristiques du psychogroupe.

La prise en considération de la durée de vie du groupe conduit à établir une distinction entre les *groupes durables* et les *groupes temporaires*. Les premiers n'ont pas une durée de vie fixée dès le départ ; en fait, ils vont exister tant que les membres vont être intéressés à en maintenir l'existence. Par contre, les groupes temporaires ont une durée prévisible dès le moment de leur formation.

La prise en compte de la composition du groupe conduit à distinguer les *groupes ouverts* et les *groupes fermés*. Les premiers sont composés de membres qui se joignent aux rencontres selon leur convenance. Le nombre de personnes présentes varie donc d'une rencontre à l'autre et, s'il y a un noyau de participants réguliers, la composition du groupe n'est pas toujours la même. La structure des Alcooliques Anonymes illustre ce type de groupe ; les membres ne sont en effet pas tenus d'assister aux rencontres sur une base régulière ; ils se présentent lorsque cela leur convient. Les groupes fermés sont quant à eux composés de membres qui commencent et terminent leur expérience ensemble. D'une rencontre à l'autre, les mêmes personnes sont donc présentes.

Le tableau 2.1 (p. 38) présente les différents types de groupes en fonction de l'élément sur lequel s'appuie la distinction.

TABLEAU 2.1

Typologie des groupes

Élément	Type I	Type II
Origine	Groupe naturel	Groupe formé
Niveau de fonctionnement	Psychogroupe	Sociogroupe
Durée de vie	Groupe durable	Groupe temporaire
Composition	Groupe ouvert	Groupe fermé

2.2 LE BUT DU GROUPE

Un élément central à prendre en considération dans l'analyse d'un groupe est le but poursuivi. En effet, le but traduit la raison d'être du groupe ; c'est ce que l'on vise à travers la participation. En plus de fournir une orientation au groupe et de servir de cadre de référence à l'intervenant et aux membres lorsqu'ils doivent prendre des décisions, le but sert de point de repère pour l'évaluation des résultats. Il constitue un élément majeur de la démarche d'un groupe pour trois raisons :

1. Il donne une orientation à l'action. Les efforts du groupe sont planifiés, les rôles et responsabilités sont assignés et les efforts des membres sont coordonnés. Il permet de fixer les paramètres de ce qui peut et doit être fait ;

2. Il guide les membres dans leurs comportements. Lorsqu'il est compris et que son atteinte est réellement souhaitée, il stimule l'engagement, alimente la motivation et guide les comportements ;

3. Il fournit des balises pour la formulation des objectifs spécifiques, lesquels seront ensuite utilisés pour juger de l'efficacité de la démarche du groupe.

Le premier élément à prendre en considération au moment de l'analyse d'un groupe est la définition du but et des objectifs qui s'y rattachent. Puisqu'il traduit l'idéal à atteindre, le but doit, pour réussir à mobiliser les membres, être clair pour tous et décrire une situation qui est suffisamment désirée pour susciter la motivation et maintenir l'engagement. Pour être utile, le but doit déboucher sur des objectifs spécifiques qui sont clairs et précis. Lorsqu'il n'y a pas d'objectifs spécifiques ou lorsque ces objectifs sont ambigus, la tension au sein du groupe augmente, la participation diminue, les membres sont distraits et l'élaboration d'idées constructives se fait moins bien.

En intervention sociale, le but du groupe est le produit des interactions entre trois types d'acteurs : l'organisme, l'intervenant et les membres. Lorsque les responsables d'un organisme acceptent de soutenir une intervention de groupe, ils s'assurent que les buts qui sont visés concordent avec la mission sociale, avec l'orientation idéologique et avec le type d'action privilégiés par l'organisme. Les buts sont également influencés par l'évaluation que fait l'intervenant des besoins de la population visée par l'intervention, de même que par ses croyances, ses convictions et ses attentes sur l'orientation qui doit être donnée au groupe. Mais, en dernière instance, ce sont les membres qui fixent le but du groupe. Pour qu'un groupe soit mis sur pied et pour qu'il fonctionne de façon adéquate, il est nécessaire que les membres y voient l'occasion de satisfaire leurs besoins et leurs attentes explicites et implicites.

Généralement, l'énoncé du but contient des informations sur la nature du problème ou du mandat pour lequel le groupe est formé, sur les préoccupations de l'intervenant, sur les besoins individuels et collectifs des membres et sur la manière dont les individus et le groupe vont travailler ensemble afin d'atteindre le but commun. Cependant, la formulation peut varier beaucoup, de sorte qu'il est possible de distinguer les buts et objectifs opérationnels et les buts et objectifs non opérationnels (Johnson et Johnson, 1997). Les premiers comportent dans leur énoncé les résultats clairs et observables qui sont attendus alors que les seconds sont formulés de manière plus abstraite et les étapes pour les atteindre sont plus difficilement discernables. Ainsi, il est facile de reconnaître si un but opérationnel est atteint. Par exemple, *adopter avec son enfant des comportements conformes à une structuration éducative souple* correspond à un but opérationnel dans la mesure où il traduit des résultats observables. Par contre, *favoriser une prise de conscience de ses forces et de ses faiblesses comme parent* est un but moins opérationnel, car il est plus difficilement discernable. Généralement, les buts à long terme sont peu opérationnels et doivent être découpés en objectifs plus spécifiques pour pouvoir guider l'intervention. Ce sont ces objectifs spécifiques qui permettent de faire le lien entre les actions concrètes à réaliser dans le groupe et le but visé.

Les buts et objectifs opérationnels présentent plusieurs avantages. D'abord, ils favorisent la communication entre les membres, qui savent dans quelle direction s'orienter et sont capables en tout temps de se situer par rapport au résultat visé. Ensuite, les membres peuvent se faire une idée plus précise des tâches à réaliser, des moyens à privilégier et des ressources à utiliser. Enfin, il est plus facile pour les membres d'évaluer la qualité de fonctionnement du groupe et, à la fin, d'apprécier les résultats de leur démarche. Johnson et Johnson (1997) circonscrivent certaines des qualités que devrait avoir la formulation du but d'un groupe :

— Le but énoncé est opérationnel, c'est-à-dire qu'il se traduit par des résultats bien définis, observables et mesurables ;

— Il est significatif, pertinent et réaliste en ce sens que les membres vont pouvoir l'atteindre ;

— Il concorde avec les buts individuels des membres et, par conséquent, peut être atteint par les tâches et activités réalisées en groupe ;

— Les participants sont mis au défi, mais avec un faible risque d'échec ;

— Le groupe dispose des ressources nécessaires pour atteindre le but énoncé ;

— L'énoncé est suffisamment souple pour être modifié en cours de route ;

— L'énoncé situe le but dans le temps, de sorte que les membres savent de combien de temps ils disposent pour atteindre celui-ci.

Il est nécessaire, lors de l'analyse d'un groupe, d'examiner les objectifs explicites. Mais il est également important de s'attarder sur les objectifs implicites, qui peuvent guider les membres et l'intervenant quant à leur comportement. L'expression « agenda caché » est généralement utilisée pour parler de ces objectifs non avoués. Par exemple, il est reconnu que l'engagement dans un groupe est influencé par trois besoins : un besoin d'inclusion, parce que les membres veulent être reconnus pour leurs qualités ; un besoin de contrôle, qui se traduit par le désir d'exercer une certaine influence sur les décisions qui se prennent en groupe ; et un besoin d'affection, caractérisé par le fait que la personne veut se sentir appréciée pour ce qu'elle est et pour ce qu'elle fait. Généralement, la volonté de répondre à ces besoins ne fait pas obstacle au fonctionnement du groupe ; au contraire, elle contribue le plus souvent à la mise en place d'un climat positif au sein du groupe. Mais il est également possible qu'elle vienne s'opposer au but du groupe et fasse ainsi obstacle au fonctionnement adéquat de ce dernier. Cette situation se présente, par exemple, lorsqu'une personne est très préoccupée par son besoin de contrôle ; elle poursuit alors un objectif individuel qui ne va pas dans le sens du but du groupe.

Dans l'analyse du fonctionnement d'un groupe, il est donc important de s'attarder sur l'étude du but et des objectifs, notamment pour évaluer jusqu'à quel point le but est opérationnel et pour anticiper la façon dont il peut mobiliser l'énergie des membres. À cet égard, l'analyse du but et des objectifs ne doit pas uniquement s'intéresser à leur nature ; elle doit également prendre en considération le processus qui a conduit à leur sélection et à leur formulation. En effet, les membres sont susceptibles de se sentir davantage concernés par un but si celui-ci reflète leurs préoccupations et leurs intérêts et s'ils ont participé à sa formulation. L'encadré ci-dessous présente quelques exemples de questions qui peuvent guider l'analyse du but d'un groupe.

Questions pour l'analyse du but

— **Sur la nature du but**

- Le but énoncé est-il opérationnel ? Se traduit-il par des résultats bien définis, observables et mesurables ?
- Le but énoncé concorde-t-il avec les buts individuels des membres ?
- Le but énoncé met-il au défi les participants, tout en comportant un faible risque d'échec ?
- Est-il prévisible que les membres pourront atteindre le but énoncé ?
- Le but est-il adapté aux ressources dont dispose le groupe ?
- Le but est-il situé dans le temps ?
- Le but est-il suffisamment circonscrit pour éviter la dispersion des énergies ?

— **Sur le processus de formulation du but**

- Quelles personnes ont été associées à la formulation du but ?
- Quelle importance a été accordée aux préoccupations des membres au moment de la formulation du but ?
- Quelles mesures ont été prises pour vérifier la compréhension du but par les membres et pour évaluer leur adhésion ?
- Le temps consacré à la formulation du but semble-t-il suffisant ?

2.3　LES ÉLÉMENTS STRUCTURELS

Un autre aspect à prendre en considération lors de l'analyse du fonctionnement d'un groupe est la structure, c'est-à-dire l'ensemble des conditions concrètes liées à la composition et au cadre de fonctionnement du groupe. Ces conditions correspondent aux limites à l'intérieur desquelles les membres interagissent. La structure influence le déroulement des activités du groupe et la nature des interactions entre les membres, d'une part, et entre les membres et l'intervenant, d'autre part. Les principales composantes de la structure d'un groupe sont la taille, la composition et l'ouverture du groupe, ainsi que les dimensions d'espace et de temps.

2.3.1   La taille du groupe

La taille est un élément qui a un impact majeur sur le fonctionnement du groupe et sur sa compétence à faire face aux situations qui se présentent. Selon Amado et Guittet (1991), un groupe de 3 personnes peut résoudre un problème logique, un groupe de 6 peut résoudre un problème pour lequel il existe plusieurs solutions et un groupe de 12 peut être très productif et trouver un large éventail de pistes de solutions face à un problème complexe.

Mucchielli (1992) indique que, pour un groupe de discussion, la taille idéale se situe entre six et huit membres. Un groupe trop petit risque d'être dominé par des points de vue individuels, alors qu'un groupe trop grand demande un mode de structuration plus formel quant à l'attribution des rôles et aux stratégies de prise de décision. Pour un groupe de tâche, cinq membres semble être l'idéal. Chacun peut s'exprimer fréquemment et a ainsi un sentiment de contrôle par rapport à la réalisation de la tâche. Lorsqu'un groupe compte trop de membres, certains ont tendance à se désengager et à rester passifs ; l'efficacité s'en trouve alors diminuée. En outre, des sous-groupes peuvent se former plus facilement. Par contre, si un groupe de tâche est trop petit, les membres peuvent se sentir surchargés.

Concernant les groupes de traitement, Levine (1979) avance que le nombre idéal se situe à cinq ou six membres. Cependant, selon Yalom (1983), la plupart des intervenants préfèrent des groupes plus nombreux de 6 à 10 membres. Pour les groupes de croissance personnelle et les groupes de soutien, Heap (1994) croit que la présence de quatre ou cinq membres représente la situation idéale, car un groupe de cette taille permet plus facilement l'instauration d'un climat de bien-être et de sécurité. En fait, la taille du groupe détermine la qualité des relations interpersonnelles entre les membres et, conséquemment, le degré de cohésion du groupe. Si des groupes d'une dizaine de personnes peuvent fonctionner efficacement, l'intimité qui y règne peut stagner à un degré relativement faible (Posthuma, 1989).

Leclerc (1999 : 51) émet l'opinion suivante :

Il n'existe pas de taille idéale pour un groupe, puisque *la taille doit être en rapport avec les objectifs du groupe*. Toutefois, […] les chances d'interactions directes entre deux personnes diminuent considérablement lorsque le nombre du groupe augmente et que le temps est limité.

La taille d'un groupe doit être adaptée au but, aux caractéristiques des membres, au temps disponible, au degré d'ouverture souhaité par les membres, au contexte organisationnel et aux habiletés de l'intervenant (Johnson et Johnson, 1997 ; Wickham, 1993).

2.3.2　La composition du groupe

La composition du groupe a trait aux caractéristiques personnelles des membres (âge, sexe, race, expérience, maturité, habiletés sociales) de même qu'aux statuts que les membres occupent dans le groupe et aux liens qui les unissent (Leclerc, 1999). Un groupe fonctionnel doit présenter un minimum d'homogénéité entre les membres, afin que la cohésion se développe plus facilement. Si les membres sont trop différents les uns des autres, l'intégration au groupe est difficile et la formation de sous-groupes en compétition les uns avec les autres est probable. Par ailleurs, le groupe composé de personnes trop semblables peut également se révéler non fonctionnel ; il faut un minimum d'hétérogénéité pour qu'existe le dynamisme essentiel au fonctionnement efficace du groupe (Bertcher et Maple, 1977 ; Heap, 1994). Toseland et Rivas (1998) relèvent trois caractéristiques liées à la composition qui se trouvent chez les groupes présentant les meilleures chances de succès :

1. Une homogénéité des buts personnels et de certaines caractéristiques des membres ;

2. Une hétérogénéité des capacités d'adaptation, des expériences et de l'expertise des membres ;

3. La présence de membres qui ont un large éventail d'habiletés et d'expertises.

Il apparaît donc que la composition a une influence majeure sur les rapports qui se nouent à l'intérieur du groupe, d'où l'importance d'un juste équilibre entre l'homogénéité et l'hétérogénéité. Un tel équilibre n'est cependant pas facile à trouver, car il met en cause non seulement les caractéristiques visibles des membres mais aussi leurs aspirations, leurs valeurs et leurs besoins (Leclerc, 1999).

2.3.3　L'ouverture du groupe

L'analyse du degré d'ouverture du groupe conduit à distinguer deux grandes catégories de groupes : les groupes ouverts et les groupes fermés. Les premiers ont généralement une durée de vie non limitée au départ et ils sont formés de membres qui y entrent et en sortent à leur guise, selon leurs besoins et leurs disponibilités. Les seconds comprennent des membres qui commencent, poursuivent et terminent leur expérience ensemble, au cours d'une période déterminée au moment de la formation du groupe. Ces deux types présentent des avantages et des inconvénients. Dans les groupes ouverts, les nouveaux membres apportent de nouvelles idées et des ressources supplémentaires et les anciens fournissent des modèles de comportements aux nouveaux. De plus, l'accessibilité est plus grande, car les personnes peuvent se joindre au groupe en tout temps. Enfin, ce type de groupe est mieux adapté à certains contextes d'intervention, comme les organismes de placement à court terme ou les centres de transition, dans lesquels il y a un mouvement continu d'arrivées et de départs. Par contre, l'instabilité des membres peut entraîner des problèmes de leadership et rendre plus difficile le développement d'un sentiment d'appartenance. L'arrivée de nouveaux membres peut aussi ralentir, voire interrompre, le cheminement du groupe (Galinsky et Schopler, 1989 ; Schopler et Galinsky, 1990).

Les groupes fermés présentent généralement une plus grande cohésion. Les normes y sont plus précises, les rôles plus stables et les liens plus étroits. L'engagement des membres est plus intense, en raison de la continuité et de la proximité des rapports qu'ils entretiennent entre eux. Les membres font preuve d'une plus grande ouverture et abordent plus facilement des aspects très personnels de leur vie. Ce type de groupe est donc particulièrement adapté aux objectifs de soutien et de thérapie. En contrepartie, les absences et les abandons ont généralement un effet plus marqué sur le fonctionnement du groupe ; ils peuvent même mettre en péril l'existence de ce dernier. De plus, en raison de la cohésion plus forte, des pressions importantes risquent de s'exercer dans le sens d'une uniformité d'opinions et de comportements. Le tableau 2.2 résume les caractéristiques, les avantages et les inconvénients des groupes ouverts et des groupes fermés.

2.3.4   L'espace

L'espace influe sur la manière dont les membres d'un groupe se parlent, interagissent et communiquent les uns avec les autres, de façon verbale et non verbale. C'est donc un facteur très important pour la compréhension du fonctionnement d'un groupe. Leclerc (1999) distingue trois éléments à prendre en considération concernant l'espace : l'espace occupé par les membres au cours des rencontres, la qualité des locaux et la distance géographique entre le lieu de résidence des membres et le lieu de rencontre du groupe.

L'espace occupé par les membres pendant les rencontres, notamment l'endroit où ils sont assis et la disposition des chaises, fournit des indications sur la nature de la participation, dans la mesure où la dynamique du groupe s'en trouve influencée (Posthuma, 1989). Par exemple, une personne qui est assise au bout d'une table rectangulaire occupe une position stratégique et peut avoir une plus grande influence sur le groupe. Comme elle a un meilleur contact visuel avec les autres, elle reçoit plus de messages et peut s'exprimer

  **TABLEAU 2.2**

Caractéristiques des groupes ouverts et des groupes fermés

Groupes ouverts	Groupes fermés
• Les membres participent au rythme qui leur convient. La durée de vie du groupe est souvent indéterminée au départ.	• Le groupe est formé de façon définitive lors des premières rencontres et une participation assidue est attendue de la part de chacun des membres. La durée de vie du groupe est fixée dès le départ.
• De nouvelles idées et des ressources supplémentaires sont apportées par les nouveaux membres.	• Une plus grande cohésion du groupe s'observe.
• Les anciens membres servent de modèles aux nouveaux.	• L'engagement des membres est plus intense.
• L'accès au groupe est immédiat.	• Les membres abordent des sujets très personnels.
• Ce type de groupe est bien adapté à certains contextes de pratique.	• Ce type de groupe est bien adapté aux objectifs de soutien et de thérapie.
• L'instabilité des membres peut entraîner des problèmes de leadership et rendre plus difficile le développement d'un sentiment d'appartenance.	• Les absences et les abandons ont un effet plus marqué.
• L'arrivée de nouveaux membres peut ralentir, voire interrompre, le cheminement du groupe.	• Des pressions dans le sens d'une uniformité d'opinions et de comportements peuvent s'exercer.

davantage. Elle est donc plus susceptible de se voir attribuer un rôle de leader (Pellegrini, 1971). Par ailleurs, lorsque les membres occupent des sièges de niveaux différents, leurs interactions varient en fonction de ces inégalités. Ceux qui occupent les sièges les plus bas peuvent se sentir dominés par les autres. La nature des interactions dépend également de la distance entre les sièges. L'agencement doit favoriser une certaine proximité sans donner l'impression d'être envahi. La configuration la plus susceptible de favoriser la participation de tous les membres dans un rapport égalitaire est le cercle, qui permet un contact visuel et évite que certaines personnes soient isolées ou se trouvent en position de domination (Posthuma, 1989).

La qualité générale des lieux a aussi son importance. La température, l'aération, l'éclairage, les bruits ambiants et le confort de l'ameublement, par exemple, peuvent favoriser les échanges ou au contraire constituer des obstacles au fonctionnement du groupe. Le local doit permettre la réalisation des activités de groupe dans un cadre de confidentialité et d'intimité afin qu'un climat de confiance puisse s'instaurer (Vernelle, 1994).

Enfin, il faut prendre en considération l'accessibilité géographique et la stabilité du lieu de rencontre. Il est important notamment de tenir compte des possibilités de transport en commun et de stationnement, de l'accès pour les personnes ayant un handicap et des indications données pour se rendre sur place. La proximité, qu'elle soit spatiale, sociale ou culturelle, et la stabilité favorisent la cohésion et l'engagement des membres (Leclerc, 1999).

2.3.5   Le temps

Le temps correspond au moment où ont lieu les rencontres du groupe, à leur nombre, à leur durée et à leur fréquence. Il influe, entre autres, sur le degré d'engagement des membres. Des individus qui se rencontrent régulièrement s'identifient plus facilement au groupe et nouent davantage de liens. Toutefois, un groupe dont les rencontres sont trop fréquentes ou jugées trop longues, voire interminables, a généralement des échanges moins constructifs, car la participation est perçue comme contraignante (Leclerc, 1999). De même, lorsque l'ordre du jour est régulièrement chargé, les membres vivent des frustrations et en viennent à demeurer superficiels dans leurs échanges, sachant qu'ils ne pourront pas de toute façon aller au fond des choses. Le moment choisi pour la tenue des rencontres est également important, car il a une influence sur l'assiduité des membres, leur ponctualité et éventuellement leur persévérance dans le groupe.

* * *

L'encadré qui suit présente certaines questions qui peuvent guider l'analyse des éléments structurels du groupe.

Questions pour l'analyse des éléments structurels

— **Sur la taille du groupe**
- La taille du groupe permet-elle à tous les membres d'exprimer leurs points de vue?
- Le nombre de membres est-il adapté aux buts du groupe?
- Y a-t-il un risque de formation de sous-groupes?

— **Sur la composition**
- Quels traits communs partagent les membres?
- Quelles sont les différences entre les membres?
- Y a-t-il un membre dont les caractéristiques le distinguent de tous les autres?
- Comment se présente le rapport homogénéité-hétérogénéité?

— **Sur l'ouverture**

- S'agit-il d'un groupe ouvert ou fermé ?

- Quels avantages présente, pour ce groupe, le fait d'être ouvert ou fermé ?

- Quels seraient les avantages d'un fonctionnement différent quant à l'ouverture ?

— **Sur l'espace**

- Le local est-il proportionné à la taille du groupe ?

- Quelle est l'influence de la disposition des chaises ?

- Le mobilier est-il adapté aux caractéristiques des membres ?

- Quel est l'effet de l'éclairage, de l'aération et de la température sur le fonctionnement du groupe ?

- Des commodités sont-elles disponibles pour les pauses ?

- Le matériel (textes, vidéo, écran, tableau) est-il adapté ?

- Le lieu de rencontre est-il facilement accessible aux membres ?

— **Sur le temps**

- Le moment des rencontres est-il adapté aux caractéristiques des membres ?

- La durée des rencontres correspond-elle à ce qui est prévu au départ ?

- Quel est l'effet de la fréquence des rencontres sur la dynamique du groupe ?

- Le nombre de rencontres est-il approprié aux buts du groupe ?

- Comment le groupe utilise-t-il le temps mis à sa disposition ?

2.4   LES NORMES

Les normes sont des règles de conduite sur lesquelles les membres se sont mis d'accord et qui font appel à un processus de conformité. Elles traduisent l'idée que se font les membres d'un comportement idéal ou attendu. Elles déterminent donc les comportements qui sont jugés acceptables ou inacceptables dans le groupe. Johnson et Johnson (1997) définissent les normes comme des règles, implicites ou explicites, qui sont établies par le groupe pour réguler les comportements de ses membres. Les normes informent les membres sur la façon dont ils doivent se comporter dans différentes situations. Ce sont des croyances communes sur les comportements appropriés.

Les normes sont des règles de conduite qui guident les membres dans leurs interactions en spécifiant les comportements acceptables dans des situations particulières. Elles fournissent aux membres des indications sur ce qui est souhaité, accepté ou condamné par le groupe; elles précisent la zone de tolérance. En ce sens, elles constituent en quelque sorte le ciment du groupe, elles représentent une mesure de contrôle du comportement des membres. D'ailleurs, elles naissent et se précisent au fur et à mesure de l'évolution du groupe et, généralement, les membres les intègrent en observant comment se comportent les autres. Dans un groupe, les normes n'ont pas toutes la même importance, de sorte que les conduites de transgression donnent lieu à des sanctions différentes. De plus, si certaines normes concernent tous les membres, d'autres s'appliquent uniquement à des membres qui ont un rôle ou un statut précis. Il est possible, par exemple, que des normes concernent seulement l'intervenant ou qu'elles s'appliquent exclusivement à un membre qui a un rôle particulier, comme l'animateur ou le secrétaire.

On peut distinguer deux grandes catégories de normes: les normes formelles, qui sont écrites, clairement énoncées et ont un caractère officiel (par exemple, ne pas être sous l'influence de la drogue ou de l'alcool lors des rencontres, arriver à l'heure, informer l'intervenant en cas d'absence, ne pas utiliser un langage grossier), et les normes informelles, qui ont un caractère moins officiel et sont moins clairement formulées (par exemple, ne pas se moquer des idées des autres, être attentif à leurs propos).

Dans un groupe, certaines normes sont fonctionnelles, en ce sens qu'elles favorisent le fonctionnement du groupe, alors que d'autres peuvent être dysfonctionnelles ou nuisibles. Les premières servent de guides pour les membres quant à la tâche et aux relations interpersonnelles. Elles aident le groupe à fonctionner « comme un groupe » en contribuant à la cohésion par l'uniformisation des comportements des membres. En définissant ce qui est approprié et ce qui ne l'est pas, elles stabilisent et régulent les comportements individuels. Ainsi, elles augmentent le caractère prévisible des comportements, ce qui contribue à sécuriser les membres concernant ce qui peut se produire dans le groupe.

En général, le respect des normes dépend d'éléments qui se rapportent aux normes elles-mêmes (leur clarté, leur pertinence pour les membres, la nature des sanctions prévues en cas de transgression), aux caractéristiques des membres et à la dynamique du groupe (l'espoir devant les buts visés, l'identification au groupe). Comme les normes ne font pas toujours l'unanimité, à tout le moins dans leur application, il est généralement utile de prévoir des sanctions positives (récompenses, manifestations d'approbation) et des sanctions négatives (punitions, désapprobation) pour en garantir le respect.

Dans un groupe, une personne qui dévie des normes peut : conserver une attitude déviante et s'exposer à des sanctions de la part du groupe, se conformer aux normes, quitter le groupe ou essayer de faire modifier les normes. Les efforts de certains pour modifier les normes peuvent d'ailleurs se révéler un important facteur d'évolution pour le groupe. En effet, il arrive que certaines normes ne soient plus adaptées ou qu'elles deviennent dysfonctionnelles ; il faut alors les changer. Les membres qui ont un comportement déviant peuvent mettre en évidence le caractère dysfonctionnel de certaines normes et inciter le groupe à modifier ou abolir les normes en question.

L'encadré qui suit présente certaines questions qui peuvent guider l'analyse des normes du groupe.

Questions pour l'analyse des normes d'un groupe

— **Sur le processus d'élaboration des normes**

- Comment les normes ont-elles été établies ?
- Quels membres ont participé à l'élaboration des normes ?
- Quel rôle a joué l'intervenant dans l'élaboration des normes ?
- Comment se situe le groupe face à l'éventualité d'une modification de ses normes ?

— **Sur la nature des normes**

- Quelles sont les normes formelles et les normes informelles ?
- Quelles sont les normes fonctionnelles ?
- Quelles sont les normes dysfonctionnelles ?

— **Sur le respect des normes**

- Les normes sont-elles respectées ?
- Comment le groupe réagit-il à la transgression des normes ?
- Quels moyens sont privilégiés pour encourager le respect des normes ?

2.5   LES RÔLES

Un rôle correspond à un ensemble de comportements qui caractérisent la participation d'un membre du groupe. Ces comportements peuvent être déterminés par les fonctions qu'assume le membre dans le groupe ; on parle alors de rôle formel (Bergeron et autres, 1979) ou de rôle fonctionnel (Marcotte, 1986). L'utilité principale de ce type de rôle est qu'il assure la prévisibilité et la régularité des comportements des personnes qui se voient assigner des fonctions ou des tâches particulières. Les rôles d'animateur, de secrétaire, de conférencier, d'observateur et de responsable de l'organisation physique des rencontres se situent dans cette catégorie.

Bien que les rôles formels comportent un caractère prescriptif, chaque personne assume un rôle d'une manière différente et unique. En fait, plusieurs facteurs influent sur la façon de remplir un rôle : l'âge, le sexe, la classe sociale, l'éducation, les expériences antérieures, le statut, les convictions, les habiletés, les aptitudes et l'appartenance à différents groupes. Il y a d'ailleurs parfois un écart entre les attentes des membres concernant un rôle et la perception de la personne qui assume ce rôle. Lorsque les visions respectives ne sont pas clarifiées, des malentendus qui sont sources de tensions, voire de conflits, peuvent se manifester dans le groupe.

Mais les comportements correspondant à un rôle peuvent également être adoptés spontanément par certains membres en fonction de leur personnalité et de la dynamique du groupe. On parle alors de rôle psychosocial ou naturel (Marcotte, 1986). L'organisateur, le conciliateur, l'optimiste, le passif, le protecteur, le bavard sont autant d'exemples de rôles qui entrent dans cette catégorie.

Selon Landry (1995), dans un groupe, les rôles assumés par les membres peuvent être situés dans trois zones : la zone de l'affection, qui regroupe les comportements orientés vers les personnes et vers le climat socio-affectif ; la zone de la tâche, où se trouvent les comportements axés sur l'action et l'atteinte des objectifs ; et la zone de pouvoir, qui correspond aux rôles traduisant la structure de pouvoir.

Reprenant le modèle de Bales (1950), Bergeron et autres (1979) proposent une classification quelque peu différente. Ils distinguent trois catégories de rôles : les rôles orientés vers la tâche ; les rôles orientés vers l'aspect social du groupe, qui sont axés sur la solidarité entre les membres ; et les rôles orientés vers la satisfaction des besoins personnels. Le tableau 2.3 présente le profil des rôles associés à chacune de ces catégories ainsi que les comportements qui s'y rattachent d'après Beal, Bohlen et Raudabaugh (1969).

Au fur et à mesure de l'évolution d'un groupe, un individu peut être amené à tenir plusieurs rôles. Par ailleurs, le même rôle peut être rempli par différents membres. Cette flexibilité au regard des rôles peut être source de confusion et peut même déboucher sur des conflits entre les membres. Lorsque la manière dont certains membres assument les fonctions qui leur sont assignées ne correspond pas aux attentes du groupe, il y a une situation

TABLEAU 2.3

Les types de rôles et les comportements associés

Rôles orientés vers la tâche	Rôles orientés vers la solidarité	Rôles orientés vers la satisfaction des besoins personnels
Rôles qui soutiennent la réalisation d'activités ou l'accomplissement de tâches en lien avec le mandat ou le but du groupe. Ils servent à faciliter et à coordonner les efforts des membres.	*Rôles axés sur le maintien de relations harmonieuses entre les membres. Ils contribuent au maintien d'un climat positif dans le groupe.*	*Rôles qui sont orientés vers la satisfaction des besoins individuels. Ils peuvent perturber le groupe, car ils résultent de préoccupations personnelles.*
• Lance les idées • Demande des explications • Formule une opinion • Donne des informations et des avis • Fait une synthèse • Clarifie les idées • Établit des liens entre les idées	• Encourage, motive • Agit comme médiateur • Suggère des compromis • Sollicite la contribution de tous • Souligne les progrès • Commente l'évolution • Tolère les excès	• Est agressif • Fait de l'obstruction • Se met en valeur • Est préoccupé par ses intérêts particuliers • Affiche de l'indifférence • Recherche la sympathie • Domine le groupe • Critique

de conflit intra-rôle. Par ailleurs, lorsqu'un membre remplit simultanément plusieurs fonctions dont l'exercice est difficilement compatible, il y a une situation de conflit inter-rôle (Bergeron et autres, 1979).

Leclerc (1999) souligne avec justesse que les rôles ne sont pas une donnée sur laquelle les membres du groupe n'ont pas de prise, car ils se construisent dans l'interaction : « Il n'y a pas de rôles qui tiennent sans partenaires pour donner la réplique. » (P. 267.) En outre, les rôles se présentent comme le résultat d'une situation spécifique ; une personne peut tenir des rôles très différents d'un groupe à l'autre. Enfin, les rôles ne sont pas bons ou mauvais en eux-mêmes ; « les mêmes rôles peuvent avoir des effets positifs ou négatifs selon les circonstances » (Leclerc, 1999 : 267). Il est donc nécessaire, dans l'étude du fonctionnement d'un groupe, d'analyser les rôles à la lumière de la dynamique particulière dans laquelle s'inscrivent les rapports entre les membres.

L'encadré qui suit présente quelques questions qui peuvent guider l'analyse des rôles dans un groupe.

Questions pour l'analyse des rôles

— **Sur le processus d'assignation ou d'émergence des rôles**

- Comment les rôles formels sont-ils assignés?
- Les attentes du groupe concernant les rôles formels sont-elles précisées?
- La perception des rôles formels par les membres qui les assument est-elle connue?
- Qu'est-ce qui contribue au maintien ou à l'affaiblissement des rôles?

— **Sur la nature des rôles**

- Quels sont les rôles de chacun des membres?
- Comment s'articulent les différents types de rôles (orientés vers la tâche, vers l'aspect social ou vers la satisfaction des besoins personnels)?
- Quels sont les effets des différents rôles sur la dynamique du groupe?

2.6   LE LEADERSHIP

Le terme « leadership » désigne à la fois la fonction de direction et l'influence des membres au sein du groupe. Le leadership correspond à l'ensemble des activités et des communications interpersonnelles par lesquelles un membre influence le comportement des autres dans le sens de la réalisation des objectifs du groupe. Ce n'est pas un processus réservé à une seule ou à quelques personnes; il peut être l'objet d'un partage, bien qu'il soit souvent détenu par certains membres (Bergeron et autres, 1979).

2.6.1   La différence entre le leadership et le pouvoir

Le leadership et le pouvoir sont souvent étroitement liés. Cependant, alors que le pouvoir peut impliquer des relations d'individu à individu, de groupe à individu ou de groupe à groupe, le leadership concerne la situation d'un membre face au groupe. Ainsi, si le leadership est une forme de pouvoir, ce dernier ne correspond pas nécessairement au leadership, qui exclut le fait qu'une autorité formelle fondée sur le statut soit imposée. En fait, le leadership se distingue du pouvoir par deux caractéristiques:

1. Il ne comporte pas l'idée de contrainte, mais suppose une adhésion volontaire;

2. Il se fonde sur la capacité de convaincre grâce au seul recours à la communication (Leclerc, 1999).

Il est donc important de distinguer le leadership de l'autorité désignée, qui se fonde sur un statut formel. Dans un groupe, c'est l'intervenant ou l'animateur qui détient ce statut d'autorité. Si ce dernier accorde un pouvoir qui est en soi légitime, il ne garantit pas pour autant l'exercice du leadership, c'est-à-dire la capacité d'influencer les autres.

2.6.2   Les différents styles de leadership

Les premières études sur le leadership dans les groupes ont conduit à déterminer trois styles de leadership et de leaders : autocratique, démocratique et laisser-faire (Lewin, Lippitt et White, 1939). Le leader autocratique s'attribue tout le pouvoir dans un groupe. Il formule les objectifs, prend les décisions, assigne les tâches, décide qui travaille avec qui et structure les rencontres à sa façon. Il accorde peu d'importance à la coopération, étant davantage préoccupé par les performances individuelles. Ce style de leadership engendre souvent des conflits et crée beaucoup d'insatisfaction chez les membres, qui ne se sentent pas engagés. Cependant, il peut être efficace lorsque la situation dans laquelle se trouve le groupe présente une grande ambiguïté, car, dans ce genre de situation, les membres s'attendent à des directives précises.

Contrairement au leader autocratique, le leader démocratique recherche le maximum de participation des membres dans les prises de décisions. Il favorise la discussion et partage les responsabilités dans la réalisation des activités du groupe. La personne qui adopte ce style de leadership est très près des membres. Elle n'hésite pas à discuter avec eux lorsqu'il y a des insatisfactions ou des conflits, et elle sait recevoir les critiques. Elle est consciente que les erreurs sont inévitables dans un groupe et qu'elles peuvent s'inscrire dans un processus d'apprentissage. Lorsque le groupe fait face à des difficultés, elle laisse le processus démocratique se mettre en action. Ce style de leadership est apprécié des membres et il est généralement très efficace dans les groupes de socialisation, d'éducation et de soutien.

Le leader de style laisser-faire laisse tout l'espace aux membres dans les prises de décisions. Sa participation se limite à fournir le matériel dont le groupe a besoin et à donner des informations sur demande. Il ne dirige pas le groupe. Ce style de leadership peut bien fonctionner avec des groupes très structurés, composés de membres très autonomes qui n'ont pas besoin d'être encadrés. Par contre, il peut engendrer de nombreuses frustrations lorsque les membres ont besoin de soutien. Il est particulièrement déconseillé avec des individus qui ne sont pas habitués à travailler ensemble et qui disposent de ressources limitées pour atteindre leurs objectifs.

Les travaux sur le leadership qui ont été réalisés dans le domaine de la gestion des organisations ont conduit à regrouper les comportements de leadership en deux grandes catégories, selon qu'ils sont orientés « vers la tâche » ou « vers l'individu ». Le leadership orienté vers la tâche est axé principalement sur l'atteinte des buts et sur la réalisation de tâches précises. Le leader qui privilégie ce style s'intéresse à la méthode de travail, à l'information, aux ressources, à la coordination des efforts et aux prises de décisions. Il est sensible au rythme de travail et évalue constamment ce qui a été accompli et ce qui reste à faire.

Le leadership orienté vers l'individu est moins dirigé vers la tâche que vers les interactions entre les membres et le climat au sein du groupe. Le leader qui privilégie ce style veille à ce que les membres ne soient pas trop exténués et concentre son attention sur leur vécu. Il s'intéresse à la stimulation, au soutien, à la communication et à l'intégration des membres. Il est sensible aux tensions et intervient pour clarifier les situations conflictuelles.

Combinant l'intérêt pour la tâche et celui que l'on porte à l'aspect humain, Blake et Mouton (1964) ont cerné cinq styles de leadership, qui se distinguent les uns des autres par l'importance relative qui est accordée à chacune de ces deux dimensions. La figure 2.1, tirée du livre de Bergeron et autres (1979), présente ces styles et la façon dont ils se situent par rapport à ces deux éléments.

FIGURE 2.1

Les cinq styles de leadership en fonction de l'intérêt pour l'aspect humain et pour la production

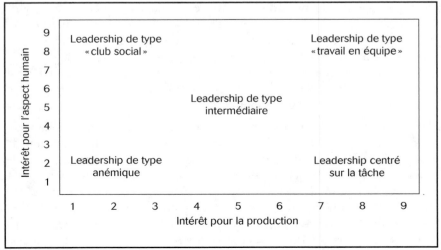

Source : Tiré de Bergeron et autres (1979).

Le premier style correspond au leadership de type « club social ». L'accent est mis ici sur le maintien de relations harmonieuses entre les membres. Bien que le climat soit agréable, la tâche est parfois mal réalisée, car le leader ne veut contrarier personne et traite tout le monde avec chaleur et compréhension. Le deuxième style, le leadership de type anémique, correspond à la position du leader qui tente d'éviter les confrontations et les discussions. L'intérêt pour la tâche et pour le climat est faible. Le leader laisse le groupe fonctionner à sa guise sans intervenir, se contentant de se tenir en périphérie. Les membres sont donc totalement laissés à eux-mêmes. Le troisième style, le leadership fondé sur le travail en équipe, correspond à la position du leader qui recherche la performance par la participation de tous les membres aux prises de décisions. Lorsque le groupe fait face à des conflits, le leader les aborde directement en faisant participer tous les membres à la recherche d'une solution. Les relations empreintes de respect, de compréhension et d'exigences réciproques sont privilégiées. Le quatrième style, le leadership centré sur la tâche, correspond à la position du leader qui vise essentiellement la réalisation des activités prévues. L'activité des membres est encadrée par des normes, des procédures et des mesures de contrôle. Enfin, le cinquième style, le leadership de type intermédiaire, traduit une recherche de compromis plus ou moins satisfaisants entre la réalisation des activités prévues et les préférences immédiates exprimées par les membres.

Le leadership est un élément important à considérer dans l'analyse du fonctionnement d'un groupe, notamment pour bien distinguer l'autorité formelle et l'influence de certains membres sur le comportement des autres. Si l'autorité formelle est généralement détenue par une seule personne, le leadership peut être partagé. En fait, chaque membre peut assumer une partie du leadership par des actions utiles au groupe. L'encadré suivant propose quelques questions qui peuvent guider l'analyse du leadership dans un groupe.

Questions pour l'analyse du leadership

- Y a-t-il une personne qui détient une autorité formelle dans le groupe ?
- Quel est le style de leadership de cette personne ?
- Quels membres exercent le plus d'influence dans le groupe ?
- Quel est leur style de leadership ?
- Quels éléments peuvent expliquer l'influence de ces membres ?
- Ces leaders ont-ils une influence positive ou négative sur le groupe ?

2.7 LA VIE SOCIO-AFFECTIVE

La vie socio-affective correspond à un ensemble d'éléments d'ordres relationnel et émotionnel qui influent sur le fonctionnement du groupe et dont il est difficile de cerner avec précision la nature, puisqu'ils tiennent à la fois de l'histoire, des valeurs, des normes et des modes de communication (Wickham, 1993). Malgré cette difficulté, deux éléments peuvent aider à en apprécier la nature : le climat et la cohésion.

2.7.1 Le climat

Le climat du groupe, c'est l'atmosphère, l'ambiance dans laquelle se déroulent les activités. Pour Mucchielli (1975), le climat d'un groupe est le produit de trois facteurs. Le premier est l'état d'esprit général qui résulte de l'influence du passé, du type d'animation, du sentiment de liberté, de la vision de l'avenir et de l'expérience des membres. Le deuxième concerne les conditions matérielles, notamment l'état de fatigue, le confort des locaux et la taille du groupe. Le troisième, les relations entre les membres, se rapporte au style de leadership, au degré de maturité du groupe, à l'attitude des membres et au statut social des participants.

Le climat qui règne au sein d'un groupe influence la participation des membres. Ainsi, dans un climat de tolérance, qui se caractérise par l'écoute et la compréhension mutuelle, les membres se sentent à l'aise de dire ce qu'ils pensent sans restrictions et sans crainte d'être jugés. Ils participent activement et communiquent aisément leurs idées et leurs émotions. Par contre, dans un climat marqué par la méfiance, les membres hésitent à s'exprimer, craignant les critiques des autres. Les communications sont difficiles et les messages sont souvent exprimés indirectement et de façon voilée.

En vertu de sa position, l'intervenant peut exercer une grande influence sur le climat du groupe par la nature de ses comportements verbaux et non verbaux. Par exemple, s'il est enthousiaste et ouvert et se préoccupe des membres, son état d'esprit va se communiquer aux autres. Si, par contre, il est méfiant ou indifférent, le groupe risque de fonctionner dans un climat de tension ou d'indifférence.

2.7.2 La cohésion

La cohésion correspond à l'ensemble des forces qui poussent les membres à participer activement au groupe. Elle repose sur les liens qui unissent les personnes et traduit l'attrait du groupe pour ses membres (Leclerc, 1999). Bien que cet attrait tienne en partie au fait que le groupe offre un contexte qui peut répondre au besoin d'affiliation qu'éprouvent les êtres humains, différents facteurs contribuent au pouvoir d'attraction d'un groupe. Selon Cartwright (1968, cité dans Toseland et Rivas, 1998), quatre types de variables entrent en jeu à cet égard :

1. Le besoin d'affiliation, de reconnaissance et de sécurité des membres ;
2. Les ressources et le prestige retirés de la participation au groupe ;
3. La perception des bénéfices et des coûts liés à la participation au groupe ;
4. La comparaison de cette expérience de groupe avec d'autres participations.

Toutefois, la cohésion ne résulte pas exclusivement de l'attrait que revêt le groupe pour chacun des membres ; elle est également influencée par les caractéristiques du groupe. À cet égard, Vernelle (1994) relève un certain nombre d'éléments qui peuvent faire obstacle à la cohésion et les classe en trois catégories selon qu'ils se rapportent à la structure, à la dynamique du groupe ou à la situation des membres. Ces éléments sont présentés dans le tableau 2.4 (p. 58).

La cohésion est à la fois un déterminant et un résultat du fonctionnement du groupe. Elle résulte de l'interaction entre les membres, de leurs sentiments les uns pour les autres et de la signification de leur expérience commune. Elle découle de l'attraction des membres les uns pour les autres, des activités qu'ils font ensemble, des objectifs communs qu'ils poursuivent et des alliances qu'ils concluent en réaction aux pressions externes.

L'examen de la cohésion peut permettre de comprendre pourquoi certains groupes semblent proches de la dissolution tandis que d'autres suscitent l'enthousiasme et reflètent un dynamisme qui est mobilisateur non seulement pour les membres, mais aussi pour tous ceux qui gravitent autour d'eux. Braaten (1991) met en lumière quelques éléments qui traduisent la cohésion d'un groupe : la présence d'un sentiment d'appartenance qui s'exprime par l'utilisation du pronom « nous », l'intérêt pour les autres membres, l'écoute, l'empathie et la transparence. Dans un groupe uni, les membres se révèlent, tentent de se comprendre, acceptent les différences et permettent à chacun d'exprimer ses intérêts et ses préoccupations. Ils ont confiance et se sentent suffisamment à l'aise pour exprimer leurs idées et leurs émotions et faire des commentaires tant négatifs que positifs.

Au terme d'une revue des observations cliniques et empiriques sur le sujet, Toseland et Rivas (1998) soulignent que la cohésion augmente : 1) l'expression des émotions positives et négatives ; 2) la capacité d'écoute ; 3) l'utilisation effective des commentaires des autres membres ; 4) la confiance en soi et

TABLEAU 2.4

Éléments susceptibles de faire obstacle à la cohésion du groupe

Structure du groupe	Dynamique du groupe	Situation des membres
• Le groupe compte trop de membres ou pas assez. • Le lieu et le moment des rencontres ne conviennent pas. • Le local est trop sombre ou trop luxueux. • Il y a trop ou pas assez de règles. • Les modèles de communication ne donnent pas assez d'informations aux nouveaux membres.	• Un membre peut se sentir isolé lorsque les autres se connaissent tous ou lorsque la présence de sous-groupes l'exclut. • Le groupe a de la difficulté à accepter les normes. • Il n'y a pas d'accord à propos du leadership, ou le leader a trop ou pas assez de pouvoir. • La méthode de résolution de conflits est trop répressive.	• Le nouveau membre ne peut trouver de rôle convenable. • Un membre peut se sentir inférieur aux autres. • Il peut y avoir un dominateur dans le groupe. • Les conflits ou mésententes d'un membre avec les autres peuvent rendre sa présence difficile. • Un membre peut se sentir mal informé ou ne pas être à l'aise avec les méthodes de travail utilisées. • Un autre groupe peut se révéler plus attirant.

l'estime de soi ; 5) la persévérance ; 6) la performance du groupe dans la poursuite des objectifs ; 7) l'assiduité ; et 8) la satisfaction des membres. À l'opposé, la cohésion peut être à l'origine de fortes pressions qui s'exercent sur les membres pour qu'ils respectent les normes et elle peut se traduire par une forte dépendance des membres par rapport au groupe. Si la cohésion est trop forte, les membres peuvent chercher à maintenir le statu quo en évitant les conflits, en exerçant un contrôle rigide sur les comportements et les attitudes et en privilégiant l'homogénéité des valeurs (Rudestam, 1982).

Parce que la cohésion et le climat ont une très grande influence, la vie socio-affective doit faire l'objet d'une attention toute particulière au moment de l'étude du fonctionnement du groupe. L'encadré qui suit présente certaines questions qui peuvent guider l'analyse de la vie socio-affective.

Questions pour l'analyse de la vie socio-affective

- Les membres sont-ils à l'aise ? Expriment-ils facilement leurs opinions et leurs émotions ?
- Comment peut-on qualifier le climat général du groupe ?
- Quels éléments exercent une influence sur le climat du groupe ?
- Est-ce que le groupe exerce de l'attraction sur les membres ?
- Quels sont les indices de cohésion ou d'absence de cohésion du groupe ?
- Quels éléments favorisent la cohésion ?
- Quels éléments font obstacle à la cohésion ?
- Quel est l'effet de la cohésion sur le comportement des membres ?

2.8   LA COMMUNICATION

L'étude du fonctionnement d'un groupe ne saurait être complète sans l'analyse de la communication, car c'est celle-ci qui unit les personnes et leur permet de travailler ensemble (Côté, 1986). La communication est en quelque sorte l'énergie qui permet au groupe de fonctionner. En effet, c'est sur la base de ce qui est communiqué et de la manière dont la communication se fait que les personnes interagissent, prennent en considération les autres et acquièrent un sentiment d'appartenance au groupe. La communication contribue à l'insertion des membres dans le groupe ; plus les membres se connaissent et sont ouverts les uns avec les autres, plus le groupe progresse. Les membres apprennent à s'exprimer, à s'appuyer mutuellement et à régler leurs conflits à travers la communication. Le groupe constitue donc un cadre privilégié d'apprentissage de la communication et d'amélioration des habiletés sociales.

2.8.1   Les composantes de la communication

Bien qu'il y ait de multiples façons de la modéliser, la communication peut être structurée autour de trois composantes essentielles : un émetteur, qui encode ses perceptions, ses sentiments ou ses idées en utilisant le langage ou d'autres symboles ; un message, qui est constitué de l'agencement du langage ou des symboles ; et un récepteur, qui décode le contenu du message envoyé par l'émetteur. La relation entre ces trois composantes est illustrée à la figure 2.2 (p. 60).

FIGURE 2.2

Modélisation de la communication

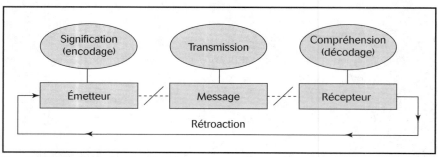

Source: Adapté de Toseland et Rivas (1998).

Il est impossible de ne pas communiquer (Watzlawick, Beavin et Jackson, 1972). Lorsque des personnes se rencontrent, elles échangent des messages dont le contenu peut être verbal et non verbal. Elles sont animées alors par le désir de comprendre les autres et de découvrir où ils se situent dans leurs relations ; par la volonté de persuader, d'obtenir du pouvoir, de se défendre, de provoquer des réactions chez les autres ou d'entretenir des relations (Kiesler, 1978).

La communication ne se limite pas aux paroles ; elle englobe une multitude de signes dont les individus tiennent compte pour évaluer une situation (Leclerc, 1999). La communication non verbale a comme rôle de remplacer, d'amplifier ou de contredire une communication verbale. Elle peut prendre différentes formes, qui sont pour Leclerc (1999) la posture, les gestes, l'expression du visage, l'habillement, le cadre physique et le silence.

1. *La posture* varie selon les situations et selon les personnes en présence. Boisvert, Cossette et Poisson (1995) ont noté quatre postures fondamentales dans un groupe, en position assise : 1) la posture d'approche, où le tronc est penché vers l'avant et qui donne l'air d'être intéressé et traduit une volonté de contact ; 2) le retrait, qui semble indiquer une forme d'indifférence ; 3) l'expansion, qui est caractérisée par l'extension du corps et qui signifie qu'une personne est à l'aise dans le groupe ; et 4) la contraction, qui est reconnaissable au fait que la personne a la tête baissée et les bras croisés et qui est généralement associée à une crainte des contacts.

2. *Les gestes tels que les mouvements des pieds et des mains,* qui peuvent être involontaires ou intentionnels, varient d'une culture à l'autre et sont étroitement liés à ce qui se passe dans une situation spécifique.

3. *L'expression du visage, des yeux et des sourcils* en dit beaucoup sur les émotions et sur la perception de ce qui se passe dans le groupe,

car le visage est la partie du corps qui permet le plus d'expressions émotives.

4. *L'habillement, les bijoux, la coiffure et le maquillage* sont autant d'indices qui révèlent l'image que la personne veut refléter.

5. *Le cadre physique,* qui correspond aux meubles et aux objets de décoration ainsi qu'à leur disposition, influe de manière directe sur les échanges interpersonnels. La distance entre les personnes fournit également des indications sur les affinités et sur le formalisme des relations.

6. Enfin, *les silences* peuvent être interprétés de différentes manières. Ils traduisent parfois l'ennui, parfois un malaise ou encore la réflexion. Dans tous les cas, ils sont riches en signification et l'intervenant doit apprendre à les décoder.

2.8.2   Les facteurs qui influent sur la communication

La communication entre les membres d'un groupe résulte de plusieurs facteurs, notamment la taille du groupe, le type de tâche à effectuer, la présence de sous-groupes, les éléments structurels et le climat. Certaines caractéristiques de l'émetteur, du message et du récepteur peuvent également influer sur la qualité de la communication. Du côté de l'émetteur, ce sont les émotions exprimées, le choix des termes utilisés et le degré de concordance entre le message verbal et le message non verbal. En ce qui a trait au message, des propos formulés trop faiblement ou au contraire trop fortement, de même que la présence d'interférences (bruits ambiants) dans le canal de communication, peuvent nuire à la communication. De plus, un message voilé et/ou indirect ou dont le contenu est trop long ou trop court peut être difficile à décoder. Enfin, du côté du récepteur, la capacité d'écoute, la perception sélective, les préjugés et le décodage des messages non verbaux sont autant d'éléments qui entrent en jeu dans la communication. C'est pourquoi, pour éviter que des communications perturbées engendrent des malentendus et des conflits, il est important que les messages soient suivis de rétroactions. En effet, la rétroaction permet de vérifier si le message transmis a été compris correctement. Selon Toseland et Rivas (1998), pour être efficaces, les messages de rétroaction doivent présenter trois caractéristiques : 1) ils doivent être descriptifs, c'est-à-dire qu'ils doivent présenter le contenu de la communication ou le comportement comme l'a perçu le récepteur ; 2) ils doivent être immédiats, c'est-à-dire transmis rapidement après la réception du message ; et 3) ils doivent être interrogatifs, c'est-à-dire qu'ils doivent être formulés comme une hypothèse, afin de montrer qu'ils visent à vérifier la compréhension du message et non pas à attaquer l'émetteur. L'encadré suivant présente quelques questions utiles pour évaluer la nature des communications dans un groupe.

> **Questions pour l'analyse de la communication**
>
> - Qui communique avec qui, généralement?
> - La communication est-elle équilibrée ou monopolisée par quelques personnes?
> - Les messages sont-ils clairs, voilés, directs, indirects?
> - Y a-t-il congruence entre les messages verbaux et non verbaux?
> - Quels sont les facteurs qui facilitent la communication?
> - Quels sont les facteurs qui perturbent la communication?
> - Les messages de rétroaction sont-ils adéquats?
> - Quel est l'effet des messages non verbaux sur le fonctionnement du groupe?

 ## SYNTHÈSE

Comme l'a montré ce chapitre, le groupe est un système qui présente trois caractéristiques fondamentales. Tout d'abord, il donne lieu à un sentiment d'appartenance, puisque les membres se perçoivent et sont perçus comme appartenant à une entité formelle. Ensuite, il implique une interdépendance des membres dans la réalisation de leur projet individuel ou collectif. Enfin, il place les personnes en interaction directe les unes avec les autres. Au-delà de ces traits communs, chaque groupe présente un caractère singulier qu'il est possible de discerner en faisant une analyse des différents éléments qui en caractérisent le fonctionnement : le but, la structure, les normes, les rôles, le leadership, la vie socio-affective et la communication. L'analyse d'un groupe demeure cependant incomplète si les processus de prises de décisions et les étapes qui marquent son évolution ne sont pas considérés. Le chapitre suivant s'intéresse à ces aspects.

 ## LECTURES COMPLÉMENTAIRES

LECLERC, C. (1999). « L'observation et l'animation ». Dans *Comprendre et construire les groupes*. Québec : Presses de l'Université Laval, p. 255-273. Chapitre 8 de l'ouvrage.

RICHARD, B. (1995). *Psychologie des groupes restreints*. Cap-Rouge : Presses Inter Universitaires, 138 pages.

CHAPITRE 3

L'évolution du groupe

INTRODUCTION

Toute personne qui fait partie d'un groupe dont les rencontres s'étalent sur une certaine période peut observer que les rapports entre les membres se transforment au fil du temps. Les gens deviennent plus familiers, sont plus à l'aise les uns avec les autres et abordent des sujets plus personnels. L'intervenant doit bien observer les comportements pour suivre l'évolution du groupe, pour être en mesure d'anticiper les réactions des membres et pour répondre de façon adéquate à leurs besoins. Il doit, d'une part, reconnaître qu'un groupe évolue d'une certaine façon au fil du temps et, d'autre part, être sensible aux indices qui permettent de suivre cette évolution. Cette attitude est essentielle pour comprendre ce qui se passe dans un groupe à différents moments et, par voie de conséquence, pour faire des interventions appropriées par rapport au vécu du groupe. Elle permet donc de préparer et de systématiser les interventions.

L'évolution du groupe est étroitement liée aux efforts qui sont consacrés à la résolution des problèmes et aux prises de décisions. Comme le mentionne Richard (1995),

la vie de groupe peut même être conçue comme une résolution continue de problèmes successifs, comme un enchaînement de décisions orientées vers une décision commune et finale, comme un effort collectif en vue d'atteindre ce climat d'ouverture et d'entraide que chacun souhaite (p. 96).

En fait, les groupes prennent constamment des décisions (Johnson et Johnson, 1997).

L'intervenant a un rôle important d'accompagnement à jouer dans les prises de décisions du groupe. Il doit notamment faire en sorte que le groupe

n'ait pas à faire face à des problèmes ou à des décisions qui dépassent son niveau de compétence. En même temps, il doit favoriser son cheminement vers
une plus grande autonomie en l'amenant à prendre des décisions de plus en
plus difficiles. L'intervenant doit donc structurer son action en fonction du développement du groupe et de son habileté grandissante à faire face à des situations complexes.

Ce chapitre aborde trois éléments importants à prendre en considération
pendant l'évolution du groupe : la prise de décision en groupe ; les stades de
développement du groupe ; et les phases du processus d'intervention. Si les
deux premiers sont des processus émergents qui peuvent cependant être influencés, le troisième relève essentiellement de la capacité de l'intervenant à
structurer et à réaliser son plan d'action.

3.1   LA PRISE DE DÉCISION EN GROUPE

La prise de décision est un processus central dans l'évolution
d'un groupe. Tout au long de l'histoire du groupe, des décisions doivent être
prises concernant les objectifs, les normes, les activités ou les attitudes à
adopter dans des situations problématiques (Kurland et Salmon, 1998). La
notion de prise de décision est apparentée à celle de résolution de problèmes
que Northen (1988) définit comme un processus de pensée réflexive, utilisé
pour faire face aux situations complexes et aux difficultés, influencé à la fois
par des éléments conscients et par des éléments inconscients, et dans lequel
entrent en jeu les émotions et la rationalité. L'objectif ultime du processus de
prise de décision est d'arriver à faire des choix éclairés, bien compris et réa-
listes concernant les actions à entreprendre pour atteindre le résultat visé.

Le groupe est considéré comme un contexte propice à la prise de décision
pour plusieurs raisons :

— L'interaction entre les membres favorise l'analyse et la formulation de
stratégies variées et complexes ;

— En contexte de groupe, les limites des actions envisagées peuvent être
facilement détectées ;

— Le groupe offre un contexte de coopération dans lequel les membres
se soutiennent mutuellement et sont donc motivés à atteindre les résultats visés ;

— Les décisions prises en groupe sont souvent plus audacieuses que les
décisions prises individuellement ;

— La participation à la prise de décision débouche sur un engagement
plus marqué dans la mise en œuvre des stratégies choisies et favorise

les changements de comportements et d'attitudes que requièrent ces stratégies ;

— Enfin, les actions complexes sont généralement réalisées avec plus de succès en groupe (Johnson et Johnson, 1997).

3.1.1   Les méthodes de prise de décision

Les avantages du groupe comme contexte de prise de décision se présentent cependant sous des traits différents selon la méthode qui est privilégiée. Il existe plusieurs méthodes de prise de décision, dont l'efficacité relative varie selon les contextes. Johnson et Johnson (1997) en distinguent sept auxquelles ils attribuent des avantages et des inconvénients.

La décision par autorité sans discussion

La décision par autorité sans discussion a lieu lorsqu'il y a prise de décision par l'autorité désignée du groupe, sans consultation des membres. Cette méthode, qui est souvent utilisée dans les organisations, est efficace dans la mesure où elle requiert peu de temps. Cependant, elle ne met pas pleinement à contribution les membres du groupe, et ne tire donc pas profit des avantages qu'offre le groupe comme contexte de prise de décision. En fait, sa pertinence se limite aux situations simples, qui impliquent des décisions de routine et dans lesquelles le temps est restreint.

La décision par l'expert

Dans certaines situations, le groupe s'en remet à un membre qui possède une expertise reconnue pour prendre les décisions. Outre la difficulté que posent l'évaluation et la reconnaissance de l'expertise, il faut noter que cette méthode ne favorise pas l'engagement des membres. Des oppositions peuvent même se manifester et du ressentiment peut en résulter si l'expertise est contestée ou si la décision prise ne concorde pas avec les vues de certains membres.

La décision fondée sur la tendance générale

Cette méthode consiste à demander à chacun son opinion individuelle pour dégager une tendance générale. Bien qu'elle ait certains points communs avec les décisions prises par vote, cette méthode s'en distingue par trois aspects : les membres ne sont pas nécessairement invités à se prononcer sur des points précis ; la solution retenue peut avoir été soutenue par une minorité ; et les membres n'échangent pas sur la décision à prendre. Cette méthode est utile lorsque la décision doit être prise rapidement et qu'il est impossible de prévoir une discussion sur le sujet. Par contre, comme elle n'implique pas d'échanges entre les membres, elle ne tire pas profit des avantages qu'offre le groupe comme contexte de prise de décision et peut laisser en suspens des controverses ou des conflits qui vont éroder l'efficacité du groupe.

La décision par autorité après discussion

Dans certains groupes, la décision est prise par l'autorité désignée après consultation des membres. Le leader désigné présente au groupe le problème à résoudre puis écoute les opinions qui sont exprimées jusqu'à ce qu'il estime en savoir assez pour prendre une décision éclairée. Cette méthode permet de tirer profit de la richesse des opinions qui s'élaborent au fil des discussions. Toutefois, elle ne permet pas nécessairement la résolution des conflits qui se manifestent et peut conduire à une compétition entre les membres, qui vont chercher à impressionner le leader désigné.

La décision minoritaire

Dans des groupes au sein desquels le pouvoir est inégalement distribué, il est possible que certains membres prennent des décisions qui concernent l'ensemble du groupe. Dans certaines situations, ces membres agissent au nom d'un pouvoir qui leur a été donné ; c'est le cas dans les comités de direction ou les sous-groupes auxquels des mandats précis ont été confiés. Mais dans d'autres circonstances, les membres agissent de façon illégitime. Par exemple, ils peuvent proposer une solution inattendue et faire en sorte qu'elle soit retenue par le groupe sans être longuement débattue ou sans être votée. Bien que la décision minoritaire issue d'un pouvoir légitime puisse être d'une certaine utilité lorsque le groupe doit prendre plusieurs décisions dans un laps de temps limité, particulièrement lorsqu'il s'agit de décisions qui n'exigent pas un engagement important des membres, cette méthode de prise de décision est à éviter en général.

La décision par majorité

Le vote majoritaire est sans doute la méthode de prise de décision la plus courante dans les groupes et les assemblées, de sorte que son utilisation est souvent considérée comme allant de soi. Cette méthode permet d'en arriver rapidement à des décisions et assure l'adhésion du plus grand nombre. Cependant, en dépit de ses avantages, elle n'en comporte pas moins certains inconvénients. Ainsi, elle divise le groupe en gagnants et en perdants, elle encourage la formulation de solutions dichotomiques au détriment des autres solutions qui peuvent exister, et elle suscite souvent une émotivité qui peut faire obstacle à la rationalité. La décision majoritaire peut conduire à la formation d'une minorité qui se sent aliénée par le processus décisionnel et qui va refuser de participer aux actions découlant de la décision prise et, dans certains cas, s'y opposer. Cette méthode ne favorise donc pas la participation de l'ensemble du groupe à l'exécution de la décision.

La décision par consensus

La prise de décision par consensus est généralement considérée comme la meilleure. Cependant, elle peut exiger beaucoup de temps, car les positions divergentes doivent évoluer vers une position commune. Johnson et Johnson (1997) définissent le consensus comme une opinion collective à laquelle ont abouti un groupe de personnes travaillant ensemble dans un contexte d'ouverture et de soutien, chacune ayant le sentiment d'avoir eu la possibilité d'influencer la prise de décision. Quand une décision est prise par consensus, tous les membres comprennent la portée de la décision et sont disposés à apporter leur soutien. Cependant, le processus qui conduit à une décision par consensus est souvent jalonné d'obstacles. Selon Nemeth (1977), la prise de décision par consensus se caractérise par un plus grand nombre de conflits et de changements d'opinions, par des débats plus longs et par une plus grande confiance des membres dans la rectitude de leur décision. Cette méthode présente plusieurs avantages : c'est la plus appropriée pour arriver à des décisions innovatrices et créatives qui suscitent un engagement marqué des membres et mettent à contribution les ressources de tous, et pour permettre aux participants d'acquérir des habiletés qui vont contribuer à l'efficacité des prises de décisions ultérieures (Johnson et Johnson, 1997).

3.1.2 Le processus de prise de décision

Il est reconnu que l'utilisation systématique d'une séquence de prise de décision peut améliorer l'habileté du groupe à résoudre les problèmes qui se présentent (Richard, 1995 ; Kurland et Salmon, 1998). La séquence la plus fréquemment utilisée s'appuie sur le modèle en cinq étapes de Dewey (1910). Ce modèle s'inscrit dans une approche rationnelle de la précision, selon laquelle les prises de décisions « sont fondées sur la clarté des objectifs et l'identification des priorités et des valeurs » (Abravanel, 1986). Les cinq étapes qu'il comporte sont la définition du problème, l'analyse, l'inventaire des solutions possibles, le choix d'une voie d'action et l'exécution.

La définition du problème

Au départ, le groupe est face à une situation qui suscite de la gêne ou qui marque une rupture par rapport à ce qui se passait jusque-là. À cette étape, il est important de prendre rapidement conscience du malaise et d'arriver à bien le cerner : plus le problème est défini de façon claire et précise, plus il est facile de déterminer la stratégie à adopter pour le résoudre. Comme les groupes ont souvent tendance à s'engager dans la recherche de solutions avant d'avoir une vision commune du problème, il est important d'accorder une attention particulière à cette étape, qui est la plus difficile. Plusieurs réactions peuvent faire obstacle à sa réalisation : estimer que le problème est clair dès le départ ; poser le problème en termes abstraits ou généraux ; mésestimer l'importance du problème ; prendre des décisions prématurées ; et ne pas être motivé à résoudre le problème (Johnson et Johnson, 1997 ; Richard, 1995).

L'analyse du problème

À cette étape, le problème est analysé de façon plus spécifique. Les membres sont invités à exprimer leurs points de vue sur son ampleur, sur ses effets et sur ses causes. Chacun explique sa propre vision du problème. Certaines embûches peuvent se présenter durant cet exercice, notamment le manque d'information, l'absence de communication, la généralisation et la polarisation des positions (Johnson et Johnson, 1997 ; Richard, 1995).

L'inventaire des solutions possibles

Au cours de la troisième étape du processus de prise de décision, il s'agit de trouver et d'énumérer les solutions possibles en laissant libre cours à l'imagination. Il est important de ne pas évaluer les idées au fur et à mesure qu'elles sont exprimées, de façon à ne pas freiner la créativité, la divergence et la controverse, qui sont essentielles pour en arriver à des solutions originales. L'inventaire des solutions possibles doit se faire dans un climat de tolérance et d'ouverture. Les principales barrières auxquelles le groupe peut se heurter sont la pauvreté des possibilités proposées, l'élimination prématurée et sans évaluation appropriée de certaines voies d'action, la pression pour la conformité, qui contribue à réduire la diversité des idées avancées, et l'absence de procédures pour l'analyse et la synthèse (Johnson et Johnson, 1997).

Le choix d'une voie d'action

Une fois que toutes les solutions possibles ont été exprimées et formulées avec des termes précis, le groupe doit choisir une voie d'action qui est réaliste et bien comprise par chacun des membres. Autant que possible, la décision doit être prise par consensus, après que les conséquences prévisibles de chacune des solutions proposées ont été évaluées. Pour éviter les positions défensives et faire une bonne analyse, Janis et Mann (1977) proposent de s'appuyer sur quatre facteurs :

1. Les gains et les pertes prévisibles pour les membres du groupe ;
2. Les gains et les pertes prévisibles pour les personnes significatives, à l'extérieur du groupe ;
3. Le degré d'approbation ou de désapprobation des membres envers eux-mêmes : jusqu'à quel point seront-ils fiers ou honteux s'ils retiennent cette solution ?
4. Le degré d'approbation ou de désapprobation des personnes significatives à l'extérieur du groupe : jusqu'à quel point les personnes de l'entourage des membres seront-elles fières ou déçues si cette solution est retenue ?

L'exécution

Lorsque les membres se sont entendus sur une voie d'action claire et opérationnelle, qui leur apparaît comme la meilleure, ils doivent être solidaires dans sa mise en œuvre. Si les personnes qui doivent mettre une décision en application ne sont pas convaincues ou ont l'impression de ne pas avoir été associées au processus de prise de décision, elles seront moins actives. Il est donc important que tous les membres du groupe estiment avoir participé à la décision. Afin de faciliter l'exécution, Abravanel (1986) suggère d'établir l'ordre des étapes à suivre, d'assigner des rôles et d'utiliser une méthode qui minimisera les inconvénients tout en maximisant les avantages. Richard (1995) mentionne quatre obstacles qui peuvent se présenter à cette étape : l'absence de consensus sur l'action à entreprendre ; une mauvaise estimation des difficultés liées à l'exécution ; un manque de clarté dans la répartition des tâches ; et l'abandon à un sous-comité de la tâche de planification de l'action. Après coup, pour estimer la pertinence de la solution retenue, le groupe doit vérifier si l'action a été réalisée correctement et examiner ses effets. À cet égard, il a intérêt à établir certains critères.

3.1.3   Les caractéristiques des prises de décisions efficaces

Si le groupe doit s'arrêter à examiner l'exécution et les effets des décisions, il doit également prendre le temps d'analyser le processus de décision lui-même. En effet, les prises de décisions peuvent constituer pour un groupe des occasions d'évoluer, mais elles peuvent aussi constituer des freins. Selon Johnson et Johnson (1997), les prises de décisions efficaces présentent cinq caractéristiques :

1. Les ressources du groupe sont totalement mises à contribution ;
2. Le temps est bien utilisé ;
3. La décision prise est adéquate ;
4. L'action est menée jusqu'au bout et met à contribution tous les membres ;
5. Les habiletés de prise de décision du groupe se sont accrues.

3.1.4 Les obstacles à la prise de décision

Cependant, les prises de décisions ne présentent pas toujours ces caractéristiques. En fait, un groupe peut se heurter à plusieurs problèmes dans sa démarche. Certaines difficultés ont trait au processus lui-même, qui peut être escamoté ou mal suivi. Certaines sont attribuables aux membres du groupe. D'autres, enfin, sont liées au fonctionnement du groupe.

Dans certaines circonstances, le processus de prise de décision débouche sur un résultat mitigé parce que les membres adoptent rapidement leur façon habituelle de résoudre les problèmes, ne font pas l'effort de passer en revue les différentes possibilités ou encore font une piètre appréciation des propositions. Certaines étapes du processus étant absentes, la décision qui en résulte risque d'être moins appropriée à la situation.

Il arrive également que l'attitude et les particularités de certains membres du groupe nuisent à la prise de décision. Certaines études indiquent que lorsque les membres ont une attitude égocentrique et ne font pas preuve d'ouverture et de compréhension, la décision risque d'être de moindre qualité. Plus les membres se cramponnent à leur position et refusent de considérer les perspectives proposées par les autres, moins le processus de prise de décision est efficace (Johnson et Johnson, 1997). Ce dernier sera également touché par la présence, au sein du groupe, de membres qui ne possèdent pas les habiletés nécessaires ou qui ne sont pas bien intégrés, notamment parce qu'ils manquent de confiance en eux, ont un faible statut ou ont de la difficulté à s'exprimer verbalement.

Certaines caractéristiques du fonctionnement du groupe peuvent également avoir une influence sur la prise de décision. C'est le cas, notamment, de la taille et de la composition du groupe. Dans certaines situations, quelques personnes suffisent pour prendre une décision, alors que dans d'autres, il est préférable d'avoir plusieurs avis. La taille du groupe est importante pour plusieurs raisons. Tout d'abord, plus les membres sont nombreux, plus le temps de parole de chacun est limité. Ensuite, moins les membres estiment que leur contribution individuelle est essentielle, plus ils se désintéressent de la tâche à exécuter ou de la décision à prendre. De plus, lorsque le groupe compte plusieurs membres, il faut souvent consacrer beaucoup de temps et d'énergie à la planification du processus. Par ailleurs, le sentiment d'appartenance, qui est généralement lié à la taille du groupe, influe sur la participation des membres. Enfin, dans un petit groupe, il est souvent plus facile de faire respecter les normes, ce qui assure une meilleure participation au processus de prise de décision. Par contre, si le groupe est si petit qu'il devient très homogène, la capacité d'imaginer des scénarios diversifiés de solutions face aux problèmes qui se présentent est réduite.

Lorsque, dans un groupe, il y a une forte cohésion, la qualité des décisions qui sont prises peut être altérée par ce que Janis (1982) appelle la « logique groupale » (*groupthink*). Ce phénomène correspond à la pression collective dans le sens de l'unanimité, qui diminue la motivation des membres à évaluer avec discernement et réalisme les différentes possibilités. Ainsi, les membres limitent les discussions pour éviter les désaccords et les conflits et tentent rapidement d'en venir à une entente autour du point de vue exprimé par le leader. Certains éléments caractérisent la logique groupale : 1) l'autocensure, qui amène chaque membre à minimiser ses doutes face au consensus apparent ; 2) l'illusion de l'unanimité, attribuable au fait que chacun interprète le silence des autres comme une adhésion ; 3) la pression directe qui s'exerce sur les indécis et les dissidents ; 4) l'illusion de l'invulnérabilité, caractérisée par l'optimisme et la prise de risques excessifs ; 5) l'illusion de moralité, qui conduit les membres à ignorer les considérations éthiques et à présumer que leur action est moralement justifiée ; et 6) la réduction des différences à des stéréotypes, par laquelle les opposants sont dénigrés et présentés comme des individus trop stupides pour comprendre les enjeux de la situation ou trop mal intentionnés pour mériter d'être entendus (Johnson et Johnson, 1997).

À l'opposé du groupe trop uni, dont la réflexion risque d'être marquée par la logique groupale, il existe des groupes qui sont incapables de prendre des décisions éclairées parce qu'ils n'ont pas atteint un niveau de maturité suffisant pour faire face aux problèmes qui se présentent. Pour être en mesure de prendre des décisions adéquates, les membres ont besoin de temps et doivent avoir acquis, en tant que groupe, une certaine expérience de travail en commun. En fait, les groupes sont des systèmes qui évoluent et se transforment avec le temps. Leur niveau de développement a une influence certaine sur leur capacité à prendre des décisions et à résoudre les problèmes complexes. C'est pourquoi on ne peut analyser le processus de prise de décision sans tenir

compte du stade de développement atteint par le groupe. Si les prises de décisions contribuent à l'évolution d'un groupe, elles sont également tributaires
de cette évolution.

3.2   LES STADES DE DÉVELOPPEMENT DU GROUPE

L'évolution ne se fait généralement pas au même rythme d'un
groupe à l'autre et il ne s'agit pas nécessairement d'un processus linéaire : elle
se présente souvent comme un processus circulaire constitué de pas en avant
et en arrière. Toutefois, il est possible d'en tracer les traits dominants. Ainsi,
chaque expérience de groupe est unique ; par analogie avec une personne, on
peut dire que chaque groupe a sa « personnalité » propre. De plus, au fil du
temps, le groupe connaît des changements qui sont prévisibles, bien qu'ils dépendent de facteurs comme les buts, la taille et la composition du groupe, le
style de leadership et le contexte dans lequel le groupe existe. Enfin, les changements suivent une séquence prévisible, mais pas nécessairement continue et
constante ; un groupe peut s'arrêter dans son évolution ou même revenir à un
fonctionnement antérieur.

Pour modéliser l'évolution du groupe, le concept que les auteurs utilisent
est celui de « stades de développement ». Bien que tous les observateurs s'entendent pour reconnaître que l'évolution d'un groupe suit une certaine trajectoire, les écrits présentent cette dernière de différentes manières. Ainsi, St-
Arnaud (1989) distingue trois stades de développement : la naissance, la croissance et la maturité. La naissance est la formation d'un système groupe, par la
contribution de chaque membre à l'atteinte d'un but commun (participation)
et l'établissement de liens de solidarité entre les membres (communication).
La croissance, qui est le deuxième stade, résulte des trois types d'énergies
issues de la participation et de la communication des membres : l'énergie de
production, l'énergie de solidarité et l'énergie d'entretien. Ces énergies alimen-
tent les processus de production, de solidarité et d'autorégulation qui permettent au groupe d'atteindre la maturité, laquelle se manifeste par la cohésion et
la productivité.

Par ailleurs, Heap (1994) propose un modèle comportant quatre stades.
Le premier stade est une période d'exploration, d'insécurité, de recherche de
ce qui est commun, d'établissement d'alliances et de dépendance à l'égard de
l'animateur. Le deuxième se caractérise par le conflit entre la consolidation des
normes et leur révision, et par un besoin de conformisme. Le troisième correspond à l'apparition d'une nouvelle structure et de nouvelles normes qui donnent lieu à un contrôle moins rigide, à un plus grand partage du leadership

et à une meilleure tolérance mutuelle. Le quatrième et dernier est celui de la fin du groupe, processus d'achèvement qui est marqué par l'ambivalence et l'anxiété de la séparation.

La typologie la plus utilisée en service social est cependant celle que proposent Garland, Jones et Kolodny (1976) et qui est reprise par Anderson (1997). Elle comporte cinq stades de développement qui se présentent comme le résultat de la recherche d'équilibre entre l'autonomie (le « je ») et l'interdépendance (le « nous »). Ces stades sont : la préaffiliation/confiance ; le pouvoir et le contrôle/autonomie ; l'intimité/proximité ; la différenciation/interdépendance ; et la séparation.

3.2.1   Le stade de préaffiliation/confiance

Avant de s'investir dans le groupe et dans la tâche, les membres doivent prendre le temps de se connaître et se faire une idée de ce que sera leur participation. À ce stade, ils vont chercher à déterminer, à l'intérieur du groupe, les ressources susceptibles de combler leurs besoins de confiance et de sécurité. Avant de s'engager, ils s'interrogent sur les bénéfices possibles de leur participation au groupe ; ils se demandent s'ils vont retirer quelque chose de cette expérience. Ils sont d'autant plus préoccupés qu'ils doutent généralement de leur capacité de répondre aux demandes qui vont leur être adressées. Cette situation engendre beaucoup d'insécurité et d'ambivalence, et par voie de conséquence une confusion entre les buts personnels et le but du groupe. Chacun a le sentiment d'être unique et différent des autres. En même temps, les membres s'observent les uns les autres et s'évaluent. Ils se cherchent une place dans le groupe tout en se protégeant contre trop d'intimité. Ils veulent influencer la démarche du groupe dans le sens de leurs préoccupations personnelles, mais sans trop s'engager. Leurs comportements s'inscrivent dans une dynamique d'approche-évitement.

À ce stade, le groupe est plus une source de stress qu'une structure de soutien. Ainsi, les membres dépensent beaucoup d'énergie à établir des relations de confiance ; ils recherchent l'approbation et le respect. Ils essayent de trouver la meilleure façon de participer en se demandant notamment ce qu'ils doivent faire pour être acceptés par les autres, comment ils doivent se comporter pour être bien perçus sans risquer d'être déçus ou sans se rendre vulnérables. Plus ou moins consciemment, ils cherchent des réponses à leurs désirs comme à leurs craintes et ils observent avec vigilance quels comportements sont approuvés et lesquels sont condamnés par le groupe. Mais comme il n'y a pas de normes formelles, il leur est difficile de se situer par rapport aux attentes du groupe.

Le groupe semble hésitant, un peu mêlé et surtout dépendant de l'intervenant. Les membres se tournent fréquemment vers ce dernier pour avoir des indications sur la façon de se comporter et sur les activités à réaliser : ils ont besoin de son approbation et de son soutien. S'ils adoptent souvent des comportements qui ont déjà donné lieu à des réactions d'approbation, ils demeurent à l'affût des réactions de l'intervenant ; ils cherchent à déceler ce qu'il accepte et ce qu'il désapprouve. Ils semblent croire que si l'intervenant, qui est à leurs yeux la personne la plus importante du groupe, juge leur comportement approprié, ils sont sur la bonne voie pour être acceptés par le groupe.

À travers ces premières interactions, les membres se découvrent des points communs et des différences quant à leur façon de voir les choses et de se comporter. Ils commencent à établir ensemble des normes pour régir le fonctionnement du groupe. Sont ainsi jetées les bases de la cohésion et de l'intimité dont ont besoin les membres pour courir le risque d'agir en conformité avec leurs convictions personnelles sans craindre le rejet.

La position des membres pendant le stade de préaffiliation/confiance peut être synthétisée à partir des principales questions qu'ils peuvent se poser et qui sont présentées dans l'encadré ci-dessous.

Questions pour le stade de préaffiliation/confiance

- Comment devrais-je me présenter ici ?
- Y a-t-il quelqu'un comme moi ici ?
- Est-ce que quelqu'un va me comprendre ?
- Quelles sont les règles du jeu ici ?
- Comment l'intervenant va-t-il réagir ?

À ce stade, le rôle de l'intervenant consiste principalement à clarifier le but du groupe et à créer un climat de confiance de façon à permettre aux membres d'exprimer leurs craintes et de formuler les questions qu'ils se posent. Pour aider les membres à exprimer leurs appréhensions, l'intervenant a intérêt à partager ses propres sentiments et doit encourager les participants à en faire autant. À cet égard, il se doit d'être attentif aux diverses réactions, particulièrement aux réactions non verbales, afin d'inviter chacun à clarifier le message qu'il exprime de façon voilée ou indirecte. Il ne doit pas hésiter à fournir des précisions et à donner des explications sur le but et le fonctionnement du groupe afin de sécuriser les membres par rapport à ce qui les attend dans le groupe. En encourageant l'expression des appréhensions et des attentes de chacun, l'intervenant va permettre au groupe de se doter de normes de fonctionnement adéquates. Il doit également aider les membres à faire le lien entre leurs besoins personnels et les possibilités qu'offre le groupe.

3.2.2   Le stade de pouvoir et de contrôle/autonomie

Une fois qu'une confiance de base est établie et que la plupart des membres ont décidé de s'engager, de nouveaux phénomènes ayant trait à l'organisation du groupe, et particulièrement au pouvoir et au contrôle que chacun peut exercer sur la démarche du groupe, vont se manifester : l'autonomie de chacun par rapport à l'ensemble des membres devient un enjeu central. Comme la participation s'accompagne d'un sentiment de vulnérabilité, les membres cherchent à se sécuriser et à préserver leur autonomie en s'attribuant le pouvoir associé à certaines positions, à certains statuts ou à certains rôles dans le groupe. Ils sont moins préoccupés par l'approbation des autres et cherchent avant tout à établir leur pouvoir et à exercer un certain contrôle. C'est la compétition dans la recherche d'un statut. À cette étape, la vie du groupe est particulièrement précaire, car les membres sont plus centrés sur eux-mêmes que sur le groupe comme entité.

Le trait dominant est la présence de conflits parmi les membres et entre les membres et l'intervenant. Chaque membre consacre l'essentiel de son énergie à établir le niveau de pouvoir et le degré d'autonomie dont il veut bénéficier. Petit à petit, une hiérarchie fondée sur le statut et le pouvoir se met en place. Le souci de faire partie du groupe qui caractérisait l'étape précédente fait place au besoin de définir sa position. On peut alors percevoir au sein du groupe un « ordre social » fondé sur l'attribution de statuts et de rôles, et sur les normes qui régissent les comportements. À cette étape, la confiance dans le groupe ne repose pas sur la reconnaissance de besoins et de buts communs, mais sur l'existence d'une structure de fonctionnement à laquelle chacun peut se fier.

Pour certaines personnes, ce stade est particulièrement difficile. Ainsi, celles qui ont un faible statut dans le groupe vont souvent voir dans cette situation une confirmation de leur faiblesse, ce qui risque de renforcer leur faible estime de soi. Lorsque ces personnes quittent le groupe avant la résolution des conflits de pouvoir et de contrôle inhérents à ce stade, elles sont généralement touchées négativement par leur expérience. Par ailleurs, comme ce stade donne parfois lieu à la formation de sous-groupes qui deviennent des sortes d'îlots de sécurité pour les membres, les boucs émissaires et les personnes isolées, qui n'appartiennent à aucun sous-groupe, sont particulièrement vulnérables face aux sarcasmes et aux attaques de ceux qui ont acquis un certain pouvoir.

Cette étape de recherche de pouvoir et de contrôle fait partie du processus de tout groupe. Parfois elle se déroule sans accroc, parfois elle donne lieu à des conflits majeurs. Dans tous les cas, c'est une étape charnière et il n'est pas rare que des groupes ne la franchissent pas. Pour faciliter l'évolution du groupe, l'intervenant doit éviter d'accaparer lui-même tout le pouvoir en étant très directif ou en se montrant très rigide ; cette attitude a pour effet de faire obstacle à la dynamique de structuration du pouvoir et de freiner la croissance du groupe. Il est important que l'intervenant témoigne sa confiance dans la capacité des membres à assumer la responsabilité du groupe, d'autant plus qu'à ce stade il y a généralement des manifestations d'ambivalence, d'impatience, voire d'hostilité envers l'intervenant. D'une part, les membres se sentent dépendants de l'intervenant ; d'autre part, ils sentent le besoin d'exprimer leur autonomie. Si cette ambivalence est rendue explicite, ils ont plus de chance de découvrir leur pouvoir et d'arriver à préciser les normes qu'ils jugent pertinentes pour le fonctionnement du groupe. L'encadré ci-dessous présente quelques questions que les membres peuvent se poser à cette étape.

Questions pour le stade de pouvoir et de contrôle/autonomie

- Comment faire pour exercer un contrôle sur ce qui va se passer dans ce groupe ?
- Si je me révèle tel que je suis, est-ce que je vais perdre du pouvoir ?
- Est-ce que certains membres vont essayer de contrôler ce groupe pour satisfaire leurs propres besoins aux dépens de ceux des autres ?
- Quelles normes sont acceptées dans ce groupe ?
- Est-ce que j'ai assez de pouvoir pour faire en sorte que mes attentes soient satisfaites ?
- Quel est le pouvoir de l'intervenant dans le groupe ?
- Est-ce que l'intervenant favorise certaines personnes dans le groupe ?

Il faut garder à l'esprit que les membres et le groupe sont mieux servis par une organisation interne souple et fonctionnelle qui répond à leurs besoins et à leurs buts que par une organisation hiérarchique marquée par le pouvoir et le contrôle. Pour aider le groupe à mettre en place une organisation souple et fonctionnelle, l'intervenant doit amener les membres à prendre conscience de ce qui a trait aux enjeux de pouvoir. Il doit accorder une attention individualisée à chaque membre afin que chacun se sente intégré et il doit cerner les obstacles sur lesquels bute le groupe. Par ailleurs, il doit assurer un équilibre entre le maintien d'un climat affectif positif et la réalisation des activités nécessaires pour atteindre le but visé. En précisant son rôle et en situant clairement sa place, il aide le groupe à construire sa propre structure de pouvoir et à consacrer plus rapidement ses efforts à la poursuite de ses objectifs. Lorsque les membres se rendent compte que l'intervenant est plus préoccupé par la poursuite des objectifs du groupe que par l'affirmation de son autorité, ils s'intéressent eux-mêmes davantage au fonctionnement du groupe qu'à leur propre pouvoir. En clarifiant les enjeux de pouvoir et d'autorité, l'intervenant contribue à augmenter la confiance entre les membres et aide le groupe à se structurer comme système d'aide mutuelle. Les membres peuvent alors s'engager dans un mode de participation qui va permettre au groupe de passer à un autre stade de développement.

3.2.3   Le stade d'intimité/proximité

Ce troisième stade de développement se caractérise par la cohésion. Les membres voient le groupe comme un tout composé de personnes ayant une importance égale. Il émerge un esprit de corps qui s'accompagne d'une plus grande confiance et d'un intérêt plus marqué des membres les uns pour les autres : le groupe est valorisé et protégé. Les membres abordent plus facilement les sujets intimes et ils sont plus spontanés dans l'expression de leurs émotions concernant ce qui se passe « ici et maintenant » ; ils n'hésitent pas à prendre le risque de se révéler pour préserver le groupe. Il s'installe un climat de confiance qui repose sur la reconnaissance du soutien que peuvent apporter les autres membres plutôt sur le caractère prévisible de la structure du groupe. Les absences sont relevées et modifient le fonctionnement du groupe. Par ailleurs, il y a une plus grande résistance à l'intégration de personnes venant de l'extérieur. Les frontières du groupe deviennent moins perméables.

Afin de ne pas menacer l'existence de ce système d'aide mutuelle fondé sur la proximité et l'intimité, les membres ont tendance à taire les sentiments qui pourraient soulever des conflits ; le consensus est recherché et valorisé. Si des conflits éclatent, ils ont trait davantage à l'intimité qu'au pouvoir ou au statut, et le groupe va les aborder en cherchant à les atténuer rapidement au profit de la cohésion récemment acquise. Les interactions sont moins tendues et il y a moins d'animosité que lors de l'étape précédente : c'est le calme après la tempête. Le groupe profite de l'élan de cette nouvelle unité pour renforcer l'aide mutuelle.

La facilité à exprimer ses émotions et la capacité d'écoute deviennent les principaux déterminants du statut : est valorisé le membre qui fait connaître ses sentiments au groupe et sait se montrer attentif aux autres. Les efforts de chacun pour s'exprimer sont respectés et soutenus. Il est possible, à ce stade, que les membres réaffirment leur engagement vis-à-vis du groupe et de son but et qu'ils sentent le besoin de revoir le contrat. Plus conscient de la valeur de l'aide mutuelle, le groupe peut vouloir préciser sa conception de la participation individuelle et de son propre fonctionnement. L'encadré ci-dessous présente les principales questions que se posent les membres à cette étape.

Questions pour le stade d'intimité/proximité

- Que puis-je faire pour permettre aux autres de mieux me connaître ?
- Comment puis-je mieux connaître les autres ?
- Comment puis-je répondre aux besoins des autres membres ?
- Est-ce que l'expression de sentiments négatifs va nuire à la cohésion du groupe ?
- Que faire pour maintenir le climat d'intimité ?
- Jusqu'où peut aller l'intimité au sein de ce groupe ?

Ce stade de développement peut durer plus ou moins longtemps et peut être marqué de retours périodiques à l'un ou l'autre des stades précédents. Cependant, il est nécessaire qu'il débouche sur un autre type de rapports entre les membres, à défaut de quoi cette « belle cohésion » va sembler superficielle. Pour aider le groupe à franchir cette étape, l'intervenant doit encourager l'expression des sentiments, mais, en même temps, il doit s'assurer que cela n'entraîne pas un débordement affectif non approprié au contexte. En outre, il doit aider le groupe à cheminer vers l'atteinte de ses objectifs en encourageant les messages de rétroaction entre les membres, et par là l'aide mutuelle. Il doit lui-même, dans les moments opportuns, faire part de ses émotions concernant ce qui se passe dans le groupe et réagir aux comportements des membres. Il doit continuer d'accorder une attention individualisée à chacun des membres. Au besoin, il peut préciser à nouveau les buts du groupe et inciter les membres à renégocier le contrat. D'ailleurs, cette renégociation sert souvent de catalyseur pour le passage au stade de différenciation/interdépendance.

3.2.4   Le stade de différenciation/interdépendance

Ce stade, qui est le plus productif, se caractérise par un équilibre entre le maintien de rapports interpersonnels harmonieux et la réalisation des activités nécessaires à l'atteinte des objectifs. Il est marqué par une attention simultanée aux besoins individuels et aux besoins du groupe, et par un plus grand souci du lien entre ce qui est vécu et les objectifs visés. Ainsi, les interactions sont généralement spontanées et marquées de souplesse, et les membres savent faire face à la réalité en étant conscients de l'équilibre à maintenir entre la réponse aux besoins individuels et collectifs et la réalisation des tâches conduisant à l'atteinte des objectifs du groupe. À cette étape, les normes sont bien établies et la structure de fonctionnement est claire. Par ailleurs, les différences entre les membres sont acceptées, voire recherchées, car elles sont perçues comme un facteur d'efficacité dans la poursuite des objectifs. S'il y a un respect de l'expertise et de la contribution de l'intervenant, il y a également une reconnaissance de l'apport des autres membres. À cette étape, les questions qui préoccupent les membres ressemblent à celles qui sont présentées dans l'encadré ci-dessous.

Questions pour le stade de différenciation/interdépendance

- Pourquoi n'ai-je pas vu les traits positifs des autres membres plus tôt ?
- Est-ce que ce respect des différences va persister ?
- Comment faire pour maintenir ce rythme de travail dans le groupe ?
- Que puis-je faire pour mieux soutenir les autres membres ?
- Comment puis-je contribuer à maintenir ce climat positif ?

À ce stade de différenciation/interdépendance, la principale tâche de l'intervenant consiste à soutenir la dynamique d'aide mutuelle qui s'est installée dans le groupe et à faire en sorte que les membres restent actifs. Au besoin, il doit aider le groupe à prendre conscience de son cheminement vers l'atteinte des objectifs en faisant valoir les progrès accomplis. Il doit également faire en sorte que les membres reconnaissent et apprécient la contribution de chacun au fonctionnement harmonieux du groupe de façon à soutenir la différenciation des rôles. Il doit également commencer à aborder avec les membres la fin éventuelle des rencontres du groupe pour les préparer à l'étape suivante, la séparation.

3.2.5   Le stade de séparation

Le dernier stade de développement d'un groupe présente plusieurs similitudes avec le stade initial : tous deux donnent lieu à des sentiments d'ambivalence et d'insécurité et à des réactions d'engagement et de retrait. Mais alors que ces sentiments d'insécurité concernent la participation lors de l'étape de préaffiliation/confiance, c'est la perte du groupe qui présente un caractère anxiogène au moment de la séparation. Les membres s'interrogent sur ce qui va se passer une fois que les rencontres seront terminées ; ils se demandent comment ils vont faire face aux événements quotidiens sans le soutien du groupe.

Contrairement aux stades précédents, qui se présentent comme le résultat de l'évolution du groupe, la séparation est généralement provoquée par des facteurs externes tels que l'atteinte des objectifs, la réalisation du nombre de rencontres prévues au départ, la fin d'un cycle (l'année scolaire, par exemple), le départ de l'intervenant ou l'abandon de plusieurs membres. La façon de vivre cette étape dépend largement de l'état d'évolution du groupe. Lorsque le groupe se sépare après le stade d'interdépendance, les membres gardent de leur expérience un fort sentiment de compétence et une grande satisfaction concernant leur démarche individuelle et collective. Par contre, si le groupe se sépare avant que les conflits de pouvoir/contrôle ne soient résolus ou au moment du stade d'intimité/proximité, les membres peuvent ressentir des sentiments négatifs tels qu'une impression d'inadéquation, une perte de confiance en soi et dans les autres, un défaitisme par rapport à l'éventualité de voir sa situation s'améliorer.

La séparation suscite généralement un sentiment de perte, de sorte que les membres peuvent chercher à se protéger de différentes manières. Certains commencent à s'absenter ou abandonnent prématurément. D'autres restent dans le groupe, mais adoptent des comportements plus ou moins adéquats par lesquels ils veulent montrer qu'ils n'ont plus vraiment besoin du groupe. D'autres, au contraire, vont s'investir davantage afin de remettre en question la pertinence de mettre fin au groupe. Il n'est pas rare que certains membres insistent pour que le groupe se prolonge, parce qu'ils en ont encore besoin. En cas d'échec, ils peuvent exprimer un sentiment d'abandon tout en adoptant une attitude d'apathie. Mais dans tous les cas, les membres doivent prendre conscience que la fin est inévitable et ils doivent se préparer à utiliser ce qu'ils ont appris au sein du groupe dans leur vie quotidienne.

Parce que le groupe cherche généralement à éviter d'avoir à faire face à la séparation, l'intervenant a un rôle actif à jouer. Il doit aider les membres à tirer profit de cette nouvelle expérience. Cette tâche n'est pas facile, car, pour lui comme pour les membres, la fin d'un groupe représente une perte réelle. Sa façon d'aborder cette séparation et les moyens qu'il utilise pour surmonter son ambivalence et son sentiment de perte peuvent aider les membres à vivre cette étape. Les principales questions qui préoccupent les membres sont présentées dans l'encadré ci-dessous.

> ### Questions que se posent les membres au stade de la séparation
>
> - Est-ce que je vais pouvoir continuer sans le soutien du groupe ?
> - Comment vais-je utiliser ce que j'ai appris dans le groupe dans ma vie de tous les jours ?
> - Qu'est-ce qui va arriver aux autres après la fin des rencontres ?
> - Va-t-on rester en contact les uns avec les autres ?
> - Serait-il possible de poursuivre les rencontres ?
> - Quel souvenir allons-nous conserver de cette expérience ensemble ?

À cette étape, la tâche de l'intervenant consiste à faciliter la séparation et à aider à l'utilisation des apprentissages à l'extérieur du groupe. L'intervenant doit inciter les membres à exprimer les sentiments que suscite la séparation, les aider à évaluer le travail qui a été accompli et les amener à voir comment ils peuvent poursuivre leur cheminement. Par ailleurs, il est parfois utile qu'il verbalise ses propres émotions concernant la fin du groupe et qu'il fasse part de son évaluation de la démarche. Cette étape est parfois pénible, mais elle est inévitable dans une démarche de groupe et l'intervenant doit faire en sorte que les membres y trouvent une occasion d'apprentissage et de développement.

Le tableau 3.1 (p. 82-83), inspiré d'un texte de Berman-Rossi (1993), présente une synthèse des stades de développement du groupe selon Anderson (1997). Il décrit, pour chaque étape, la dynamique du groupe, la position des membres, les besoins du groupe et les tâches de l'intervenant.

3.2.6   Les stades de développement dans les groupes de femmes

Des observations récentes dans les groupes composés uniquement de femmes ont conduit à remettre en question le modèle de Garland, Jones et Kolodny (1976) repris par Anderson (1997). Selon Schiller (1995, 1997), si le stade initial (préaffiliation/confiance) et le stade final (séparation) se retrouvent dans les groupes de femmes, les étapes centrales sont quant à elles différentes. Le processus de développement passerait par les stades suivants :

1. Préaffiliation/confiance ;
2. Approfondissement des relations ;

TABLEAU 3.1

Synthèse des stades de développement d'un groupe

Stade	Dynamique du groupe	Position des membres	Besoins du groupe	Tâches de l'intervenant
Préaffiliation/ confiance	• Le groupe est plus une source de stress qu'une source de soutien. • Il n'y a pas de structure ni de normes. • Les comportements sont individuels plutôt que collectifs.	• Impression de chacun d'être unique et isolé • Méfiance à l'égard des membres et de l'intervenant • Doute quant à la capacité de répondre aux demandes qu'on leur adressera • Besoin de l'approbation et du soutien de l'intervenant	• Avoir une vision collective de la tâche • Établir une première division du travail • Percevoir les avantages et les obligations du groupe • Établir une structure initiale	• Clarifier le but du groupe • Établir un premier contrat sur les objectifs • Aider les membres à faire le lien entre leurs besoins personnels et les besoins du groupe • Obtenir des commentaires sur les attentes et le contrat
Pouvoir et contrôle/ autonomie	• Les membres recherchent le pouvoir et le contrôle. • La vie du groupe est précaire. • Les normes, les règles et les statuts commencent à être définis. • Le climat est tendu.	• Début de la participation active • Manifestation de signes d'impatience à l'égard des autres membres et de l'intervenant • Compétition dans la recherche d'un statut • Anxiété • Critique de l'autorité de l'intervenant	• Mettre en place un système d'aide mutuelle • Clarifier la relation entre les membres et l'intervenant • Préciser les normes, les règles et les statuts • Instaurer un climat de confiance	• Aider le groupe à devenir un système d'aide mutuelle • Clarifier la question de l'autorité et du pouvoir • Faire naître la confiance

Intimité/ proximité	• Il y a plus d'intimité entre les membres. • La cohésion augmente. • Le groupe est valorisé et protégé. • Un climat de confiance s'installe.	• Plus d'engagement : prise de risques et auto-révélation • Plus de soutien • Protection du groupe et résistance à l'intégration de personnes extérieures	• Augmenter l'aisance dans l'intimité • Trouver un équilibre entre les besoins personnels et les besoins du groupe • Augmenter l'aide mutuelle	• Aider les membres à trouver un équilibre entre révélation de soi et préservation de la vie privée • Aider le groupe à accomplir sa tâche
Différenciation/ interdépendance	• C'est l'étape de la cohésion et de la productivité. • Les normes sont bien établies. • Il y a flexibilité des rôles et des statuts. • La structure est claire.	• Relations étroites entre les membres et l'intervenant • Différences individuelles bien acceptées • Différends réglés par consensus	• Permettre l'expression du caractère unique de chacun dans le groupe	• Aider les membres à cerner leurs besoins et leurs gains • Clarifier les éléments à aborder avant la fin du groupe • Encourager la différenciation
Séparation	• Les enjeux centraux sont de terminer la tâche et d'évaluer ce que le groupe a accompli.	• Isolement progressif des membres • Sentiment de perte • Anxiété • Ambivalence par rapport à l'aide mutuelle	• Évaluer le travail accompli • Signaler les tâches à terminer • Défaire les liens sans nier ce que le groupe a représenté	• Évaluer le travail accompli • Définir les dernières tâches • Aider le groupe à se dissoudre • Aider les membres à tirer profit de la séparation

3. Mutualité et empathie ;

4. Confrontation et changement ;

5. Séparation.

Les femmes nouent plus rapidement que les hommes des liens étroits. Les conflits viennent seulement après. Les hommes, au contraire, entretiennent plus tôt des rapports conflictuels liés aux enjeux de pouvoir. Selon Schiller (1997), les enjeux de pouvoir et les situations conflictuelles correspondent à un moment critique du développement dans les groupes de femmes, alors que c'est l'établissement des liens affectifs qui constitue la difficulté principale dans les groupes d'hommes. Dans les groupes de femmes, les membres se sentent plus rapidement en confiance, de sorte qu'au troisième stade de développement, l'intimité et l'interdépendance viennent simultanément ; la confiance et la transparence sont liées au respect des différences. C'est au quatrième stade que se présente le défi central : comment aborder et résoudre les conflits sans briser les liens de confiance et sans faire obstacle à l'empathie ? L'intervenant doit être conscient de ces particularités et agir en conséquence, notamment en modifiant l'ordre et la nature des activités qui sont proposées.

Dans tous les cas, l'intervention doit suivre une séquence qui respecte l'évolution du groupe. Mais, en même temps, les actions de l'intervenant doivent stimuler et soutenir le cheminement du groupe.

3.3   LES PHASES DU PROCESSUS D'INTERVENTION

Le processus d'intervention en service social des groupes est identique à celui des autres méthodes. Il procède d'une démarche qui part de l'analyse d'une situation ou d'un besoin pour arriver à la planification d'une action, puis à l'exécution et à l'évaluation. En intervention de groupe, le processus se décompose en quatre phases : la phase pré-groupe ou de planification, la phase de début, la phase de travail et la phase de conclusion. Chacune implique la réalisation de tâches précises par l'intervenant, et fait donc appel à des habiletés spécifiques.

La phase pré-groupe est une étape d'organisation au cours de laquelle l'intervenant se prépare à utiliser le groupe comme modalité d'intervention. Pour ce faire, il évalue d'abord les besoins des membres potentiels et, à la lumière des possibilités et contraintes qu'offre le contexte organisationnel dans lequel il intervient, il décide de la pertinence d'utiliser l'intervention de groupe. Il détermine ensuite les objectifs du groupe, établit les critères de sélection des membres, procède au recrutement et complète sa préparation personnelle.

La phase de début commence avec la première rencontre. L'intervenant doit alors aider à la mise en place d'un contexte favorable à l'émergence de l'aide mutuelle. Avec les membres du groupe, il définit les buts collectifs et individuels et établit un contrat décrivant le fonctionnement du groupe. Il aide les membres à prendre conscience des liens qui existent entre leurs situations individuelles respectives et de la relation entre leurs besoins et l'aide qui leur est offerte. Cette phase est très importante, car si les membres, dès le début, ne reconnaissent pas leur intérêt à participer au groupe, la démarche se heurtera à des remises en question incessantes : chacun se demandera ce qu'il est venu faire dans le groupe et mettra en doute la pertinence des activités. Les principales tâches de l'intervenant à cette étape sont de faire le point de façon claire avec les membres sur la raison de leur présence dans le groupe, sur leurs intérêts communs et sur le souci de l'organisme de les aider ; de décrire son rôle précisément et simplement ; de susciter l'expression de réactions sur ce qui est offert ; et d'aider à l'instauration d'un consensus sur les termes du contrat (Schwartz et Zalba, 1971).

Pendant la phase de travail, l'intervenant aide les membres à atteindre leurs buts individuels à travers les activités du groupe. Il collabore à la structuration de la démarche du groupe et contribue à mettre en place une dynamique qui facilitera l'atteinte des objectifs. Il doit constamment évaluer le cheminement du groupe en tenant compte à la fois des membres, du groupe et de l'environnement. Il est nécessaire qu'il puisse juger si tout se déroule selon le plan prévu, qu'il évalue la pertinence des activités et, le cas échéant, qu'il cerne les obstacles et trouve des façons de les contourner. Selon Schwartz (1961), les principales tâches de l'intervenant à cette étape sont de trouver un terrain d'entente entre les membres, le groupe et l'environnement ; de déceler les obstacles au fur et à mesure qu'ils se présentent et d'intervenir en conséquence ; de fournir des ressources au groupe en apportant ses idées, ses connaissances, ses valeurs, ses opinions lorsque cela est pertinent ; de partager sa perception personnelle et ses sentiments sur ce que vit le groupe ; et de cerner les exigences et les limites de la situation dans laquelle se trouve le groupe.

À la phase de conclusion, l'intervenant met principalement l'accent sur l'évaluation de la démarche du groupe et des résultats obtenus au regard des objectifs initiaux, la clarification du vécu des membres par rapport à la séparation du groupe et le maintien et la généralisation des apprentissages et des changements résultant de la participation au groupe. La fin, tout comme le début, est généralement difficile pour les membres ; c'est un moment qui suscite des sentiments très forts. L'intervenant doit non seulement aider les membres à surmonter ce moment intense, mais aussi leur permettre d'en tirer profit pour l'avenir.

 ## SYNTHÈSE

Reconnaître qu'un groupe passe par certaines étapes de développement permet à l'intervenant d'anticiper et d'interpréter les comportements des membres. Celui-ci peut ainsi plus facilement estimer la nature de la participation des membres et le potentiel d'aide mutuelle présent au sein du groupe. Il connaît également les comportements à adopter pour faire en sorte que le groupe chemine de la méfiance à l'interdépendance, en passant par la structuration du pouvoir et l'instauration d'une intimité entre les membres. Dans une démarche d'intervention de groupe, le rôle de l'intervenant consiste essentiellement à accompagner les membres pour les aider à surmonter les obstacles, et à faciliter le mouvement du groupe vers l'aide mutuelle et la différenciation, dans le respect des compétences et des particularités de chacun.

Au fil du temps, un groupe évolue selon une certaine trajectoire et il est important d'être sensible aux indices qui permettent de suivre ce parcours. Trois aspects sont à considérer concernant l'évolution d'un groupe : la prise de décision, les stades de développement et les phases du processus d'intervention. La prise de décision est un processus central dans l'évolution d'un groupe qui doit, tout au long de son histoire, prendre différentes décisions. Si celles-ci contribuent à l'évolution d'un groupe, elles sont également influencées par la maturité du groupe. Pour faire l'analyse de cette maturité, il est utile de connaître le modèle de développement qui a été présenté et qui comporte cinq stades. Ces stades sont : 1) la préaffiliation/confiance ; 2) le pouvoir et le contrôle/autonomie ; 3) l'intimité/proximité ; 4) la différenciation/interdépendance ; et 5) la séparation. L'évolution du groupe est également influencée par les actions de l'intervenant qui guide les membres vers l'atteinte de leurs objectifs. Ces actions s'inscrivent dans un processus qui se décompose en quatre phases : 1) la phase pré-groupe ; 2) la phase de début ; 3) la phase de travail ; et 4) la phase de conclusion. Ces différentes phases, qui s'inscrivent dans une démarche ordonnée et séquentielle, impliquent de la part de l'intervenant la réalisation d'activités particulières et, conséquemment, font appel à des habiletés spécifiques. Le chapitre suivant présente les principaux éléments dont l'intervenant doit se préoccuper au moment de la planification du groupe.

LECTURES COMPLÉMENTAIRES

ANDERSON, J. (1997). *Social Work with Groups: A Process Model*. New York : Longman, 332 pages.

TOSELAND, R.W. et RIVAS, R.F. (1998). « Understanding group dynamics ». Dans *An Introduction to Group Work Practice*. Toronto : Allyn and Bacon, p. 66-90. Chapitre 3 de l'ouvrage.

CHAPITRE 4

La planification
de l'intervention

INTRODUCTION

La phase de planification, ou phase pré-groupe, marque le début de la démarche d'intervention par l'intervenant. Elle regroupe l'ensemble des activités de réflexion et de préparation qui se font avant la première rencontre. Bien qu'une planification soignée soit essentielle à une intervention efficace, Kurland (1978) et Home (1996) soulignent que cette tâche est souvent négligée par les intervenants. Cette situation est préoccupante car, en plus de mettre en péril l'atteinte des objectifs visés, une mauvaise planification est susceptible d'avoir des effets négatifs sur la démarche du groupe. Une intervention de groupe mal planifiée peut conduire à un taux d'abandon élevé, à des présences sporadiques et irrégulières, à des retards chroniques, à un manque de participation aux activités, à une faible cohésion, à des difficultés de fonctionnement et même à la fin prématurée du groupe (Northen, 1988).

Bien que la nature des questions à examiner au moment de la planification varie selon le type de groupe, il est essentiel que dès la première rencontre tout soit en place pour que le groupe puisse fonctionner de façon harmonieuse et commencer à travailler à ses objectifs. Et c'est à l'intervenant qu'il revient de mettre en place ces conditions au départ.

Toseland et Rivas (1998) présentent différents modèles de planification d'une intervention de groupe. Ces modèles ont en commun de montrer combien il est important de préciser les objectifs d'intervention, de tenir compte du contexte organisationnel et de porter attention à la formation du groupe. Toutefois, ils se distinguent sur certains aspects, comme la place à accorder à la sélection des membres, au choix des procédures d'intervention et à l'établissement du programme d'activités.

La mise en commun de ces modèles conduit au constat qu'une planification appropriée de la démarche d'intervention passe par sept opérations incontournables : 1) l'étude de la demande ; 2) le choix de la méthode d'intervention ; 3) la formulation initiale du but et des objectifs ; 4) la définition du cadre général de l'intervention ; 5) la présentation écrite du projet ; 6) la formation du groupe ; et 7) la préparation de l'intervenant. Ces opérations ne se

TABLEAU 4.1

Opérations et activités de planification de l'intervention

Opérations	Activités
Étude de la demande	• Établissement de l'origine de la demande • Détermination de la nature des services demandés • Analyse du contexte d'intervention • Évaluation des besoins
Choix de la méthode d'intervention	• Survol des documents portant sur les programmes existants • Appréciation de la pertinence de l'intervention de groupe • Vérification du soutien de l'organisme
Formulation initiale du but et des objectifs	• Détermination du but • Détermination des objectifs • Préparation de la stratégie d'évaluation
Définition du cadre général du groupe	• Élaboration du programme • Détermination de la structure du groupe • Détermination des ressources nécessaires
Présentation écrite du projet	• Rédaction d'un document sur l'intervention projetée
Formation du groupe	• Recrutement des membres • Établissement des critères de sélection • Organisation du contact pré-groupe • Conclusion d'un contrat initial
Préparation de l'intervenant	• Anticipation de la première rencontre

suivent pas nécessairement ; on peut en réaliser plusieurs simultanément. En outre, leur importance respective varie selon les situations d'intervention. Par exemple, si le groupe avec lequel doit travailler l'intervenant est déjà constitué, l'étape de formation est sans pertinence ; par contre, la préparation de l'intervenant peut alors revêtir une importance plus grande. La planification proposée ici, qui est présentée dans le tableau 4.1, doit donc davantage être vue comme un guide que comme une série d'opérations ayant un caractère prescriptif.

4.1   L'ÉTUDE DE LA DEMANDE

Lorsqu'il commence à préparer sa démarche d'intervention, l'intervenant de groupe doit prendre le temps de bien définir le cadre de son action. En effet, il est impossible de cerner les problèmes sociaux avec sensibilité sans tenir compte des personnes qui les vivent. De même, on ne peut planifier correctement une intervention sans tenir compte du contexte dans lequel elle va se faire. Pour s'éviter des désagréments et des frustrations inutiles, l'intervenant a intérêt, d'une part, à bien étudier la demande qu'on lui adresse afin de cerner les attentes et les besoins des personnes concernées et, d'autre part, à considérer avec attention le cadre dans lequel il va réaliser son intervention afin d'en apprécier les possibilités et les limites. Il doit en particulier examiner l'origine de la demande, la nature des services demandés, le contexte d'intervention et les besoins de la population cible.

4.1.1   L'établissement de l'origine de la demande

Il est important d'examiner l'origine de la demande de services dans la mesure où cela permet de déterminer les ressources susceptibles d'être mises à contribution et d'anticiper la réaction des membres potentiels à l'intervention de groupe. La demande peut provenir de trois sources principales : la direction d'un organisme, un intervenant et un regroupement de personnes.

Tout d'abord, la demande d'intervention peut être exprimée par la direction d'un organisme qui souhaite répondre à des besoins spécifiques. Par exemple, la direction d'un centre d'accueil pour adolescents peut vouloir former un groupe pour aider les jeunes à développer leurs habiletés sociales. De même, la responsable d'une maison d'hébergement pour femmes victimes de violence peut demander à une intervenante de faire une intervention de groupe pour les enfants exposés à la violence conjugale. Généralement, les éléments qui incitent une direction d'organisme à recourir à l'intervention de groupe découlent de la reconnaissance de problèmes communs et répétés, de la mission sociale de l'organisme ou de l'orientation idéologique des dirigeants.

La formation d'un groupe peut également résulter de l'initiative d'un intervenant qui constate la présence de problèmes semblables chez sa clientèle, qui doute de l'efficacité des interventions en place ou qui se rend compte que des besoins ne trouvent pas de réponse dans les services déjà offerts. Ainsi, l'intervention de groupe est une stratégie fréquemment utilisée par les intervenants qui travaillent avec des parents éprouvant des difficultés avec leur adolescent (Boulanger et Saint-Pierre, 1980 ; Turcotte, 1990). Ces parents ressentent très souvent les mêmes sentiments d'échec, d'impuissance et de culpabilité, et le groupe leur permet de mettre en commun leurs situations, ce qui crée une dynamique d'aide mutuelle. Des groupes pour les enfants exposés à la violence conjugale (Peled et Davis, 1995 ; Beaudoin et autres, 1998), pour les personnes ayant subi des pertes physiques (Bolduc, 1996), pour les personnes âgées et leurs proches (Toseland, 1995 ; Gélineau, 1983) ou pour les personnes à risque (Greif et Ephross, 1997) sont d'autres exemples de groupes mis sur pied par des intervenants.

Enfin, la demande peut directement provenir de la population. Par exemple, des personnes vivant un problème de même nature peuvent demander la formation d'un groupe. Des organismes de la communauté peuvent également faire le constat de certains besoins communs et proposer la mise sur pied d'un groupe.

4.1.2   La détermination de la nature des services demandés

Lorsque l'intervenant se voit confier la responsabilité de mettre un groupe sur pied, il doit déterminer la nature du service demandé afin de pouvoir adapter son intervention aux attentes et aux préoccupations des membres potentiels. Il a donc intérêt à cerner ce que la personne, le regroupement ou l'organisme qui fait la demande de service considère comme le problème principal, a trouvé comme explication à ce problème, envisage comme solution et attend comme service. Il peut le faire en discutant directement avec les personnes concernées, mais, le plus souvent, c'est de façon indirecte et à mots couverts que les préoccupations et les attentes sont exprimées. L'intervenant doit donc être très attentif aux propos des personnes qui font une demande de services. Il ne faut pas oublier que ces personnes ont des croyances, des priorités et des préoccupations qui peuvent les amener à concevoir l'intervention sociale dans une perspective tout à fait différente de celle de l'intervenant. Il est possible, par exemple, que leur intérêt pour l'intervention de groupe soit guidé par des considérations économiques ou politiques (Home, 1996). L'intervenant doit être à l'affût de ce type de motivation pour éviter de se trouver devant une mission impossible à accomplir ou de se voir contraint de réaliser une intervention qui ne concorde pas avec ses convictions.

4.1.3   L'analyse du contexte d'intervention

Outre la détermination des attentes, l'analyse du contexte dans lequel va s'inscrire l'intervention est essentielle. Les personnes concernées par une intervention ne vivent pas en vase clos ; elles font partie d'une communauté qui influe sur leurs valeurs, leurs attitudes et leurs comportements. Dans l'analyse de la communauté, l'intervenant doit porter attention à des éléments concrets telles les caractéristiques sociodémographiques de la population, les particularités géopolitiques et les ressources disponibles. Il doit également s'arrêter à des aspects plus subtils tels que les valeurs, les sensibilités culturelles, l'histoire locale. Une intervention de groupe ne se présente pas de la même façon en milieu rural, où la plupart des gens se connaissent, qu'en milieu urbain, où les rapports sont plus impersonnels (Deslandes et Turcotte, 1996). La planification ne peut faire abstraction des différences culturelles importantes qui existent par rapport à la sollicitation de l'aide et à l'expression des difficultés personnelles. L'intervenant qui travaille en milieu pluriethnique ne peut se permettre d'être insensible à ces particularités (Chau, 1990 ; Legault, 2000). Il est donc essentiel, pour une planification efficace, de se préoccuper du contexte dans lequel évoluent les personnes qui sont concernées par la demande de service. L'encadré ci-dessous présente, à titre d'exemples, certaines questions qu'il peut être utile de se poser.

Questions pour l'analyse du contexte d'intervention

- Quelles sont les caractéristiques de la communauté : densité de population, situation économique, disponibilité des services ?

- Quelles sont les caractéristiques de la population cible : niveau de scolarité, situation de famille, niveau de revenu, situation de l'emploi, niveau de consommation, perspectives de développement ?

- Quelles sont les valeurs et les normes sociales de la population cible : valeurs dominantes, comportements normatifs, aspirations, perception des problèmes sociaux, position face aux services sociaux ?

En plus d'acquérir une bonne connaissance de la communauté, l'intervenant doit se mettre au fait des particularités du contexte organisationnel dans
lequel s'inscrit son intervention. En plus de porter attention à la mission de
l'organisme, à sa philosophie, à ses politiques et à ses ressources humaines et
matérielles, il doit s'arrêter sur la culture organisationnelle et l'attitude du personnel à l'égard de l'intervention de groupe. Une bonne analyse des caractéristiques de l'organisme permet de déceler les obstacles éventuels à l'intervention.
L'encadré ci-dessous présente quelques questions qui peuvent guider l'analyse
du contexte organisationnel.

Questions pour l'analyse du contexte organisationnel

- Quelle est la mission de l'organisme?
- Quelle est la philosophie d'intervention de l'organisme?
- Quelle place occupe l'intervention de groupe dans cette philosophie?
- Quelles mesures législatives régissent la mission de l'organisme?
- Quelles ressources sont disponibles pour l'intervention de groupe (lo-
caux, équipement, argent)?

4.1.4   L'évaluation des besoins

Enfin, pour arriver à concevoir et à réaliser une intervention à
la fois attrayante et efficace, il est essentiel de bien évaluer les besoins de la population cible. Cette étape s'avère incontournable dans toute intervention. Elle
l'est tout particulièrement en intervention de groupe, car c'est sur cette évaluation que s'appuie la définition des buts et objectifs de l'intervention. Comme
le souligne Malekoff (1999), la compréhension des besoins est une condition
de l'établissement des buts du groupe.

La notion de besoin concerne généralement un manque, un écart, une différence entre ce qui est et ce qui devrait être. On peut apprécier cet écart sous
deux dimensions: une dimension objective et une dimension subjective. La
première renvoie à une définition du besoin comme nécessité naturelle ou
sociale, comme exigence, norme, obligation. En ce sens, la satisfaction du besoin correspond à ce qui est jugé idéal pour le bon fonctionnement d'un individu ou d'un groupe. La seconde dimension s'appuie sur une conception
individuelle du besoin; celui-ci n'a d'existence que pour le ou les individus
qui le ressentent (Ouellet et Mayer, 2000).

Malekoff (1999) adopte une perspective particulière, puisqu'il distingue trois types de besoins selon qu'ils sont d'ordre normatif, spécifique ou contextuel. Les besoins normatifs sont présents dans une population donnée : les enfants, les adolescents, les personnes âgées. Les besoins spécifiques reflètent les situations particulières dans lesquelles se trouvent certaines personnes : crises situationnelles ou transitions (placement, abus, violence, etc.). Ces besoins traduisent également la situation de groupes minoritaires en raison de leur race, de leur orientation sexuelle, de leur origine ethnique. Enfin, les besoins contextuels sont liés aux échanges entre une personne et son environnement : soutien social, rapports avec les proches, encadrement, voisinage, etc.

On peut employer de nombreuses techniques pour cerner les besoins : entrevue individuelle, discussion de groupe, tests, questionnaires, observation de la performance dans l'action, comité formé de membres potentiels, analyse des statistiques, recension des écrits, etc. (voir Ouellet et Mayer, 2000). Chacune a ses avantages et ses inconvénients. C'est pourquoi le choix de l'intervenant en cette matière repose sur la nature des informations à obtenir et sur le type de ressources dont il dispose. Par exemple, bien que l'observation directe puisse fournir des indications très intéressantes sur les besoins des nouvelles mères concernant les soins à donner à leur enfant, elle est difficilement applicable, d'une part, parce qu'elle exige beaucoup de temps et, d'autre part, parce qu'elle peut être vécue comme menaçante. L'entrevue individuelle et la discussion de groupe peuvent alors se révéler des substituts adéquats. L'important n'est pas d'utiliser une technique plutôt qu'une autre, mais d'obtenir des informations utiles dans le respect des personnes concernées.

L'essentiel dans une évaluation des besoins est de bien cerner comment les problèmes mentionnés se traduisent dans la réalité quotidienne des personnes concernées, afin que l'on puisse déterminer à quels besoins ces problèmes portent atteinte. À cet égard, l'intervenant doit apporter des éléments de réponses à des questions comme celles qui sont présentées dans l'encadré ci-dessous.

Questions pour l'évaluation des besoins

- Comment se manifestent les problèmes de la population cible dans le quotidien ?
- Quelles sont les autres personnes concernées par la situation ?
- Comment les problèmes sont-ils perçus par les personnes concernées ?
- À quels besoins les problèmes portent-ils atteinte ?

4.2   LE CHOIX DE LA MÉTHODE D'INTERVENTION

Une fois l'étude de la demande terminée, l'intervenant doit établir la pertinence de l'intervention de groupe comme réponse. Il doit également faire une ébauche de la stratégie d'intervention qu'il compte utiliser et, le cas échéant, justifier ses décisions afin d'obtenir le soutien de l'organisme dans la mise en place de la stratégie d'intervention.

Cette opération de choix de la méthode d'intervention comporte trois activités principales, qui peuvent être réalisées simultanément ou consécutivement : le survol de documents portant sur les programmes d'intervention s'adressant à la population cible ; l'appréciation du groupe comme modalité d'intervention ; et la vérification du soutien de l'organisme employeur.

4.2.1   Le survol de documents portant sur les programmes existants

La lecture des documents est une opération importante bien que souvent négligée par les intervenants, qui doivent répondre aux demandes avec célérité, qui n'ont pas toujours accès aux documents qui leur seraient utiles et qui ne voient pas toujours la pertinence ou l'importance de cette démarche. Même si, de prime abord, cette étape semble retarder l'intervention directe, quand on y regarde de près, elle permet souvent de gagner du temps et d'économiser de l'énergie. Évidemment, il ne s'agit pas de consulter tout ce qui a été écrit, mais il faut prendre connaissance de ce que d'autres ont fait auparavant dans des situations semblables.

La lecture des documents devrait permettre de se faire une idée des expériences d'intervention d'autres intervenants, qui sont rapportées, notamment, dans les revues professionnelles. Les textes en question présentent généralement les assises théoriques ou idéologiques de l'intervention, la méthode utilisée, les techniques privilégiées, les résultats obtenus et les obstacles rencontrés. Étudier les expériences antérieures permet de ne pas avoir à réinventer la roue chaque fois et fournit des indications de premier plan sur les écueils à éviter et les stratégies à privilégier. Il peut aussi se révéler utile, particulièrement lorsque la demande a trait à une problématique pour laquelle les expériences d'intervention sont peu nombreuses ou peu concluantes, de procéder à une revue plus générale des écrits. Cet exercice peut aider l'intervenant à concevoir une stratégie d'intervention plus cohérente et plus susceptible de conduire aux résultats souhaités.

4.2.2   L'appréciation de la pertinence de l'intervention de groupe

Lorsque les informations fournies par les documents consultés ne permettent pas d'établir si le groupe peut constituer une modalité d'intervention pertinente par rapport à la demande présentée, l'intervenant peut se fonder sur certains critères pour se faire une opinion. Ainsi, selon Anderson (1997), la méthode de groupe est particulièrement indiquée lorsque les personnes présentent l'une ou plusieurs des caractéristiques suivantes :

— Elles n'ont pas les habiletés sociales nécessaires pour satisfaire leurs besoins ;
— Elles ressentent des sentiments d'impuissance, d'isolement et de désespoir ;
— Elles se considèrent comme des victimes et se sentent incomprises ;
— Elles se sentent démunies ou le sont effectivement.

Par ailleurs, Heap (1994) avance que la méthode de groupe peut être avantageusement utilisée lorsque l'intervention vise la réduction de l'isolement social, le développement par l'apprentissage social, la prévention d'une crise prochaine ou la préparation à un changement de vie, la résolution de problèmes personnels ou familiaux, ou une meilleure connaissance de soi.

En fait, l'intervention de groupe peut être utilisée dans différentes situations. Dans plusieurs cas, elle peut même s'avérer la méthode la plus appropriée en raison des avantages qu'offre le groupe comme contexte d'intervention. En effet, en permettant à des personnes qui sont dans des situations similaires de se côtoyer et de s'aider mutuellement, le groupe offre un cadre qui facilite les changements sur les plans cognitif, émotif et comportemental. L'apport du groupe sur ces trois plans est illustré dans le tableau 4.2 (p. 96).

Comme l'intervention de groupe tire sa richesse de l'aide mutuelle que les membres peuvent s'apporter, il est nécessaire de s'assurer que les personnes visées par l'intervention sont dans une situation qui les rend aptes à faire preuve d'accueil, de tolérance et de respect face aux autres. Outre les facteurs liés aux éléments dynamiques du groupe et aux caractéristiques des éventuels membres, d'autres facteurs jouent dans la sélection du groupe : le mode d'intervention, les attitudes des intervenants à l'égard de cette méthode et l'importance qui lui est accordée à l'intérieur de l'organisme.

4.2.3   La vérification du soutien de l'organisme

Lorsque l'intervenant en arrive à la conclusion que l'intervention de groupe constitue la meilleure stratégie pour répondre à la demande

TABLEAU 4.2

Pertinence de l'intervention de groupe

Dimensions touchées	Apport du groupe
Plan cognitif : modification de la perception de la réalité	• Facilite la normalisation de sa propre situation • Permet une réflexion sur soi-même à travers l'image qui est renvoyée par les autres • Permet d'être exposé à une diversité de façons de voir et d'agir • Favorise l'identification à des pairs et l'interdépendance
Plan émotif : mobilisation de sentiments appropriés	• Facilite l'expression de sentiments fortement réprimés parce que jugés inacceptables sur le plan culturel : rencontrer des personnes qui vivent des situations semblables et en qui il est possible de se reconnaître permet de libérer et de légitimer des sentiments parfois tenus secrets jusque-là • Apaise le sentiment de solitude par le regroupement de personnes éprouvant des difficultés du même ordre • Amène à se sentir moins responsable • Contribue à briser l'isolement • Offre l'occasion d'avoir un certain statut, ce qui permet d'améliorer l'estime de soi
Plan comportemental : établissement réaliste des décisions à prendre et soutien dans les changements de comportements	• Facilite l'apprentissage d'habiletés sociales • Constitue un contexte propice à la résolution de conflits nés de la rivalité fraternelle, de la dépendance, des désaccords • Exerce un effet régulateur ou normatif sur le comportement par les critiques et les encouragements qui viennent des autres membres • Facilite la mise en œuvre des décisions par le sentiment de force collective et la solidarité qui émanent du groupe

formulée, il doit évaluer le type de soutien qu'il pourra obtenir de l'organisme dans la mise sur pied du groupe. En effet, la mission de l'organisme, ses objectifs, ses priorités et ses ressources sont autant de facteurs qui influent sur ses orientations quant à la nature des services qui sont offerts et quant à l'accueil qui est fait à la méthode de groupe.

L'intervenant doit d'abord évaluer si le groupe envisagé s'inscrit dans les politiques et dans les objectifs de l'organisme. Pour que la méthode de groupe soit acceptée, elle doit porter sur des problèmes qui font partie des priorités de l'organisme et doit être jugée pertinente et efficace. Faire référence à des expériences réalisées dans d'autres milieux ou présenter de façon explicite les avantages de la méthode au regard de la demande formulée peut alors être utile.

Mais la résistance peut également venir des autres intervenants. Il est alors nécessaire de reconnaître les signes qui témoignent de cette résistance et de cerner les causes de cette dernière. Ainsi, certains intervenants peuvent craindre que la mise sur pied d'un groupe débouche sur une plus grande utilisation de la méthode, ce qui aurait pour effet de les contraindre à intervenir eux aussi dans des groupes. D'autres peuvent se sentir menacés dans leur façon de faire par l'introduction d'une méthode différente, particulièrement lorsque le groupe vise des personnes qui font déjà l'objet d'une intervention individuelle. Ils peuvent alors remettre en question la pertinence de combiner diverses formes d'aide. D'autres, enfin, peuvent trouver agaçant d'entendre des discussions de groupe ou de voir circuler des groupes de personnes dans les couloirs donnant accès à leurs bureaux. Tous les intervenants n'adhèrent pas à la méthode de groupe et, s'il n'est pas nécessaire qu'ils l'approuvent, il est à tout le moins indispensable qu'ils ne s'érigent pas en obstacles à son utilisation. La réussite d'une intervention de groupe réside en partie dans le soutien que l'intervenant obtient de ses collègues ; il faut donc faire en sorte que cette intervention ne soulève pas d'objection systématique. Dans certaines situations, l'intervenant peut avoir intérêt à adopter une approche stratégique avec ses collègues. Voici quelques attitudes qui peuvent aider en ce sens :

— Éviter de donner l'impression de vouloir à tout prix persuader que l'intervention de groupe est la meilleure méthode ; il est préférable de partager avec les collègues l'analyse de la situation et de leur expliquer les motifs qui justifient la décision de faire une intervention de groupe ;

— Établir les raisons de la résistance de certains collègues, les rendre explicites et les aborder directement, sans porter de jugement ;

— Reconnaître les inconvénients que peut présenter, pour les autres intervenants, la mise sur pied d'une intervention de groupe et prévoir des modalités d'ajustement afin de minimiser ces désavantages.

À la limite, il est souvent de bonne guerre de proposer l'intervention de groupe comme un projet expérimental qui fera l'objet d'une évaluation formelle au terme d'une première mise en application. Cette façon de faire indique que le but visé n'est pas l'institutionnalisation de la méthode de groupe, mais l'élargissement des possibilités qui s'offrent à la clientèle.

Lorsque le soutien de l'organisme est acquis, l'intervenant doit préciser son projet de groupe en formulant le but et les objectifs, en élaborant le contenu du programme et en amorçant le recrutement des membres potentiels.

4.3   LA FORMULATION INITIALE DU BUT ET DES OBJECTIFS DU GROUPE

Le vocabulaire utilisé en matière de formulation des objectifs comporte plusieurs ambiguïtés. Soulignons d'abord que la distinction entre les termes « finalité », « but » et « objectif » tient non pas à la nature du résultat visé mais à son niveau de généralité. Le but correspond au résultat global que l'on se propose d'atteindre (Legendre, 1993) ; il traduit la vision de l'intervenant concernant la fonction du groupe (Henry, 1992). Il se situe à mi-chemin entre les finalités, qui sont de l'ordre du désir ou du vœu, et les objectifs, qui précisent les résultats concrets et mesurables qui sont attendus.

4.3.1   La détermination du but

La détermination du but est une étape très importante dans le processus d'intervention, car les décisions subséquentes sur des aspects telles la composition, la durée de vie ou l'ouverture du groupe en découlent. Ainsi, si le groupe vise la résolution de problèmes, il sera nécessaire de s'assurer que les membres font face à des difficultés similaires qu'ils veulent surmonter. Par contre, si le groupe vise surtout l'enrichissement du réseau social des membres, il sera plus approprié de s'attarder sur les habiletés sociales des membres potentiels et de s'assurer que la taille du groupe facilite les interactions.

À partir des documents consultés sur la problématique et à la lumière des besoins décelés dans la population cible, l'intervenant peut déjà prévoir l'orientation que prendra son groupe quant à la prévention, l'éducation, la formation, la thérapie ou la socialisation. Selon Heap (1994), la formulation du but permet :

— d'offrir aux membres éventuels une information les aidant à décider s'ils acceptent ou refusent de faire partie du groupe ;

— d'évaluer et de corriger en cours de route la démarche du groupe ;

— de déterminer quand les rencontres peuvent prendre fin ;

— d'évaluer les résultats.

Selon Shulman (1992) et Klein (1972), un énoncé précis du but du groupe évite la frustration engendrée par un manque de direction et aide les membres à répondre clairement à la question : « Que faisons-nous ici ensemble ? » Il fournit de l'information en réponse aux questions suivantes : Pourquoi le groupe se rencontre-t-il ? Comment doit-il travailler ? Quel est l'éventail des objectifs personnels qui peuvent s'y insérer ? (Toseland et Rivas, 1998.) Voici deux exemples de formulations du but :

> Ce groupe se veut un lieu d'échange sur la réalité des parents d'adolescents et sur la façon d'aborder les difficultés qui se présentent. Chaque parent pourra y amener les difficultés qu'il rencontre avec son enfant et pourra recevoir les commentaires des autres.

> Ce groupe s'adresse aux hommes qui veulent se défaire de leurs comportements de violence à l'égard de leur conjointe. À partir de la description de ce que chacun vit, le groupe tentera de reconnaître les manifestations de violence et déterminera différentes façons de réagir dans les situations de tension et de conflit.

Le but du groupe doit être formulé dans un énoncé général qui fournit aux membres potentiels de l'information sur ce qu'ils peuvent attendre du groupe. Évidemment, au départ, le but retenu est celui de l'intervenant ; il est donc important qu'il soit partagé avec les membres lors des premières rencontres pour être exprimé en objectifs individuels spécifiques à partir desquels se fera l'évaluation des résultats du groupe.

4.3.2   La détermination des objectifs

Alors que le but correspond à un énoncé général qui traduit l'orientation du groupe, l'objectif général présente les caractéristiques des résultats ou des changements attendus au terme de l'intervention. Il conduit à la formulation d'objectifs spécifiques qui traduisent en termes observables et mesurables les résultats anticipés. En ce sens, l'objectif spécifique est plus explicite, plus concret que l'objectif général.

Selon Bertcher et Maple (1977), pour faciliter le processus d'intervention, les objectifs spécifiques doivent être clairs pour tous, suffisamment souples pour permettre l'expression des préoccupations particulières des membres, et réalisables, en plus de fournir des indications sur les bénéfices que chaque membre peut retirer. Malekoff (1999) ajoute que les objectifs sont adéquats lorsqu'ils peuvent être énoncés avec clarté et concision tout autant par les membres que par l'intervenant, lorsque la compréhension qu'en ont les membres est identique à celle de l'intervenant, lorsqu'ils sont suffisamment spécifiques pour que les membres puissent savoir quand ils auront été atteints et lorsqu'ils sont porteurs d'implications directes pour la démarche du groupe. Dans une perspective d'appropriation de la démarche du groupe par les membres, la détermination des objectifs est une opération très importante, car c'est généralement autour des objectifs que se forme la cohésion du groupe.

4.3.3   La préparation de la stratégie d'évaluation des résultats

Lorsque les objectifs sont formulés, il est possible de réfléchir à la stratégie à privilégier pour évaluer le cheminement du groupe vers l'atteinte de ses objectifs. Bien que l'évaluation soit une opération qui se concrétise à la fin de l'intervention, elle doit être planifiée avant même la première rencontre. L'intervenant doit notamment s'interroger sur la pertinence de recourir à une évaluation formative, à une évaluation sommative ou à une stratégie combinant les deux types. L'évaluation formative vise la régulation de la démarche d'intervention par l'étude du processus et des moyens qui sont utilisés pour atteindre les objectifs ; elle exige une collecte d'information sur le cheminement des membres et du groupe tout au long de la démarche d'intervention, pendant ou entre les rencontres de groupe. Pour réaliser ce type d'évaluation, l'intervenant doit dès le départ décider des méthodes et des outils qu'il utilisera. Divers outils peuvent être utilisés : journal de bord, grille d'observation, formulaire d'évaluation, etc. (Saint-Jacques, Ouellet et Lindsay, 1994 ; Turcotte et Tard, 2000).

Par ailleurs, l'évaluation sommative vise à déterminer quels résultats ont été obtenus et quels facteurs ont contribué ou ont fait obstacle à l'atteinte de ces résultats. En intervention de groupe, l'évaluation peut porter à la fois sur le groupe comme entité, dans le cas d'un groupe de tâche, et sur chacun des membres. Pour évaluer l'efficacité de l'intervention, il faut d'abord déterminer ce sur quoi portera l'évaluation (comportements, connaissances, émotions) et choisir une modalité de mesure appropriée (questionnaire, observation, entrevue). Dans ce type d'évaluation, il est fréquent de procéder à une mesure « avant » et « après » l'intervention ; pour que ces mesures soient pertinentes et adaptées, il est nécessaire, avant même de commencer les rencontres, de choisir les outils qui seront utilisés.

L'encadré 4.1 présente la description d'une démarche de groupe précisant le but, les objectifs et la stratégie d'évaluation des résultats. Le texte permet de voir la relation qui existe entre ces différents éléments.

4.4   LA DÉFINITION DU CADRE GÉNÉRAL DU GROUPE

Une fois les objectifs spécifiés, l'intervenant peut commencer à élaborer le cadre général de son intervention de groupe. Ce dernier doit fournir des précisions sur le programme d'activités, sur la structure du groupe et sur les ressources nécessaires.

ENCADRÉ 4.1

Illustration d'une formulation initiale du but et des objectifs

But du groupe

Ce groupe s'adresse aux hommes qui veulent se défaire de leurs comportements dominateurs, agressifs ou violents à l'égard de leur conjointe. À partir de la description de ce que chacun vit, le groupe tentera de reconnaître les manifestations de la violence, qu'elle soit physique, verbale, psychologique, sexuelle ou matérielle, et déterminera différentes façons de réagir dans les situations de conflit.

Objectifs généraux

- Reconnaître ses comportements violents
- Prendre conscience des effets négatifs de la violence
- Communiquer sans violence avec sa conjointe

Objectifs spécifiques

Au terme du projet, chaque participant :

- sera en mesure de distinguer, à partir de descriptions de situations, les comportements violents et les comportements non violents ;
- pourra classer différents comportements selon le type de violence ;
- sera capable de prédire deux conséquences négatives des comportements de violence présentés dans des mises en situation ;
- pourra nommer un comportement remplaçant la violence, dans des situations données ;
- aura éliminé tout comportement violent avec sa partenaire.

Évaluation

- Les quatre premiers objectifs spécifiques seront évalués à partir des résultats des exercices qui seront réalisés pendant les rencontres (évaluation formative).
- Le dernier objectif sera évalué à partir d'une grille d'auto-observation que le participant sera invité à remplir chaque semaine à partir de la cinquième rencontre (évaluation sommative).

4.4.1 Le programme

Le programme correspond à l'ensemble des activités qui sont rattachées logiquement aux objectifs et qui sont utilisées pour faire cheminer les membres. Il décrit les activités qui seront proposées pour atteindre les objectifs ; il précise ce qui sera fait, comment ce sera fait et pourquoi. Même dans un groupe où la discussion est la démarche privilégiée, il est utile de prévoir certaines activités pour faciliter les échanges ou pour orienter les discussions sur des thèmes particuliers. Évidemment, le niveau de précision du programme dépend du type de groupe qui est envisagé. Généralement, dans un groupe d'éducation, l'ensemble du programme suit une séquence logique qui vise à assurer les apprentissages. Par contre, dans un groupe de soutien, le programme est plus souple ; il est défini en fonction des besoins qui émergent dans le groupe. Il en est de même dans un groupe autogéré, dont les membres décident du contenu des rencontres. En fait, chaque groupe pourrait être situé sur un continuum allant de très structuré à peu structuré, le degré de structuration pouvant varier selon les objectifs poursuivis et les caractéristiques des membres. Ainsi, lorsqu'il s'agit d'amener les membres à acquérir des habiletés spécifiques dans les domaines de la communication, de la résolution de problèmes ou de l'éducation des enfants, le groupe structuré est plus adapté. Par contre, une formule plus souple pourra être utilisée avec les groupes visant la détermination de problèmes, la prise de conscience de ses mécanismes de relation avec les autres ou l'application d'habiletés spécifiques (Garvin, 1987).

L'élaboration d'un programme est une opération qui implique des prises de décisions quant à la nature des activités, à leur déroulement et à leur évaluation. Des indications plus précises sont présentées dans le chapitre 6, qui traite de la phase de travail, mais retenons maintenant que le contenu du programme doit être élaboré en fonction des objectifs du groupe et des caractéristiques des membres potentiels.

4.4.2   La structure du groupe

La structure est constituée des éléments concrets qui définissent la nature du groupe. Les principaux éléments d'ordre structurel sur lesquels doit s'arrêter l'intervenant au moment de la planification sont la taille, la composition, l'ouverture, ainsi que la durée et la fréquence des rencontres.

Les décisions sur la taille du groupe comportent une part d'arbitraire, car peu de recherches établissent un lien direct entre la taille et l'efficacité d'un groupe. Toutefois, il est reconnu que la taille influe sur le fonctionnement d'un groupe, notamment en ce qui a trait à la prise de décision et aux interactions entre les membres : plus le groupe est nombreux, plus la participation a tendance à être limitée, plus le consensus est difficile à obtenir, plus l'intimité entre les membres est faible et plus les risques de formation de sous-groupes sont élevés ; par contre, dans les groupes nombreux, les suggestions et les demandes d'opinions sont plus fréquentes (Bertcher et Maple, 1977), et les absences ont généralement moins d'effets. La taille du groupe est donc susceptible d'avoir une influence sur les modes de communication et sur la différenciation des rôles.

Il n'y a pas de règles précises pour décider de la taille d'un groupe. Cela dépend des objectifs visés et des caractéristiques des membres. Le groupe doit être assez nombreux pour permettre à chacun de se sentir à l'aise de s'exprimer librement et d'être exposé à des perspectives différentes, et assez petit pour donner lieu à l'intimité, à la participation et à la formation d'un sentiment d'appartenance. Les différents ouvrages sur le sujet établissent autour de sept le nombre suggéré pour un groupe de traitement et autour de cinq le nombre suggéré pour un groupe axé sur la tâche (Toseland et Rivas, 1998 ; Garvin, 1987 ; Yalom, 1995). Toutefois, il faut chaque fois apprécier la capacité de la population cible à se trouver avec un nombre plus ou moins grand de personnes. Il existe généralement une préférence chez les gens quant au nombre de personnes avec lequel ils se sentent à l'aise en groupe ; il peut donc être utile d'aborder cette question à l'occasion du contact pré-groupe. Le tableau 4.3 présente une synthèse des avantages et limites liés à la taille.

La composition du groupe est un autre élément à prendre en considération au moment de la planification. Il faut l'envisager en réfléchissant aux caractéristiques des membres qui sont susceptibles d'avoir une influence sur la démarche du groupe vers l'atteinte de son but. Bertcher et Maple (1977) suggèrent d'établir une distinction entre les caractéristiques descriptives et les caractéristiques comportementales. Les premières servent à catégoriser les

TABLEAU 4.3

Synthèse des avantages et limites liés à la taille

Petit groupe (5-7 membres)	Grand groupe (8 membres et plus)
• Plus d'interactions entre les membres	• Suggestions plus variées
• Plus d'attention accordée à chaque membre	• Plus grande expression d'opinions
• Intimité plus grande	• Risque de formation de sous-groupes
• Pression plus forte pour participer	• Moins d'interactions directes
• Effet plus marqué des absences	• Expression plus difficile
• Animation plus facile	• Risque de retrait plus élevé
• Diversité des comportements et des points de vue moins grande	

personnes selon leur situation; ce peut être l'âge, le statut social, le niveau de revenu, les rôles, etc. Par exemple, la caractéristique descriptive liée aux rôles peut conduire à distinguer les étudiants, les travailleurs, les chômeurs et les personnes retraitées. Les caractéristiques comportementales décrivent quant à elles la façon dont une personne agit. Ainsi, présenter une personne comme une étudiante en service social, c'est lui assigner une caractéristique descriptive; dire qu'elle passe deux heures par jour à étudier, c'est lui attribuer une caractéristique comportementale.

Lors de la phase de planification, l'intervenant doit également décider s'il est souhaitable que la composition du groupe reste la même pendant toute la durée de l'intervention (groupe fermé) ou s'il est préférable de pouvoir accueillir de nouveaux membres à tout moment (groupe ouvert). Le groupe fermé, dont les membres commencent et terminent leur expérience ensemble, présente des avantages, par rapport au groupe ouvert, en ce qui a trait à la confiance entre les membres, à la cohésion au sein du groupe, à la stabilité des rôles et des normes, et à la coopération. Par contre, il connaît plus d'abandons et présente un risque de pression sur les membres afin qu'ils se conforment aux normes du groupe. Par l'arrivée constante de nouveaux membres, le groupe ouvert s'enrichit de nouvelles idées, de nouvelles valeurs et de nouvelles ressources, de sorte qu'il peut être plus créatif. Par contre, l'instabilité rend plus difficiles le développement du leadership et l'identification au groupe. En plus de l'intégration des nouveaux membres, le défi principal pour l'intervenant qui travaille au sein d'un groupe ouvert est d'aider les individus à utiliser leurs interactions avec les autres pour obtenir du soutien et des commentaires sur la poursuite de leurs objectifs individuels et pour cerner et évaluer leurs problèmes interpersonnels à la lumière de leur expérience immédiate (ici et maintenant) dans le groupe.

Certains groupes peuvent atteindre leurs objectifs en quelques rencontres, alors que d'autres ont besoin de beaucoup plus de temps. Ainsi, les groupes à court terme et ceux de longue durée peuvent tous les deux avoir leur pertinence. On parle de groupe à court terme lorsque les rencontres s'étalent sur moins de trois mois (Garvin, 1987). L'utilisation de ce type de groupe s'appuie, d'une part, sur l'idée qu'une limite de temps peut se révéler un important facteur de motivation et, d'autre part, sur l'idée que plusieurs personnes font des demandes de services pour résoudre des problèmes très spécifiques pour lesquels ils s'attendent à des changements rapides (McKay et Paleg, 1992). Le groupe à court terme présente certains avantages: il est plus facile à faire accepter à l'organisme et aux membres potentiels, car il implique un engagement moins important, et il est plus attrayant pour les membres qui y voient l'occasion d'améliorer rapidement leur situation. Par contre, il est plus exigeant pour l'intervenant sur le plan de la préparation des rencontres et de la concentration pendant l'animation (Besson, 1990). En outre, ce type de groupe est moins adapté aux personnes qui ont des problèmes chroniques ou qui présentent des troubles de la personnalité (Garvin, 1987).

Un autre élément à définir au cours de la phase pré-groupe concerne la durée et la fréquence des rencontres. Le choix s'appuie sur les objectifs du groupe et les besoins de la population cible. L'intervenant doit notamment considérer les capacités des membres éventuels et le temps qu'ils peuvent consacrer au groupe.

Les décisions concernant les éléments structurels ne sont généralement pas faciles à prendre. Même si elles doivent par la suite faire l'objet d'une entente avec les membres du groupe, l'intervenant doit les prendre dès le départ à partir de ses connaissances et de ses expériences antérieures afin de définir un cadre général. En résumé, lors de la planification, l'intervenant doit répondre aux questions présentées dans l'encadré ci-dessous.

Questions pour la planification

- Quelle sera la taille du groupe ?
- Quelles seront les principales caractéristiques des membres ?
- Le groupe sera-t-il ouvert ou fermé ?
- Combien y aura-t-il de rencontres ?
- Quelle sera la durée de chaque rencontre ?
- Quelle sera la fréquence des rencontres ?
- À quel moment de la journée le groupe se réunira-t-il ?

4.4.3   Les ressources nécessaires

L'évaluation des ressources nécessaires à la réalisation des activités du groupe est souvent négligée au moment de la planification d'une intervention de groupe. Pourtant, cela peut avoir un effet considérable sur le développement du groupe et sur le déroulement des rencontres. Si l'intervenant ne peut compter sur les ressources dont il a besoin pour mener à bien son intervention, il doit revoir sa planification. Cependant, il doit éviter de renoncer trop rapidement à son projet sous prétexte qu'il ne possède pas les ressources nécessaires.

Les principales ressources au sujet desquelles l'intervenant a intérêt à discuter avec l'organisme qui l'emploie touchent l'insertion de l'intervention de groupe dans sa charge de travail, la collaboration de collègues, les locaux et le matériel. Dans tous les cas, il est préférable de formuler des demandes claires dont la pertinence est démontrée.

Concernant sa charge de travail, l'intervenant doit d'abord préciser le rôle qu'il entend assumer au sein du groupe. Cela lui permettra d'évaluer le temps qu'il devra consacrer au groupe en tenant compte non seulement de la durée des rencontres, mais aussi des tâches à effectuer entre les rencontres. La possibilité de coanimer le groupe avec un autre intervenant doit également être envisagée. En effet, ce mode d'animation comporte des exigences de temps et d'énergie qui doivent être prévues dès le départ pour éviter les surprises désagréables. L'intervenant a également intérêt à préciser les autres ressources humaines qui sont susceptibles d'être mises à contribution. Entend-il faire appel à d'autres personnes dans la réalisation de son intervention? Pour quelles activités? Quelles conditions sont nécessaires pour s'assurer de la collaboration de ces personnes? Ce n'est qu'après avoir fait cette analyse qu'il déterminera comment l'intervention de groupe qu'il envisage peut s'intégrer à sa charge de travail et à celle des collègues dont il espère obtenir la collaboration.

En ce qui a trait aux locaux, idéalement, le groupe devrait pouvoir se réunir toujours au même endroit. Cette stabilité favorise l'émergence et l'épanouissement d'un sentiment d'identité et de permanence. La taille de la pièce doit être adaptée aux objectifs du groupe et aux activités prévues. Une pièce trop grande sera source de distractions et pourra donner l'illusion que le groupe n'a pas de frontières. Par contre, une pièce exiguë créera un malaise et de l'irritabilité, et suscitera de l'anxiété chez les membres qui craignent l'intimité. En outre, la pièce devrait comporter des images ou autres symboles qui ont une signification pour les membres. En fait, l'organisation de l'espace doit être guidée par la préoccupation de réduire les distractions, de faire naître un sentiment positif de proximité et de favoriser les interactions directes entre les membres.

L'intervenant doit également examiner les autres besoins matériels (frais de transport, garderie, photocopies, pauses) afin de trouver des sources de financement et de déterminer les ressources qui pourraient être utilisées. Les ressources matérielles et les services concrets qui sont offerts aux membres sont souvent déterminants pour le recrutement et la persévérance dans le groupe, particulièrement avec les clientèles à risque ou à faible revenu (Turcotte et autres, 1997; Turcotte, 1997). L'intervenant doit donc porter une attention particulière aux besoins spécifiques des personnes visées par l'intervention, que cela concerne le transport, l'accessibilité physique, les possibilités de stationnement ou les services de garde. Il ne faut jamais oublier que les conditions matérielles donnent aux membres du groupe des indications sur la façon dont ils sont perçus par l'organisme et par l'intervenant (Toseland et Rivas, 1998). L'encadré 4.2 présente un exemple de description des besoins matériels.

Exemple de description des besoins matériels

> **Liste des besoins pour la réalisation de l'intervention**
>
> - L'intervenant consacrera six heures par semaine à l'intervention : deux heures pour les rencontres et quatre heures pour la planification et l'évaluation.
> - La même salle de rencontre sera réservée deux heures par semaine pour le groupe.
> - L'organisme mettra à la disposition des membres un moyen de transport pour leur permettre d'assister aux rencontres.
> - Une secrétaire s'occupera de transcrire le compte rendu des rencontres.
> - Les membres pourront utiliser la salle du personnel lors de la pause.
> - Le matériel suivant sera disponible pour les rencontres : une radiocassette ayant une bonne sonorité, des cassettes de musique, un calendrier, des crayons et du papier.

Source : Adapté de Henry (1992).

4.5 LA PRÉSENTATION ÉCRITE DU PROJET

La rédaction d'un document présentant l'intervention projetée constitue une composante essentielle de la planification d'un groupe (Corey, 1989 ; Ohlsen, Horne et Lawe, 1988). Parce qu'un tel document détaille et structure l'information, il facilite la mise en œuvre de l'intervention (Glaser, Webster et Horne, 1992). Il peut être utilisé pour convaincre les instances administratives concernées de la pertinence du projet. Il peut également servir à faire la promotion du projet auprès des membres potentiels : il devient ainsi un outil de recrutement. En plus de constituer un plan d'action qui va aider l'intervenant à préparer ses rencontres avec le groupe, il constitue la première pièce du dossier de groupe sur lequel l'intervenant pourra s'appuyer pour évaluer son intervention et, éventuellement, en faire la diffusion.

La taille du document variera selon les circonstances. Si l'intervenant expérimenté peut se permettre de faire la synthèse de son plan d'action en quelques pages, l'intervenant en formation ou peu expérimenté devra généralement produire un document plus substantiel. Le débutant a d'ailleurs tout intérêt à prendre le temps de mettre sur papier la démarche qu'il entend suivre. Il sera alors plus à même de juger de la cohérence de son plan d'action et d'en cerner les forces et les limites. Bien que le contenu du document écrit dépend du contexte d'intervention, il devrait normalement aborder les sujets suivants :

1. Contexte organisationnel de l'intervention :
   — Mission et philosophie de l'organisme ;
   — Programmes, ressources et structure de l'organisme ;
   — Règles de fonctionnement de l'organisme ;
2. Problématique de la population cible :
   — Conditions objectives et subjectives de la population cible ;
   — Problèmes et besoins exprimés par ces personnes ;
   — Expériences antérieures d'intervention de groupe avec des personnes semblables ;
3. Intervention envisagée :
   — Objectifs : but, objectifs généraux, objectifs spécifiques, modalités d'évaluation ;
   — Programme et structure : activités, taille, composition, ouverture, durée et fréquence des rencontres ;
4. Personnes concernées : animation, autres personnes mises à contribution ;
5. Plan de réalisation et échéancier ;
6. Suites qui seront données au groupe et rapport qui sera fait à l'organisme.

4.6   LA FORMATION DU GROUPE

Lorsque l'intervenant a obtenu le feu vert définitif de l'organisme pour réaliser son projet en disposant des ressources dont il aura besoin, il peut passer aux démarches qui vont l'amener à entrer en contact direct avec les personnes visées par l'intervention. La première de ces démarches concerne la formation du groupe.

Évidemment, la formation du groupe ne relève pas toujours de l'intervenant. Parfois, ce dernier doit travailler avec des groupes naturels déjà formés. C'est le cas de l'intervenant qui travaille en milieu scolaire, avec des groupes-classes, en maison de jeunes ou encore avec des associations de personnes âgées. Lorsqu'il se trouve dans cette situation, l'intervenant doit rapidement étudier un certain nombre d'aspects :

— L'historique du groupe ;
— Les relations entre les membres ;

— Les modes de communication ;

— Les attentes du groupe concernant le rôle de l'intervenant ;

— Le fonctionnement du groupe ;

— Les rôles et statuts des membres.

Le plus souvent, toutefois, l'intervenant social doit procéder à la formation d'un nouveau groupe, qui comprend trois grandes étapes : le recrutement, la sélection et le contact pré-groupe.

4.6.1   Le recrutement des membres

Les procédures de recrutement doivent permettre à l'intervenant d'entrer en contact avec un nombre suffisant de personnes pour pouvoir sélectionner celles qui formeront le groupe. Dans le choix de ces procédures, l'intervenant doit relever les sources qui lui fourniront les noms de membres potentiels.

Très souvent, c'est à partir des demandes adressées à l'organisme qui l'emploie que l'intervenant pourra procéder au recrutement des membres potentiels. L'analyse des dossiers des collègues, des archives de l'organisme ou de la liste d'attente sera généralement suffisante pour déterminer les membres potentiels. Mais il est également possible que l'intervenant doive établir des contacts avec d'autres organismes pour obtenir des noms. Sur ce plan, il aura plus de chances de se voir proposer des cas s'il présente avec précision la nature et le but du groupe qu'il envisage de mettre sur pied ; le document écrit se révèle alors très utile.

L'étape suivante consiste à élaborer une stratégie de prise de contact avec les membres potentiels. Toseland et Rivas (1998) relèvent quatre techniques possibles en cette matière : le contact direct, l'information postale, la publicité et la nouvelle.

Le contact direct est la méthode de recrutement la plus efficace (Toseland, 1981). Lorsque des personnes susceptibles d'être intéressées par le groupe peuvent être désignées, il est utile de les rencontrer pour leur présenter le groupe. Comme cette procédure exige beaucoup de temps, elle est souvent remplacée par un contact téléphonique ou par l'envoi d'un courrier. À l'occasion du premier contact, l'intervenant devrait préciser le but du groupe, l'endroit, les dates, le moment, la fréquence et la durée des rencontres, de même que les frais de participation exigés et les commodités offertes. Il est également utile de spécifier sous l'égide de quel organisme le groupe est mis sur pied.

Lorsque aucune liste de membres potentiels n'est disponible, le projet de groupe peut être diffusé auprès d'un public plus large au moyen d'un envoi postal. L'information sur le projet peut aussi faire l'objet d'une publicité qui sera affichée dans les organismes de la communauté, dans les endroits publics (supermarchés, églises, centres communautaires) ou dans les bulletins d'information locaux. L'intervenant peut aussi faire connaître son projet en le présentant comme un sujet d'actualité, en envoyant un communiqué de presse, en accordant une entrevue à un journaliste ou en rédigeant un article traitant de la problématique et de son projet de groupe.

Au cours du recrutement, il est important de s'assurer que les méthodes sont utilisées efficacement : l'information doit être bien présentée, les références doivent être exactes et les noms des personnes intéressées doivent être consignés avec soin (Turcotte, 1997). Il est parfois utile de s'assurer auprès de collègues ou de clients que les procédures retenues sont les bonnes. Les encadrés 4.3 et 4.4 présentent deux exemples de messages utilisés pour le recrutement. Le premier propose un texte qui a été envoyé par la poste à des parents d'une école secondaire ; le second, une annonce publiée dans un journal local.

4.6.2   La sélection des membres

Une fois que des personnes intéressées par le groupe ont été recrutées, il faut procéder à la sélection des membres. Cette tâche doit être effectuée avec le plus grand soin, car elle aura une influence déterminante sur le déroulement et les résultats de l'intervention. Bien que les décisions en matière de sélection des membres comportent toujours une part d'inconnu, certaines balises peuvent guider l'intervenant dans sa tâche. D'une façon générale, les membres doivent respecter des conditions minimales pour s'intégrer à une démarche de groupe ; ils doivent être capables d'entrer en communication avec les autres, de s'identifier aux autres membres et d'accepter des opinions, des positions et des comportements différents des leurs. En outre, ils doivent être prêts à collaborer, être en mesure de comprendre leur propre comportement et vouloir apprendre des autres (Toseland et Rivas, 1998). Les personnes qui n'ont pas ces caractéristiques risquent de demeurer isolées et de freiner la dynamique du groupe. Ainsi, il est important d'évaluer la capacité de la personne à fonctionner dans un groupe et à en tirer profit. Il faut pour cela s'intéresser à sa motivation à participer et à l'effet prévisible de sa présence sur la dynamique du groupe. Northen (1988 : 128) formule cette réflexion dans les termes suivants :

— Est-ce que la personne va bénéficier du groupe ?

— Est-ce qu'elle va être capable de participer sans gêner le cheminement des autres membres ?

ENCADRÉ 4.3

Exemple de message de recrutement

Groupe d'aide pour les parents d'adolescents et d'adolescentes

Vous êtes invité à vous joindre à un groupe de parents qui ont un adolescent âgé de 12 à 17 ans. Le groupe discutera des principales difficultés que pose l'éducation à l'adolescence et abordera les sujets d'inquiétude des parents : drogue, sexualité, violence.

Organisme : CLSC de la Cité
25, rue Principale

Animateurs : Marie Lavoie, t.s. et André Tremblay, t.s.

Participants : Tous les parents qui ont un enfant âgé de 12 à 17 ans
Le nombre de participants est limité à 10.

Moment : Tous les mardis soir de 19 h 30 à 22 h, du 15 février au 20 avril

Commodités : Un service de garderie est disponible sur place.

Coût : 15 $ par couple pour la durée du programme

Inscription : Téléphonez au numéro suivant : _____

ENCADRÉ 4.4

Exemple de message de recrutement

Correspondez-vous au portrait suivant ?

Vous êtes une femme et vous vous trouvez dans l'une des situations suivantes :

- Vous vivez un changement de carrière ;
- Vous terminez une relation ou en commencez une nouvelle ;
- Vous êtes une nouvelle mère ;
- Votre dernier enfant vient de partir de la maison ;
- Vous venez de perdre un être cher ;
- Vous vivez un changement majeur dans votre vie.

Alors vous êtes une personne en transition et nous pouvons vous aider.

Communiquez avec l'organisme Nouveau départ
et demandez à parler à la responsable du groupe
Femmes en transition.

Téléphone : _____

Un groupe est généralement plus susceptible de se révéler efficace s'il est homogène quant aux caractéristiques descriptives et hétérogène quant aux caractéristiques comportementales. En effet, le groupe doit présenter une certaine homogénéité pour permettre aux membres de s'identifier aux autres, mais, en même temps, il doit comporter une certaine diversité pour donner lieu à l'échange, à la comparaison et à la stimulation. Le principe d'homogénéité suggère que les membres doivent poursuivre un but commun et partager des caractéristiques similaires. La communication entre les membres et l'identification aux autres en sont facilitées. L'intervenant doit donc évaluer jusqu'à quel point les besoins de chacun rejoignent ceux des autres membres. Il est également important que les membres partagent certaines caractéristiques telles que l'âge, le niveau d'instruction, les habiletés de communication.

Si l'homogénéité est un important facteur de cohésion, un certain degré de diversité est essentiel pour que le groupe soit une source de soutien et un contexte d'aide mutuelle et d'apprentissage. Il doit donc y avoir à la fois des similitudes et des différences entre les membres pour que le groupe soit efficace. Mais c'est chaque fois un défi de taille de trouver ce juste équilibre entre homogénéité et hétérogénéité. Il faut faire la sélection avec la préoccupation de trouver des personnes qui présentent à la fois suffisamment de similitudes pour se reconnaître les unes dans les autres et suffisamment de différences pour se stimuler mutuellement et échanger des idées. C'est l'idée qui se profile derrière la « loi de la distance optimale », selon laquelle « le groupe doit être homogène sous suffisamment d'aspects pour assurer sa stabilité et hétérogène sous suffisamment d'aspects pour assurer sa vitalité » (traduction libre de Northen, 1988 : 122-123).

Dans l'appréciation de cette distance entre les membres potentiels, il est virtuellement impossible de considérer toutes les caractéristiques des personnes. Il importe donc de cerner celles qui sont les plus critiques pour le groupe par rapport à l'objectif et au fonctionnement. C'est évidemment à chaque intervenant, en fonction du groupe qu'il veut mettre sur pied, de déterminer les caractéristiques pertinentes à considérer dans le choix des membres. En effet, au moment de la structuration d'un groupe, différentes préoccupations peuvent guider l'intervenant ; il peut vouloir mettre sur pied un groupe qui offre des modèles de comportements, qui expose à une grande variété d'idées en matière de résolution de problèmes et de prise de décision ou encore qui facilite l'émergence de l'aide mutuelle entre les membres. Il doit s'appuyer sur ces préoccupations lorsqu'il établit les critères de sélection.

Il est souvent utile de commencer par dresser une liste exhaustive des caractéristiques des membres, pour ensuite sélectionner celles qui sont les plus pertinentes. Voici une liste non exhaustive des caractéristiques qui peuvent guider l'intervenant dans la sélection des membres :

— L'âge ;

— Le niveau socioéconomique ;

— L'ethnie ;

— Le sexe ;

— Le type de difficultés ;

— Les habiletés sociales ;

— La motivation à participer au groupe.

Les variables démographiques méritent une attention particulière, notamment l'âge, l'appartenance culturelle, le sexe et l'origine ethnique. Ainsi, il est important de s'assurer que les membres présentent certaines similitudes quant à leur niveau de développement. Il faut éviter de considérer l'âge comme le seul indicateur du niveau de maturité, d'introspection et d'habiletés sociales d'une personne, et prendre en compte également le niveau de développement. Le bagage socioculturel est lui aussi un élément important à considérer. Un écart trop marqué sur ce plan entre les personnes peut perturber les interactions et la communication au sein du groupe (Klein, 1972), bien qu'en contrepartie la diversité puisse faciliter la compréhension mutuelle et l'apprentissage.

Selon Garvin (1997), deux variables sont particulièrement critiques dans la formation d'un groupe, et ce quelle que soit la nature du groupe : le sexe et l'ethnie. Un groupe dans lequel une personne est la seule représentante de son sexe ou de son origine ethnique doit faire l'objet d'une attention particulière. Dans une telle circonstance, cette personne peut avoir le sentiment qu'elle n'a rien en commun avec les autres membres et ces derniers peuvent l'aborder en la considérant comme la représentante de son « groupe » plutôt que comme un individu. Bien qu'il n'y ait pas de règle absolue quant à la pertinence de former ou non des groupes multiethniques, l'intervenant doit s'interroger sur l'influence que la culture et le sexe des membres peuvent exercer sur l'évolution du groupe. Martin et Shanahan (1983) formulent certaines suggestions qui peuvent être utiles dans un groupe où des personnes d'ethnies et de sexes différents sont représentées (Noir-Blanc, homme-femme). Ils suggèrent d'affirmer le droit des membres de groupes minoritaires d'assumer du leadership et d'exercer des rôles influents et conseillent de faire en sorte que les diverses compétences soient également valorisées et de veiller à ce qu'il y ait un équilibre entre les personnes appartenant aux diverses catégories.

Lors du choix des critères de sélection, l'intervenant doit garder en tête que pour survivre et évoluer, un groupe doit à la fois travailler dans un climat positif et progresser dans la réalisation de son but. Ainsi, une personne qui semble bien organisée, qui fait preuve de leadership ou qui possède des connaissances particulières peut beaucoup apporter sur le plan de la tâche. Par ailleurs, des personnes dont l'attitude est marquée par la tolérance, le respect, l'écoute, le calme et le sens de l'humour peuvent contribuer au maintien d'un climat positif au sein du groupe. Bertcher et Maple (1977) soulignent que les groupes efficaces sont des groupes dans lesquels les membres interagissent, sont compatibles et se montrent réactifs. Les membres interagissent lorsqu'ils parlent entre eux et échangent leurs idées et points de vue ; ils sont compatibles lorsqu'ils partagent un intérêt commun et démontrent un souci des autres ; enfin, ils sont réactifs lorsqu'ils sont intéressés par ce qui se passe dans le groupe et actifs dans la dynamique d'aide mutuelle.

4.6.3   Le contact pré-groupe

Une fois le recrutement terminé et les critères de sélection fixés, un contact pré-groupe devrait être établi avec tous les membres potentiels afin d'évaluer leur désir et leur capacité de se joindre au groupe, de préciser le but du groupe, de faire le lien entre les besoins individuels et le but du groupe et de présenter sommairement les procédures et méthodes qui seront utilisées (Henry, 1992). À l'occasion de ce contact, qui peut se faire individuellement ou en groupe, l'intervenant transmet aux membres potentiels sa propre vision de leurs besoins et de leurs ressources, et il se renseigne sur leur point de vue concernant leurs problèmes, leurs besoins, leurs attentes. Il doit aussi cerner leur motivation à faire partie du groupe ; il peut alors les accompagner dans l'exploration des bénéfices qu'ils peuvent retirer du groupe et dans l'appréciation de ce qu'ils sont disposés à investir dans l'intervention en matière de temps, d'énergie et de ressources. Toseland et Rivas (1998) attribuent trois fonctions principales au contact pré-groupe : 1) l'explication du but du groupe ; 2) la présentation des modalités de fonctionnement ; et 3) la sélection des membres.

L'explication du but du groupe

L'intervenant doit d'abord expliquer aux membres potentiels le but de l'intervention, dans un langage qui leur permet de bien saisir ce que la participation au groupe peut leur offrir et d'apprécier dans quelle mesure le groupe proposé peut répondre à leurs besoins et à leurs attentes. Il doit également avoir le souci de les inciter à exprimer leur opinion. Les questions de l'encadré qui suit peuvent aider le membre potentiel à faire le lien entre ses besoins individuels et le groupe qu'on lui présente.

Questions pour le membre potentiel

- Quelles sont les principales difficultés que vous éprouvez actuellement?
- Qu'est-ce qui vous inquiète le plus dans votre situation?
- Quelle aide obtenez-vous maintenant dans cette situation?
- Quel type d'aide espérez-vous obtenir?
- Que pensez-vous du groupe qu'on vous propose?
- Que pensez-vous de la possibilité de partager ce que vous vivez avec des personnes qui éprouvent des difficultés identiques?
- Quels sujets aimeriez-vous aborder dans le groupe?

La présentation des modalités de fonctionnement du groupe

L'intervenant doit ensuite informer les membres potentiels de la façon dont le groupe va fonctionner. La présentation du programme, de son propre rôle et de la contribution qui est attendue des membres sécurise généralement les personnes les plus craintives face au groupe. Shulman (1992) suggère que l'intervenant explique clairement son rôle en précisant qu'il va s'assurer que tout le monde ait la chance de s'exprimer et de participer, dans le respect des besoins et des valeurs de chacun.

Lorsque la structure des rencontres est définie dès le départ, il peut être utile d'en informer les membres potentiels. Une structuration des rencontres selon un modèle déterminé peut être déjà prévue, avec, par exemple, une période de retour sur le vécu de la semaine, une période d'activités d'apprentissage et une période de planification de l'action (Turcotte, 1990). Dans un tel cas, les membres ont intérêt à être informés dès le départ pour mieux prévoir comment ils pourront participer et contribuer au groupe.

Dans la présentation du but et des modalités de fonctionnement, l'intervenant doit veiller à ce que les membres potentiels sachent avec précision ce qu'on leur offrira et ce qu'on attendra d'eux dans le groupe. Il doit ainsi :

— transmettre sa conception du but et du contenu du groupe dans un langage clair, concret et accessible ;

— spécifier les attentes mutuelles (par exemple être actif, être présent, exprimer son point de vue, etc.) ;

— mettre en évidence les possibilités du groupe ;

— souligner l'apport que chacun peut fournir au groupe ;

    — cerner les raisons qui pourraient inciter une personne à refuser la démarche proposée ;

    — éviter de se laisser guider par son désir de convaincre mais plutôt chercher à susciter la motivation.

La sélection des membres

Au moment du contact pré-groupe, l'intervenant doit finaliser la sélection des membres en s'assurant qu'il y a correspondance entre les besoins individuels et le but du groupe. Comme il a l'occasion d'observer les membres potentiels et de recueillir des informations supplémentaires à leur sujet, il peut détecter certaines caractéristiques susceptibles de faire obstacle à la dynamique du groupe, par exemple des besoins, attentes ou objectifs ne concordant pas avec les orientations du groupe, des attributs personnels très différents de ceux des autres membres ou des problèmes d'ordre matériel (transport, disponibilité). Klein (1972) suggère qu'au moment de la sélection l'intervenant adopte une position très pragmatique et s'assure que les membres ont les habiletés nécessaires pour communiquer les uns avec les autres, qu'ils sont intéressés à travailler sur leurs problèmes, qu'ils n'ont pas de comportements qui seraient de nature à susciter la méfiance ou le rejet et qu'ils ne présentent pas de traits qui pourraient excéder le seuil de tolérance personnelle ou culturelle des autres membres du groupe. Il peut être difficile à cette étape d'annoncer à une personne qu'elle ne pourra pas se joindre au groupe, mais cela le sera davantage après deux ou trois rencontres. Il est donc préférable d'être très vigilant au moment du contact pré-groupe.

4.6.4   La conclusion d'un contrat initial

Au-delà des tâches d'information et de sélection, Malekoff (1999) attribue une autre fonction au contact pré-groupe : la conclusion d'un premier contrat. Ce contrat est une entente verbale ou écrite entre l'intervenant et chacun des membres. Bien que l'entente verbale soit la plus courante, le contrat écrit présente l'avantage de permettre aux membres, à l'intervenant et au groupe de s'y référer à tout moment pendant la démarche afin de clarifier ou de modifier les éléments conflictuels ou imprécis.

À la conclusion du contrat initial, l'intervenant peut inviter chaque membre à indiquer ce sur quoi il aimerait travailler dans le cadre du groupe. À partir de cette information, il est possible de formuler le but et les objectifs du groupe dans des termes qui rejoignent les préoccupations personnelles des membres. Le contrat initial devrait également contenir certaines informations sur les modalités de fonctionnement du groupe, par exemple la durée et la fréquence des rencontres, les exigences en ce qui a trait à l'assiduité, les normes de confidentialité, la participation attendue ou toute autre règle. Il peut également fournir des informations sur la composition du groupe, sur le rôle que jouera l'intervenant et sur les autres exigences tels les frais, la participation exigée, les commodités offertes.

La participation à un groupe, particulièrement lorsqu'il s'agit d'une première expérience, fait habituellement naître beaucoup d'insécurité chez les membres, qui s'interrogent sur ce qui va se produire. Une communication directe sur la façon dont le groupe va fonctionner et sur le rôle que va y jouer l'intervenant peut avoir un effet rassurant. En étant direct, honnête et ouvert sur sa façon de travailler et sur les règles qu'il entend faire respecter, l'intervenant communique qu'il n'y aura pas de surprises désagréables et d'écarts de conduite dans le groupe. Voici un exemple de message qui peut être inséré dans un contrat initial :

> Ce sera en partie ma responsabilité de veiller à ce que les membres du groupe se respectent mutuellement. Je ne tolérerai donc aucune expression de violence. De plus, je ne pourrai vous soutenir si vous faites des choses qui pourraient nuire à l'atteinte de vos objectifs ou de ceux des autres membres. Mais je vais vous accompagner dans les actions susceptibles de vous permettre d'obtenir ce dont vous avez besoin.

La conclusion du contrat initial est également l'occasion de préciser certains aspects éthiques. Les membres ont besoin de savoir quel usage sera fait des informations dévoilées en groupe. Sur ce plan, l'intervenant peut suggérer que le contenu des rencontres ne soit pas discuté à l'extérieur du groupe et dans les échanges informels. Il doit également renseigner les personnes sur les informations qui seront conservées dans les dossiers de l'organisme, sur l'usage qui en sera fait et, le cas échéant, sur les politiques en matière de consultation des dossiers.

Un autre aspect à clarifier au moment de la conclusion du contrat initial touche les relations entre les membres à l'extérieur du groupe. Les choix en cette matière dépendent évidemment de la nature et des objectifs du groupe. Dans certains cas (groupe de thérapie, par exemple), il pourra être contre-indiqué que les membres se rencontrent à l'extérieur du groupe, alors que dans un groupe de soutien, les contacts à l'extérieur du groupe peuvent être favorisés. Dans cette dernière situation, l'intervenant doit toutefois éviter de communiquer lui-même des informations personnelles sur les membres ; il doit laisser à ces derniers l'initiative d'échanger entre eux les informations qu'ils sont disposés à révéler.

L'encadré 4.5 (p. 118) présente un exemple de contrat initial qui a été présenté à des parents d'adolescents à l'occasion du contact pré-groupe.

ENCADRÉ 4.5

Exemple de contrat initial

VOTRE GROUPE DE SOUTIEN

Comment nous voyons ce groupe
— Comme un groupe de soutien et non de thérapie
— Comme un groupe dont le but est d'aider les parents
— Comme un groupe de personnes qui veulent modifier leurs comportements

Ce groupe peut aider les parents à AGIR adéquatement avec leur adolescent. Il ne peut offrir aucune garantie de solution à toutes les difficultés, mais il va permettre d'échanger des suggestions, de se communiquer de l'espoir et de se soutenir mutuellement pour ce qui concerne son enfant.

Ce qu'on demande aux membres
— Une participation active aux rencontres
— Une ouverture aux suggestions des autres
— Une volonté de faire quelque chose, d'agir concrètement
— Du courage et de la persévérance

Ce que nous attendons de votre part
— Le respect des autres

La vie privée des autres doit être respectée. Ainsi, les informations dévoilées dans le groupe doivent demeurer dans le groupe.
— Le respect du groupe

L'efficacité du groupe repose sur l'aide que chacun peut apporter aux autres. Si vous voulez l'appui du groupe, vous devez être assidu aux réunions. Le groupe ne peut aider une personne qui ne viendrait qu'en période de crise. Si vous devez vous absenter, le groupe souhaite en être informé. Vous pourrez le faire en communiquant avec la personne suivante :

_____

Pour s'assurer de bien fournir toute l'information aux membres potentiels, Henry (1992) suggère d'utiliser un aide-mémoire spécifiant la nature des éléments à préciser au moment du contact pré-groupe. L'encadré 4.6 donne un exemple d'aide-mémoire.

ENCADRÉ 4.6

Exemple d'aide-mémoire pour le contrat initial

Le contrat contient :

❑ les sujets sur lesquels les membres veulent et ont besoin de travailler ;

❑ des précisions sur le style d'animation de l'intervenant ;

❑ des indications sur ce que les membres du groupe peuvent attendre de l'intervenant ;

❑ les choses que les membres s'engagent à faire.

Le contrat indique quelles sont les normes concernant :

❑ la présence aux rencontres ;

❑ la ponctualité ;

❑ l'information sur les absences ;

❑ les frais de participation et les modalités de paiement ;

❑ la participation.

Le contrat précise les dispositions d'ordre éthique relatives à :

❑ la confidentialité ;

❑ l'accès aux dossiers ;

❑ les contacts entre les membres à l'extérieur du groupe.

Source : Inspiré de Henry (1992).

4.7   LA PRÉPARATION PERSONNELLE DE L'INTERVENANT

Lorsque le groupe est formé et que les membres ont accepté le contrat initial, les rencontres sont sur le point de débuter. La dernière étape de la planification consiste, pour l'intervenant, à se préparer pour la première rencontre. Elle lui permettra de ne pas se trouver désarmé devant le groupe et incapable de faire preuve d'empathie et de compréhension à l'égard des membres. Durant cette préparation, l'intervenant a intérêt à réfléchir sur le vécu des membres concernant leur situation et l'intervention qui va commencer. Il peut s'efforcer de s'imaginer ce que ces personnes ressentent à l'idée de s'engager dans une démarche de groupe et prévoir leurs réactions et leurs résistances. L'encadré ci-dessous présente quelques questions qui peuvent guider sa réflexion.

> ### Questions sur les membres du groupe
>
> - Quels besoins, espoirs, craintes vont exprimer les membres du groupe?
> - Quels sont les points communs entre ces personnes?
> - Quels sont les aspects de leur réalité qu'il serait utile d'explorer en premier lieu?
> - Comment ces personnes vont-elles se comporter à la première rencontre?
> - Quelle ambiance peut être anticipée: passionnée, déprimée, réservée, angoissée?

L'intervenant doit également prendre conscience de sa position personnelle par rapport à la problématique des membres du groupe et de ses propres sentiments juste avant la première rencontre. L'encadré ci-dessous présente quelques questions qu'il peut se poser.

> ### Questions sur la position et les sentiments de l'intervenant
>
> - Connaît-il bien la problématique?
> - Est-il à l'aise dans ce type de situation?
> - La réalité de ces personnes présente-t-elle des similitudes avec des expériences personnelles qu'il a vécues?
> - Se sent-il à l'aise avec l'intervention de groupe?
> - Quels sont ses sentiments concernant cette expérience?

Après avoir terminé sa préparation personnelle, l'intervenant est prêt à commencer les rencontres.

SYNTHÈSE

Il est essentiel de retenir les principales opérations qui doivent être réalisées au moment de la planification d'une intervention de groupe: 1) l'étude de la demande de service; 2) l'évaluation de la pertinence de la méthode de groupe pour répondre à la demande; 3) la formulation du but et des objectifs de l'intervention projetée; 4) la définition du cadre général de l'intervention ; 5) la présentation écrite du projet ; 6) la formation du groupe ; et 7) la préparation personnelle de l'intervenant. Ces opérations ne présentent pas toutes la même importance pour la planification d'une intervention de groupe et il est fort possible que, dans certaines circonstances, quelques-unes se révèlent moins pertinentes. Quoi qu'il en soit, l'intervention de groupe, comme toute démarche d'intervention, doit faire l'objet d'une planification soignée pour que les résultats correspondent aux attentes. Au terme de cet exercice de préparation marqué par la rigueur, l'intervenant est prêt à commencer les rencontres de groupe, dont le déroulement se caractérisera par la souplesse et la spontanéité. Le vécu des membres ainsi que le rôle de l'intervenant au cours des premières rencontres sont présentés dans le chapitre suivant.

LECTURES COMPLÉMENTAIRES

REID, K.E. (1997). « Establishing the group ». Dans *Social Work Practice with Groups*. Toronto : Brooks/Cole Publishing Company, p. 167-187. Chapitre 9 de l'ouvrage.

TOSELAND, R.W. et RIVAS, R.F. (1998). « Planning the group ». Dans *An Introduction to Group Work Practice*, 3ᵉ éd. Toronto : Allyn and Bacon, p. 145-171. Chapitre 6 de l'ouvrage.

GARVIN, C.D. (1997). « The pregroup phase ». Dans *Contemporary Group Work*. Toronto : Allyn and Bacon, p. 50-75. Chapitre 3 de l'ouvrage.

CHAPITRE 5

La phase de début

INTRODUCTION

Le début d'un groupe est généralement considéré comme l'étape la plus délicate du processus d'intervention, car c'est le moment où les membres se font une première idée de l'intervenant, des autres membres et du groupe. Généralement, lorsque la planification a été réalisée avec soin, le début se déroule sans accroc, bien qu'il y ait de l'anxiété. Cependant, certains aspects doivent faire l'objet d'une attention particulière afin que les membres s'engagent dans la démarche du groupe.

Ce chapitre présente les principaux aspects que l'intervenant doit considérer pour amorcer l'intervention de groupe avec les meilleures chances de succès. Après une description rapide du vécu des membres, cinq objectifs sont mentionnés : 1) susciter la participation ; 2) créer un climat de confiance ; 3) amorcer la dynamique d'aide mutuelle ; 4) faire prendre conscience aux membres de leurs forces et de leurs compétences ; et 5) mettre en place un cadre de travail adéquat. Par la suite, huit activités importantes à cette étape sont décrites. Enfin, les motifs les plus fréquents d'abandon au cours de la phase de début font l'objet d'une section particulière.

5.1 LES CARACTÉRISTIQUES DE LA PHASE DE DÉBUT

Lorsqu'une personne se présente à la première rencontre d'un groupe, elle est anxieuse. Elle craint de ne pas se sentir à l'aise, elle a peur d'être rejetée, elle s'interroge sur les autres personnes qui seront présentes et sur ce qui va lui être demandé. Bref, elle est craintive car elle ne sait pas très bien à quoi s'attendre, même si elle a eu quelques informations au moment du contact pré-groupe. En outre, elle a souvent peur que l'intervenant viole son intimité en révélant aux autres membres ce qu'il sait à son sujet (Northen, 1988) et elle a probablement des doutes sur les bénéfices qu'elle pourra retirer de sa participation au groupe ; l'aide individuelle est encore considérée par beaucoup, y compris par les intervenants, comme la méthode la plus efficace pour offrir les services psychosociaux. À cette étape, les expériences de groupe antérieures ont une influence majeure sur les attentes et les appréhensions de chacun ; c'est en effet sur ces expériences que les personnes se fondent pour se faire une première idée de ce nouveau groupe.

Au cours des premières rencontres d'un groupe, les membres sont prudents et hésitants. La participation est limitée et se caractérise par l'ambivalence. Les sujets abordés sont généralement superficiels et impersonnels, car les membres échangent plus aisément des informations d'ordre factuel que des propos plus personnels. Préoccupés par la façon dont ils se présentent aux autres, ils sont soucieux de trouver leur place dans le groupe tout en préservant leur individualité (Brown, 1991). Ils procèdent à une évaluation de l'animateur et des autres membres à partir d'indices tels que l'apparence, la teneur des propos, la nature des situations présentées. Ils essaient de déterminer à qui ils peuvent faire confiance et tentent de repérer les personnes avec lesquelles ils pourraient nouer des liens étroits. L'approche est donc exploratoire et évaluative. Les membres viennent voir qui sont les autres personnes présentes ; ils tentent de prévoir ce que le groupe peut leur apporter et comment ils peuvent contribuer à la démarche. Si certains se risquent à évoquer leurs problèmes, les autres sont portés à avancer rapidement des suggestions et des conseils, voyant dans ce comportement la façon la plus appropriée de leur venir en aide.

5.2   LES OBJECTIFS DE LA PHASE DE DÉBUT

Durant la phase de début, l'intervenant doit aider les membres présents à percevoir rapidement les bénéfices que leur participation pourra leur apporter et à voir dans le groupe l'occasion de trouver une réponse à leurs besoins. Il est également nécessaire que le groupe amorce la formalisation de son fonctionnement par l'assignation des rôles formels et l'adoption des normes initiales. La participation à la prise de décisions fondées sur l'intérêt commun et la réalisation de tâches collectives peuvent contribuer à ce mouvement en faisant naître chez les membres un sentiment d'engagement à l'égard du groupe (Northen, 1988). Pour que ce regroupement de personnes qui se connaissent à peine devienne un système d'aide mutuelle, l'intervenant a cinq objectifs :

1. Susciter la participation ;
2. Créer un climat de confiance ;
3. Amorcer la dynamique d'aide mutuelle ;
4. Faire prendre conscience aux membres de leurs forces et de leurs compétences ;
5. Mettre en place un cadre de travail adéquat.

5.2.1   Susciter la participation

La phase de début doit permettre aux membres de briser la glace entre eux et faire en sorte que chacun se sente à l'aise de s'exprimer. Un aspect important à surveiller à cet égard est le cadre physique dans lequel se déroule la rencontre. Comme le contexte exerce une influence non négligeable sur le climat du groupe, il est important que les premières rencontres aient lieu dans un local approprié. Selon Corey et Corey (1997), deux considérations doivent guider le choix du lieu de rencontre : l'intimité et l'absence de distraction. Le local doit en effet être suffisamment spacieux pour permettre aux membres de se sentir à l'aise, mais il doit en même temps être assez petit pour créer un sentiment de proximité. De plus, il faut éviter que les membres ne soient distraits par toutes sortes de choses qui les amèneraient à être moins attentifs aux autres et moins présents à ce qui se passe dans le groupe. Les chaises doivent être agencées de façon à permettre à tous les membres de se voir et de façon que ces derniers se sentent intégrés et occupent des positions égalitaires. Il faut donc éviter les tables rectangulaires et les sièges de hauteurs différentes. Lorsque le matériel est adéquat et bien utilisé, il est plus facile d'amener les membres à se parler directement et à nouer un lien de confiance.

5.2.2   Créer un climat de confiance

Au cours de la phase de début, l'une des principales tâches de l'intervenant consiste à instaurer un climat de confiance au sein du groupe, afin que tous se sentent suffisamment à l'aise pour témoigner de leur situation personnelle. L'intervenant peut d'abord encourager les membres à parler de leurs expériences antérieures en intervention de groupe et à partager leurs sentiments concernant leur présence dans le groupe. Parfois, il est utile que lui-même fasse part de sa position personnelle dans le groupe et évoque ses attentes et ses appréhensions par rapport à cette expérience qui commence. Mais il doit surtout solliciter la participation de tous les membres, sans toutefois se montrer inquisiteur et tout en acceptant les manifestations de dépendance et les hésitations, qui sont normales à cette étape.

On voit qu'un climat de confiance a été créé lorsque les membres expriment leurs réactions sans crainte d'être censurés ou d'être jugés, lorsqu'ils participent activement aux activités du groupe, lorsqu'ils n'hésitent pas à faire connaître différents aspects de leur vie, lorsqu'ils acceptent de prendre des risques à l'intérieur et à l'extérieur du groupe, lorsqu'ils s'expriment davantage sur eux-mêmes que sur les autres et lorsqu'ils sont capables à la fois de soutenir les autres membres et d'exprimer leur désaccord (Corey et Corey, 1997). D'un autre côté, on voit que la confiance n'est pas établie lorsque les membres ont tendance à formuler des jugements sur les propos des autres, ce qui a pour effet d'inhiber la participation. L'hésitation à se lancer dans une tâche, la difficulté à exprimer ses émotions, la formulation de commentaires négatifs en sous-groupe ou à l'extérieur du groupe sont autant d'indices d'un faible niveau de confiance.

5.2.3   Amorcer la dynamique d'aide mutuelle

Pour avoir le sentiment d'appartenir au groupe, les membres doivent percevoir qu'ils ont des points communs avec les autres : il peut s'agir de leurs inquiétudes concernant le groupe, des difficultés qu'ils éprouvent ou des objectifs qu'ils veulent atteindre. La possibilité d'établir des liens entre les réalités individuelles des membres constitue un élément clé de la formation d'un groupe. En effet, un groupe devient uni lorsque les membres sont conscients des traits communs qui existent entre leurs réalités individuelles respectives.

La première façon pour l'intervenant d'amener les membres à prendre conscience des points qu'ils ont en commun consiste à faire ressortir le lien entre le vécu individuel de chacun et sa présence dans le groupe. Il y a fort à parier que les sentiments, les questionnements et les préoccupations des membres présentent des similitudes. Par ailleurs, en attirant l'attention sur ce qui est vécu « ici et maintenant » dans le groupe, l'intervenant contribue à amorcer un processus qui appartient en propre au groupe. Voici, dans l'encadré ci-après, quelques questions auxquelles il peut inviter tous les membres à répondre.

> ### Questions à poser aux membres pour amorcer la dynamique d'aide mutuelle
>
> - À quoi avez-vous pensé en venant à la rencontre ?
> - Comment vous sentez-vous maintenant ?
> - Quelles sont vos plus grandes craintes actuellement ?
> - Qu'est-ce que vous attendez de cette rencontre ?

La seconde façon pour l'intervenant d'amener les membres à prendre conscience des points qu'ils ont en commun consiste à explorer les situations qui les ont conduits à se joindre au groupe. Cependant, sur ce plan, il est généralement nécessaire de dépasser la description des faits pour évoquer les émotions provoquées par les événements. En effet, il peut arriver que les membres d'un groupe aient l'impression de vivre des situations différentes ; l'exploration des sentiments ressentis dans ces situations leur révélera qu'ils vivent la même réalité. Par exemple, dans des groupes de parents d'adolescents, il arrive que la nature des comportements auxquels les parents doivent faire face soit différente. Pour certains, le problème de leur adolescent est sa consommation abusive de drogue ; pour d'autres, ce sont ses difficultés scolaires, ses fugues ou ses démêlés avec la justice. Bien que ces parents rencontrent des problèmes différents, ils ressentent les mêmes sentiments d'impuissance, de désespoir et de culpabilité. Ainsi, ce n'est pas le comportement des adolescents qui les réunit, mais la nature des émotions qu'ils ressentent. C'est la même chose pour les personnes qui vivent la perte d'un être cher. Pour certains, cette perte est la mort d'un enfant ; pour d'autres, c'est le décès du conjoint ou d'un parent. Bien que les situations diffèrent, dans tous les cas, les membres éprouvent les mêmes types de sentiments associés à la perte d'une personne chère.

Généralement, lorsqu'ils sont invités à parler de ce qui les a conduits à se joindre au groupe, les membres ont tendance à énoncer des faits : « Mon enfant présente tels comportements... », « Je vis le décès de mon conjoint », « Je suis ici parce que mon enfant a des problèmes à l'école ». Il est alors nécessaire que l'intervenant tente de favoriser l'expression des sentiments liés à ces situations. Voici deux exemples de questions qu'il peut poser :

— Comment vivez-vous cette situation ?

— Pourriez-vous nous dire ce que cette situation vous fait vivre comme émotions ?

Il est important que les membres prennent conscience du potentiel d'aide mutuelle qui est présent dans le groupe (Steinberg, 1997). Pour favoriser cette prise de conscience, l'intervenant doit encourager les comportements qui contribuent à la dynamique d'aide mutuelle. Selon Shulman (1992), neuf facteurs principaux contribuent à l'aide mutuelle : 1) le partage d'information ; 2) la confrontation des idées ; 3) la discussion de sujets tabous ; 4) la proximité ; 5) le soutien ; 6) les demandes mutuelles ; 7) l'aide à la résolution de problèmes ; 8) la réalisation de tâches difficiles ; et 9) la force du nombre. Ils sont décrits dans le tableau 5.1.

5.2.4 Faire prendre conscience aux membres de leurs forces et de leurs compétences

La dynamique d'aide mutuelle va s'amorcer plus facilement si les membres reconnaissent leurs forces et leurs compétences pour surmonter les difficultés qu'ils rencontrent. Au début de la démarche d'un groupe, les membres éprouvent très souvent des doutes sur leur capacité de s'aider les uns les autres puisqu'ils sont tous aux prises avec des difficultés. L'intervenant doit donc rapidement faire ressortir leurs forces et leurs compétences en soulignant leurs actions positives et en les complimentant pour leurs efforts. Cela permet notamment de créer un climat positif et d'atténuer la méfiance à l'égard du jugement de l'intervenant et des autres membres (Walter et Peller, 1992).

La reconnaissance des compétences amène également les membres à prendre conscience de leurs particularités et de la richesse qu'elles représentent pour le fonctionnement du groupe. Il est important que les membres sentent qu'il y a une égalité fondamentale dans le groupe, quel que soit le statut social, et qu'ils ont personnellement quelque chose de particulier à apporter. En ce sens, l'intervenant doit valoriser la contribution de tous les membres et surtout de ceux qui sont les plus effacés.

5.2.5 Mettre en place un cadre de travail adéquat

Une fois que les membres se sentent en confiance et ont le sentiment de pouvoir apporter quelque chose au groupe, l'intervenant doit les accompagner dans la mise en place d'un cadre de travail adéquat. À cet égard, il doit aider le groupe à se doter d'une structure adaptée, de normes appropriées et de mécanismes de communication efficaces. Au cours de la phase de début, il est préférable que l'intervenant occupe une position centrale et qu'il adopte une attitude assez directive afin que les membres voient que la démarche du

TABLEAU 5.1

Les facteurs qui favorisent l'aide mutuelle

Le partage d'information	Les personnes qui vivent des réalités semblables partagent des informations (faits, idées, opinions) et des ressources qu'elles ont trouvées utiles. Elles peuvent ainsi être des personnes-ressources les unes pour les autres.
La confrontation des idées	Lorsque deux personnes soutiennent des idées contraires, les membres sont amenés à faire leur propre synthèse. Ces différences de points de vue favorisent l'apprentissage.
La discussion de sujets tabous	Les membres peuvent s'entraider en discutant de sujets tabous. En voyant que certains ont le courage d'ouvrir la discussion, les autres osent plus facilement participer aux échanges sur des sujets délicats.
La proximité : « Toutes et tous dans le même bateau »	Ce phénomène se produit lorsque les membres prennent conscience qu'ils ne sont pas les seuls à avoir leurs réactions ou à éprouver leurs sentiments ; d'autres personnes ont les mêmes problèmes et ressentent des sentiments identiques. Cette prise de conscience diminue la culpabilité et contribue à accroître l'estime de soi.
Le soutien émotionnel	Comme les membres vivent des situations semblables, ils sont en mesure de se comprendre les uns les autres et de se soutenir. Le soutien du groupe réduit l'anxiété et favorise l'expérimentation de nouveaux comportements.
Les demandes mutuelles	Le soutien n'est pas toujours suffisant pour amorcer un processus de changement, d'où l'importance des demandes que les membres s'adressent les uns aux autres. Les membres sont souvent mieux placés que l'intervenant pour interroger les autres, car ils saisissent bien les réactions de défense, les négations et les réactions de protection. Face à la demande des autres, les membres se sentent poussés à aller de l'avant dans leur démarche de changement.
L'aide à la résolution de problèmes personnels	Les membres du groupe peuvent aider une personne qui vit un problème spécifique, parce que le groupe offre un cadre qui facilite les échanges de conseils et de suggestions. En aidant les autres, ils s'aident eux-mêmes, car ils voient dans la situation des autres une variante de leur propre réalité.
La réalisation de tâches difficiles	Le groupe offre un contexte idéal pour réaliser des tâches difficiles, car cela peut se faire avec le soutien et les conseils des autres. Les membres trouvent ensuite le courage d'effectuer cette nouvelle tâche ou d'adopter un nouveau comportement dans leur vie quotidienne.
La force du nombre	Lorsque des personnes se trouvent ensemble, elles ont le sentiment d'être plus fortes et ont généralement plus de détermination que lorsqu'elles sont seules. Le groupe suscite la motivation et accroît la conviction de pouvoir agir sur sa réalité.

groupe ne sera pas laissée au hasard. Cependant, il doit se garder de trop contrôler, car les membres doivent prendre des initiatives pour mettre en place une structure de fonctionnement qui leur convient. S'il lui revient de fixer certaines normes initiales, il doit faire en sorte que ces normes puissent être modifiées par les membres pour mieux répondre aux besoins du groupe. Il doit toutefois être particulièrement vigilant au cours des premières rencontres. Les membres entretiennent alors généralement avec lui une relation de dépendance et il doit en être conscient pour adapter son comportement.

En résumé, l'essentiel, lors de la phase de début, est de faire en sorte que les membres arrivent à former un véritable groupe au sein duquel va pouvoir se mettre en place une dynamique d'aide mutuelle. Les différentes activités par lesquelles l'intervenant peut arriver à ce résultat sont :

— la présentation des membres ;
— la description de la réalité individuelle des membres ;
— la spécification des objectifs communs et la détermination des objectifs particuliers ;
— la détermination de la position de l'intervenant ;
— l'établissement des bases de fonctionnement du groupe ;
— la structuration du groupe ;
— la stimulation de l'espoir et de la motivation ;
— la formalisation du contrat.

5.3   LES ACTIVITÉS DE LA PHASE DE DÉBUT

5.3.1   La présentation des membres

La première activité, la présentation des membres, vise à « briser la glace » entre les membres, d'une part, et entre les membres et l'intervenant, d'autre part. Elle est plus significative qu'il n'y paraît au premier abord. C'est en fait pour les membres leur premier geste de participation dans le groupe. Il faut donc éviter que ce soit fait machinalement ou que cela soit source d'un malaise. Il existe diverses façon de procéder, comme c'est le cas pour toute activité, et c'est à l'intervenant de choisir. L'important est de faire en sorte que les personnes puissent prendre la parole au moment où elles se sentent à l'aise de le faire et, en même temps, de s'assurer que tout le monde s'exprime, même brièvement. Pour réduire l'embarras des membres, il est souvent utile que ce soit l'intervenant qui se présente le premier. Il propose ainsi un modèle en indiquant les principales informations à donner aux autres. Le risque que la présentation varie trop d'une personne à l'autre s'en trouve réduit.

Il est également utile de procéder par étapes. Ainsi, chaque membre peut être invité, dans un premier temps, à donner son nom et l'une de ses caractéristiques qui est en lien avec le motif de sa présence. Par exemple, dans un groupe de parents, chacun peut être invité à donner son nom ainsi que le nom et l'âge de l'enfant avec lequel il éprouve des difficultés. Dans un second temps, chaque membre peut être invité, au cours d'une activité structurée, à exprimer son opinion sur un sujet donné, à réagir à certaines affirmations ou à répondre à certaines questions de l'intervenant.

La présentation doit permettre aux membres de nouer entre eux les premiers liens et doit susciter leur intérêt pour le groupe. Il est donc important que l'information échangée ait une certaine signification ; les membres ne doivent pas avoir l'impression qu'ils perdent leur temps et ne doivent pas non plus se sentir bousculés.

5.3.2   La description des réalités individuelles

Une fois que les membres se sont présentés, l'intervenant peut les pousser à se dévoiler un peu plus au groupe. Une façon de faire consiste à les inviter à faire part aux autres des motifs qui les ont conduits à se joindre au groupe. Cette description de la réalité individuelle de chacun, qui est un deuxième pas dans le groupe, est une étape importante, car elle va permettre aux membres de découvrir en quoi leurs situations se ressemblent et de se dégager un terrain commun. Cette détermination des points communs, qui est particulièrement importante dans les groupes de soutien, favorise l'émergence d'un sentiment d'appartenance au groupe : quand les membres se rendent compte qu'ils ne sont pas les seuls à faire face aux problèmes qu'ils rencontrent, ils se sentent moins isolés. L'intervenant peut faciliter la reconnaissance des points communs en relevant les caractéristiques et les préoccupations semblables qui ressortent. Il peut également encourager les membres à discuter de ces similitudes. Ce type de discussion aide les membres à se sentir à l'aise avec les autres et favorise la cohésion du groupe.

Au cours des premières rencontres, les membres sont généralement réticents à donner des informations personnelles. L'intervenant doit donc les amener à parler de leur réalité sans qu'ils se sentent menacés, notamment en mettant l'accent sur les composantes positives de leur vie. Ainsi, il peut les inviter à préciser leurs attentes, leurs appréhensions et leurs préoccupations concernant le groupe. S'ils parlent de la difficulté qu'ils vivent à l'extérieur du groupe, il peut les orienter vers la description d'aspects positifs : leurs réussites, les solutions efficaces qu'ils ont déjà utilisées, leurs compétences. S'il est important de dégager un terrain commun, cela doit se faire progressivement, en respectant le rythme de chacun, car, au départ, les membres sont souvent convaincus d'être les seuls à vivre une situation aussi dramatique que la leur.

La possibilité de partager ses difficultés et ses préoccupations constitue l'une des particularités les plus riches de l'intervention de groupe. Yalom (1995) nomme ce phénomène l'« universalité » ; Shulman (1992) en parle en utilisant l'expression « toutes et tous dans le même bateau » (p. 166). Quand des individus demandent de l'aide, ils ont souvent l'impression que personne d'autre ne vit la même situation qu'eux. Lorsqu'ils se rendent compte du contraire, ils reprennent confiance en leurs capacités, ils se sentent soutenus et retrouvent l'espoir.

5.3.3 La spécification des objectifs communs et la détermination des objectifs spécifiques

L'explication des objectifs constitue une autre activité à réaliser au cours des premières rencontres. Bien que ces objectifs aient déjà été annoncés à l'occasion du contact pré-groupe, il est nécessaire d'y revenir, d'une part pour s'assurer que tous les membres en ont une compréhension commune et, d'autre part, pour obtenir leurs commentaires. En fait, les objectifs proposés par l'intervenant doivent être présentés comme un point de départ. Ils ne sont pas arrêtés, mais peuvent être discutés et modifiés. Il est donc souhaitable qu'ils soient suffisamment souples pour que les membres puissent y rattacher leurs propres objectifs. Il faut toutefois éviter les formulations trop abstraites qui peuvent être difficiles à comprendre. Par exemple, indiquer que le groupe vise à améliorer le fonctionnement social des membres ou à développer leur capacité d'adaptation est trop vague pour susciter l'intérêt. Il est également nécessaire d'utiliser un niveau de langage qui corresponde à la réalité des membres.

Les objectifs initiaux, qui traduisent les intentions de l'intervenant, doivent déboucher sur des objectifs spécifiques qui reflètent les attentes et les besoins des membres. Ils peuvent par ailleurs guider les membres dans la formulation de leurs propres objectifs. Ces objectifs spécifiques donnent une couleur particulière aux objectifs communs du groupe en précisant comment ceux-ci se traduiront dans la réalité de chaque membre. À cette étape, la formulation des objectifs doit être aussi précise que possible, afin de susciter l'intérêt des membres.

Cet exercice n'est pas anodin, car la participation à la formulation des objectifs spécifiques suscite chez les membres l'intérêt et la motivation : quand les membres ont une vision claire des objectifs, ils sont moins anxieux et plus susceptibles de s'investir dans le groupe (Toseland et Rivas, 1998). Selon les observations de Garvin, Reid et Epstein (1976), quand les objectifs sont clairement définis, le groupe est plus susceptible de les atteindre. Il faut donc tenter de formuler les objectifs d'une façon opérationnelle, c'est-à-dire en indiquant ce que les membres devraient connaître, faire ou ressentir au terme de leur participation au groupe.

Il est également important que les objectifs soient formulés dans des termes positifs, afin de faire jouer le phénomène de la prédiction créatrice. Des objectifs positifs font naître de l'espoir concernant ce qui sera accompli et permettent aux membres de se représenter ce que sera leur situation au terme des rencontres du groupe (Walter et Peller, 1992). Ainsi, s'il est difficile de se figurer la situation d'une personne qui « se sent moins seule », il est plus facile d'imaginer celle d'une personne qui « entretient des liens hebdomadaires avec des personnes de son entourage », d'où l'intérêt de privilégier une formulation positive et précise. L'intervenant peut inviter les membres à énumérer des critères qui pourraient servir à évaluer si les objectifs ont été atteints. Par exemple, il peut demander : « Comment saurez-vous que vous êtes en voie de réaliser cet objectif ? » ; « À quoi reconnaîtrez-vous que vous l'avez atteint ? »

Au moment de cet exercice, il est essentiel de s'assurer que les objectifs spécifiques concernent des composantes de la réalité sur lesquelles les membres peuvent agir, et non des éléments qui échappent à leur contrôle. Si des personnes se joignent à un groupe avec le projet de provoquer des changements chez les autres, il est fort probable que les résultats de leur participation seront décevants. Par exemple, si des parents s'attendent à ce que leur participation au groupe produise des changements de comportement chez leur enfant, ils risquent d'être déçus, car ni l'intervenant ni le groupe ne peuvent exercer de contrôle sur leur enfant. Par contre, si leur intention est d'entretenir une meilleure relation avec leur enfant, la démarche de détermination des objectifs devrait les amener à cerner des éléments sur lesquels ils ont du contrôle et qui peuvent contribuer à améliorer cette relation. Il faut donc aider les membres à définir des objectifs concernant des aspects sur lesquels ils peuvent agir eux-mêmes, et ce dès le départ.

À cette étape, le rôle de l'intervenant consiste à faire le lien entre les objectifs initiaux du groupe et les objectifs spécifiques des membres. La définition des objectifs du groupe se présente alors comme le résultat d'un processus d'exploration et de négociation au cours duquel les membres et l'intervenant partagent leur vision respective du groupe (Schopler, Galinsky et Alicke, 1985). Le degré de similitude entre les objectifs des membres et entre leurs objectifs et ceux de l'intervenant varie selon les groupes. Par exemple, dans un groupe composé d'ex-toxicomanes, les membres peuvent s'entendre facilement sur l'objectif de maintenir l'abstinence. Par contre, il peut être plus difficile de définir un objectif commun dans un groupe formé de personnes qui suivent un processus de réinsertion sociale après un séjour en milieu psychiatrique. Selon Toseland et Rivas (1998), la négociation en groupe aboutit à la formulation de trois types d'objectifs: les objectifs centrés sur le groupe, dont l'essentiel porte sur le fonctionnement du groupe; les objectifs communs aux membres, qui se rapportent aux problèmes et aux préoccupations de tous les membres; et les objectifs individuels, qui concernent les préoccupations particulières de chaque membre.

Définir clairement les objectifs aide l'intervenant et les membres à mettre l'accent sur ce qu'ils tentent de réaliser avec le groupe. À cet égard, la détermination des objectifs précède la phase de travail, puisqu'il s'agit d'indiquer la direction à suivre. Une fois cette direction donnée, il est nécessaire d'expliquer le rôle de soutien que l'intervenant et l'organisme vont jouer auprès du groupe.

5.3.4 La détermination de la position de l'organisme et de l'intervenant

Pour aider les membres à se situer par rapport à ce qui leur sera offert et à ce qui leur sera demandé, il est nécessaire de présenter l'organisme responsable de la mise sur pied du groupe. Expliquer sa mission, ses règles de fonctionnement, les services qu'il offre, les exigences qu'il formule aux personnes qui reçoivent des services permet généralement d'éviter des déceptions et des frustrations inutiles.

L'explication de la mission de l'organisme est particulièrement difficile avec les membres non volontaires qui sont contraints légalement de participer au groupe ou qui subissent des pressions dans ce sens. L'intervenant doit alors exposer clairement les normes de participation et préciser les conséquences possibles de la transgression de ces normes. Cela ne signifie pas nécessairement qu'il adhère totalement à ces normes. Dans certaines situations, il peut même les juger inadéquates ou peu crédibles. Ce qui est alors souhaitable, c'est qu'il engage le groupe dans un processus légitime de changement à l'intérieur de l'organisme. Le succès d'une telle démarche est susceptible de procurer « aux membres et au groupe un sentiment de satisfaction sur le plan de l'estime de soi et de la satisfaction personnelle » (Rothman et Papell, 1990: 56).

L'intervenant doit également préciser sa position par rapport aux membres, au groupe et à l'organisme. Il doit indiquer comment il entend se comporter dans le groupe, spécifier quel sera son rôle et mentionner quelles actions il entend mener.

5.3.5   L'établissement des bases du fonctionnement du groupe

Durant la phase de début, il est important d'être attentif au climat qui règne dans le groupe. L'intervenant doit faire en sorte qu'il y ait un équilibre entre les aspects émotionnels, c'est-à-dire ce que les membres ressentent, et la tâche, c'est-à-dire ce que le groupe doit faire pour atteindre ses objectifs. Si l'accent est mis exclusivement sur les aspects émotionnels, les membres seront satisfaits de leurs relations avec les autres mais déçus des progrès accomplis par rapport à leurs objectifs. Inversement, si l'accent est mis exclusivement sur la tâche, il y a un risque que les membres ne se sentent pas respectés. Il n'y a pas de formule magique pour en arriver à un équilibre entre ces deux composantes. Cependant, l'intervenant attentif aux opinions qui sont exprimées et aux émotions qui sont communiquées peut détecter des indices et agir en conséquence. À cet égard, il est utile d'encourager les membres à réagir à ce qui leur est proposé et à ce qui se passe dans le groupe. Si l'intervenant fait un effort constant dans ce sens, les membres se sentiront reconnus et appréciés dans le groupe, et exprimeront plus aisément leur malaise.

Fixer des normes contribue à sécuriser les membres par rapport à ce qui se passe dans le groupe. Ainsi, il est souvent très utile d'aborder rapidement la question de la confidentialité. Les gens sont souvent préoccupés de l'utilisation qui peut être faite des propos qu'ils tiennent dans le groupe. Il est difficile de penser qu'ils vont partager ce qu'ils vivent personnellement s'ils n'ont pas confiance dans les autres et s'ils ne sont pas convaincus de leur discrétion. Le thème de la confidentialité constitue donc l'un des premiers aspects à clarifier sur le plan des normes. Une discussion sur ce sujet offre l'occasion d'aborder les autres normes et de parler des valeurs de base du travail social que sont le respect de la personne, l'autodétermination, la coopération, la participation démocratique. L'établissement de normes en groupe facilite la démarche d'ensemble et favorise l'émergence d'un sentiment d'appartenance. Par exemple, les membres peuvent s'entendre sur des normes telles que les suivantes : être ponctuel, ne pas interrompre la personne qui parle, être respectueux des opinions des autres et être sincère et honnête dans l'expression de ses idées.

Quand un groupe débute, il n'y a pas de sentiment d'appartenance ni de cohésion. Le rôle de l'intervenant consiste à aider les membres à se reconnaître comme des partenaires qui travaillent à l'atteinte d'un objectif commun ou d'objectifs similaires. Tous doivent se sentir en confiance dans le groupe. La définition de normes de fonctionnement y contribue, tout comme la structuration de la démarche du groupe.

5.3.6   La structuration du groupe

Il existe différents points de vue quant au type de structure à mettre en place au début d'un groupe. Klein (1970), par exemple, suggère que l'intervenant soit peu directif et laisse les membres cheminer seuls dans la détermination des objectifs du groupe et l'établissement de normes de fonctionnement. Cette approche non structurée, surtout utilisée dans les groupes de croissance dont le but est d'amener les membres à avoir une meilleure conscience de soi, peut se révéler anxiogène. C'est pourquoi son utilisation est moins appropriée avec des personnes en difficulté ou avec des groupes qui disposent d'un temps limité pour atteindre leurs objectifs.

Les tenants de l'approche humaniste vont un peu dans le même sens, mais leur position est plus nuancée. À leur avis, ce n'est pas à l'intervenant de déterminer les éléments de la structure du groupe ; son rôle est d'aider les membres à prendre des décisions démocratiques et à actualiser les objectifs qu'ils se sont fixés (Glassman et Kates, 1990). Cette position périphérique de l'intervenant n'est pas appropriée à toutes les situations. Lorsqu'il s'agit de travailler avec des personnes atteintes de maladies mentales (Yalom, 1983), avec des alcooliques (Levine et Gallogly, 1985) ou avec des personnes ayant des comportements délinquants (Toseland et Rivas, 1998), il est préférable de fixer des limites et d'avoir une démarche bien structurée au départ.

D'autres types de groupes ont avantage à être bien structurés. C'est le cas, notamment, des groupes d'éducation, dans lesquels l'intervenant doit mettre en place une structure qui permet l'apprentissage des connaissances et des comportements qu'il juge utiles. C'est également le cas des groupes à court terme (Besson, 1990) et des groupes centrés (McKay et Paleg, 1992), dans lesquels il est préférable de structurer la démarche de façon à faciliter l'émergence de l'aide mutuelle entre les membres. Comme le précise Shulman (1992), le potentiel d'entraide qui est présent dans un groupe n'émerge pas tout seul. L'intervenant doit faire en sorte que le groupe puisse contourner les obstacles qui peuvent empêcher les membres de s'aider mutuellement.

5.3.7   La stimulation de l'espoir et de la motivation

L'un des éléments clés de la participation des membres est la motivation, qui est déterminante pour l'atteinte des objectifs du groupe et des objectifs individuels. La motivation dépend en grande partie des appréhensions et des attentes des membres concernant le rôle de l'intervenant dans le groupe, le processus qui sera suivi et ce qui sera accompli (Toseland et Rivas, 1998). Chaque individu qui se joint à un groupe a un ensemble d'attentes et de préconceptions qui influencent son comportement. Par exemple, si une personne s'attend à ce que ce soit l'intervenant qui décide de tout, il y a peu de chances qu'elle prenne des initiatives dès la première rencontre. Elle pourra même être déstabilisée devant ses efforts à lui pour susciter la participation aux décisions. Ainsi, au fur et à mesure que des précisions sont fournies sur la nature et le fonctionnement du groupe, il est essentiel que l'intervenant aide les membres à cerner leurs attentes, leurs intérêts et leurs préoccupations.

Le fait d'interroger directement les membres sur les motifs qui les ont amenés à se joindre au groupe conduit souvent à une verbalisation de leur ambivalence et de leurs peurs. Il est important que l'intervenant reconnaisse et normalise ces hésitations, qui ne constituent nullement un obstacle au cheminement du groupe et sont une réaction normale au changement. Discuter ouvertement de l'ambivalence et de l'hésitation quant à la participation au groupe montre aux membres qu'ils ont tous la même réaction et contribue à dégager un terrain commun.

Par ailleurs, au cours des premières rencontres, les membres ont généralement peu confiance dans ce qu'ils peuvent apporter aux autres. Leur incapacité à faire face à leurs difficultés a souvent pour effet de leur faire perdre confiance en leurs moyens. Il est donc essentiel que l'intervenant accorde une attention spéciale aux forces et aux compétences. Le fait de souligner les contributions de chacun et de relever les aspects positifs du fonctionnement du groupe stimule et encourage. Par exemple, l'intervenant peut souligner la capacité d'écoute des membres, leur habileté à s'exprimer clairement à propos de leurs difficultés, leur sensibilité à l'égard des autres, l'éventail de leurs expériences ou leur souci d'apporter de l'aide aux autres. Évidemment, cela doit correspondre à la réalité, mais en portant une attention particulière aux éléments positifs du fonctionnement du groupe, l'intervenant ne peut que relever des aspects qui méritent d'être soulignés.

Reconnaître les compétences des membres permet d'aborder ensuite plus sereinement les obstacles qui sont susceptibles de se présenter. Durant la phase de début, l'intervenant doit aider le groupe à prévoir ces obstacles afin de mieux se préparer à y faire face. Bien qu'il soit essentiel de susciter l'espoir, il ne faut pas pour autant passer sous silence les embûches qui peuvent surgir en cours de route. Les membres doivent se rendre compte que l'intervenant est réaliste et que sa conviction dans leur capacité d'atteindre leurs objectifs ne réside pas dans le fait qu'il ne prévoit pas d'obstacles sérieux, mais tient à sa croyance dans la capacité d'action collective du groupe. L'espoir ne découle pas d'une atténuation des problèmes, mais d'une reconnaissance des capacités individuelles et collectives.

5.3.8   La formalisation du contrat

Après avoir discuté des différents points énoncés précédemment, le groupe est prêt à formaliser sa démarche dans un contrat. Bien que l'élaboration du contrat soit un processus dynamique et flexible qui débute au moment de la formation du groupe pour prendre fin lors de sa dissolution, une entente formelle sur les principaux paramètres de la démarche du groupe est nécessaire au départ.

L'utilisation d'un contrat repose à la fois sur des préoccupations philosophiques et sur des considérations pratiques. Sur le plan philosophique, le contrat reconnaît explicitement le droit des membres à participer aux décisions concernant le groupe. Sur le plan pratique, en précisant les buts, les méthodes qui seront utilisées et les obligations et attentes respectives, il incite les membres à s'investir davantage dans la démarche du groupe (Brown, 1979). En ce sens, c'est un outil motivant et incitatif, puisque lorsqu'une personne a participé à son élaboration, elle se sent davantage responsable de faire en sorte qu'il soit respecté et qu'il conduise aux résultats escomptés. Au moment de l'élaboration du contrat, il est important d'être réaliste et pratique à propos de la participation attendue et des résultats anticipés (Lindsay, 1991). Il faut également être aussi précis que possible sur ce que le groupe accomplira, sur les personnes qui sont concernées par cette démarche et sur la façon dont les résultats seront évalués.

En intervention de groupe, le contrat lie plusieurs parties : l'intervenant, les membres, le groupe et l'organisme. Il précise les engagements de chacune d'elles et les retombées attendues. Généralement, il devrait en fait aborder huit thèmes :

1. Les buts du groupe : à quoi sert le groupe ?
2. Les résultats individuels attendus : ce que chaque personne entend retirer de sa participation ;
3. Le programme d'activités prévu : les méthodes qui seront utilisées (discussions, jeux de rôles), la participation attendue, le caractère volontaire ou non de la participation aux activités ;
4. Les composantes structurelles : heure, lieu et durée des rencontres ;
5. Les règles de confidentialité : quelle information l'intervenant peut-il communiquer à d'autres organismes ? Quelle information est consignée sur le groupe ? Quelles sont les règles de confidentialité sur ce qui se dit dans le groupe ?

6. Les normes de fonctionnement : règles précisant les récompenses et sanctions s'il y a lieu, respect des opinions divergentes, etc. ;

7. Les obligations des diverses parties : engagements de l'intervenant, obligations des membres (assister à toutes les rencontres, payer une contribution) et soutien de l'organisme ;

8. Les liens avec les organismes externes (s'il y a lieu) : la personne peut-elle recevoir d'autres services ou participer à d'autres groupes ?

Le contrat, tout en conservant son caractère formel, peut prendre diverses formes. Ce peut être un document écrit qui est remis aux membres et signé par les parties. Ce peut être une entente verbale formelle ou un ensemble d'ententes informelles. Les documents écrits présentent l'avantage qu'on peut s'y référer au besoin tout au long de la démarche du groupe ; par contre, ils peuvent être moins faciles à modifier. Le degré de souplesse ou de formalisme qui est souhaitable dépend évidemment de chaque groupe ; c'est à l'intervenant de juger de ce qui convient le mieux. Quelle que soit la forme privilégiée, il faut garder à l'esprit que le contrat peut être revu tout au long de la démarche d'intervention.

5.4   LES ABANDONS

Comme la phase de début est déterminante quant au choix des individus de s'investir dans le groupe, il nous apparaît utile de rappeler quelques motifs qui peuvent expliquer la décision de certains de ne pas poursuivre leur démarche. Dans une perspective d'amélioration des services, il est essentiel, pour les intervenants, d'analyser les abandons et leurs motifs.

En raison de l'importance du but du groupe, l'intervenant se penchera sur ce point et sur les attentes de celui qui part. La situation de ce dernier a-t-elle changé depuis les contacts initiaux ? Les objectifs définis en groupe ne correspondent-ils plus à ses attentes ? Estime-t-il que les bénéfices escomptés sont insuffisants par rapport à l'énergie nécessaire ?

Parfois, la décision d'abandonner peut tenir à des facteurs externes tels les conflits d'horaire, l'impossibilité de se libérer, l'absence de services (transport, stationnement, accès). L'intervenant peut alors chercher des solutions avec la personne. Avec les clientèles difficiles à joindre, il est souvent possible d'augmenter sensiblement le taux de participation en offrant des services comme le transport et le gardiennage.

Il peut arriver qu'une personne abandonne parce qu'elle se sent trop différente des autres. Elle a l'impression de ne pas vivre la même réalité qu'eux.

Cette situation est particulièrement fréquente lorsque certains membres présentent des attributs descriptifs qui les distinguent des autres. La présence de quelques hommes parmi un groupe de femmes, de quelques jeunes parmi un groupe de personnes âgées ou de personnes économiquement démunies parmi des gens à l'aise financièrement peut exliquer que des abandons se produisent. Comme les abandons ont souvent un effet démobilisateur sur le groupe et sur l'intervenant, il est préférable de prévenir ces situations en apportant une attention particulière aux critères de sélection du groupe.

Un autre motif d'abandon a trait aux problèmes d'intimité. Certaines personnes se sentent parfois mises à l'écart par les autres parce qu'elles veulent s'ouvrir rapidement ; elles ne se sentent pas accueillies. D'autres, au contraire, vivent leur présence dans le groupe comme une menace à leur vie privée ; elles craignent d'être envahies dans leur intimité.

Enfin, et c'est particulièrement vrai dans des groupes de thérapie et de soutien, certaines personnes abandonnent parce qu'elles sont trop affectées par les émotions des autres. Elles ont peur de la contagion émotionnelle. Bien que cette crainte s'estompe généralement après quelques rencontres, plusieurs personnes abandonnent avant. Pour éviter un tel phénomène, il est préférable de bien préparer les personnes à leur participation au groupe.

SYNTHÈSE

La phase de début correspond ainsi aux premiers moments de participation des membres dans le groupe. Durant cette phase, l'intervenant a un rôle central. Il doit permettre aux membres de vivre au mieux leur ambivalence et leurs craintes en fournissant une structure et une direction. Pour que le groupe puisse passer d'un regroupement de personnes qui se connaissent à peine à un système d'aide mutuelle, l'intervenant doit atteindre cinq objectifs : 1) susciter la participation ; 2) créer un climat de confiance ; 3) amorcer la dynamique d'aide mutuelle ; 4) faire prendre conscience aux membres de leurs forces et de leurs compétences ; et 5) mettre en place un cadre de travail adéquat. Comme cette phase est déterminante quant à la décision des membres de faire partie du groupe et de s'investir, c'est souvent le moment où se produisent les abandons. Pour les éviter et faire en sorte que la phase de début débouche sur un engagement réel des membres envers le groupe, l'intervenant doit faciliter l'établissement de liens de confiance et doit amener les membres à voir clairement ce que le groupe pourra leur apporter. Lorsque ces conditions sont respectées, le groupe peut s'engager dans la réalisation des activités qui le conduiront à l'atteinte des objectifs. Cela constitue l'essentiel de la phase de travail qui est présentée au chapitre suivant.

LECTURES COMPLÉMENTAIRES

GARVIN, C.D. (1997). «Beginning a group». Dans *Contemporary Group Work*. Toronto : Allyn and Bacon, p. 76-98. Chapitre 4 de l'ouvrage.

HEAP, K. (1987). «La première réunion». Dans *La pratique du travail social avec les groupes*. Paris : ESF, p. 65-74. Chapitre 4 de l'ouvrage.

TOSELAND, R.W. et RIVAS, R.F. (1998). «The group begins». Dans *An Introduction to Group Work Practice*, 3e éd. Toronto : Allyn and Bacon, p. 175-200. Chapitre 7 de l'ouvrage.

CHAPITRE 6

La phase de travail

INTRODUCTION

Lorsque commence la phase de travail, plusieurs éléments sont déjà en place. L'intervenant s'est en effet entendu avec les membres sur le but et les objectifs, le contenu et les principales normes de fonctionnement du groupe. En outre, les membres sont en mesure de situer leurs propres objectifs par rapport à la démarche collective. Par ailleurs, les processus dynamiques du groupe commencent à prendre forme : les modèles de communication se dessinent peu à peu, la cohésion s'établit graduellement au fur et à mesure de la mise en place des normes et des rôles, et il est possible de percevoir les premiers traits de la culture du groupe. Les membres s'investissent davantage ; ils s'écoutent mutuellement et commencent à se soutenir. L'individualisme initial fait place à un sentiment collectif (« nous ») qui s'accompagne d'une meilleure cohésion et d'un plus grand esprit de coopération.

Mais cette phase se caractérise également par des malaises, des remises en question et des conflits. Lorsque la phase de travail débute, les membres sont encore dans un processus d'exploration : ils cherchent à se situer dans le groupe, ils évaluent les autres et ils tentent d'établir leur pouvoir, leur statut et leurs rôles. Il n'est pas exceptionnel que le contrat soit alors remis en question par certains membres qui cherchent ainsi à s'affirmer. D'autres vont faire preuve d'une plus grande indépendance, osant exprimer ouvertement des opinions contraires à celles de l'intervenant et du reste du groupe (Malekoff, 1999). Ces manifestations sont le signe que les membres commencent à se sentir suffisamment à l'aise pour exprimer leurs propres besoins et leur vision personnelle du groupe ; elles témoignent d'un sentiment de confiance croissant dans les autres, dans l'intervenant et dans le processus du groupe.

Au cours de la phase de travail, la productivité du groupe augmente. Les membres sont davantage orientés vers l'action et ils consacrent leur énergie à l'atteinte des objectifs énoncés dans le contrat. En outre, ils osent davantage exprimer leurs émotions et parler d'eux-mêmes, de leurs expériences, de leurs opinions et de leurs convictions. Ils s'adressent plus directement les uns aux autres, sont plus confiants et moins préoccupés par les attentes de l'intervenant. Si les remises en question et les conflits continuent d'émerger tout au long de la démarche du groupe, ils ne sont plus considérés, à la phase de travail, comme une menace, mais comme une situation normale à laquelle il est possible de faire face. Les membres peuvent aussi exprimer leurs désaccords et leurs émotions négatives sans crainte de briser le groupe ou d'être rejetés par les autres. Ainsi, les discussions sont moins décousues et plus approfondies.

Durant la phase de travail, la principale tâche de l'intervenant consiste à aider les membres et le groupe dans son ensemble à atteindre leurs objectifs individuels et communs. Son action vise principalement à favoriser l'émergence des dynamiques qui soutiennent les efforts des membres, à faire en sorte que les membres soient en mesure de surmonter ce qui fait obstacle à l'atteinte de leurs objectifs et à aider l'organisme et la communauté à répondre adéquatement aux actions des membres. Ce chapitre présente les sept tâches principales que l'intervenant est généralement appelé à remplir à la phase de travail :

1. Préparer les rencontres ;
2. Structurer le travail du groupe ;
3. Favoriser le développement des compétences des membres ;
4. Aider les membres à atteindre leurs objectifs ;
5. Aider les membres à franchir les obstacles et à régler les situations problématiques ;
6. Évaluer le cheminement des membres et du groupe ;
7. Documenter le processus d'intervention.

Le travail de l'intervenant à cette étape consiste à accompagner les membres dans leur cheminement vers l'atteinte de leurs objectifs en les aidant à acquérir des compétences et à franchir les obstacles qui se dressent sur leur chemin.

6.1　LA PRÉPARATION DES RENCONTRES

Durant la phase de travail, l'intervenant doit porter une attention continue aux besoins du groupe et des membres afin de veiller à ce que le contenu des rencontres soit adapté à leur réalité. Bien que le type de préparation varie selon la nature du groupe, il est nécessaire que l'intervenant s'assure que la rencontre sera profitable pour les membres et qu'elle les fera cheminer vers leurs objectifs. Il doit donc préparer chaque rencontre minutieusement. Dans un groupe très structuré, comme un groupe d'éducation, il est possible que le contenu de chaque rencontre ait été établi au moment du contrat initial. Le rôle de l'intervenant sera alors d'organiser les activités prévues en se procurant le matériel nécessaire, de préparer des exercices adaptés au contenu de la rencontre et de prendre contact avec les personnes-ressources pressenties pour venir donner de l'information. Dans un groupe moins structuré, l'intervenant aura généralement à préparer chaque rencontre en fonction des besoins immédiats qu'il percevra chez les membres et selon les attentes exprimées.

Quel que soit le type de groupe, l'intervenant pourra mieux préparer les rencontres s'il tient un journal de bord et prend soin de noter ce qui se passe dans le groupe à chaque réunion. Il pourra ainsi suivre précisément le cheminement de chaque membre et évaluer la démarche du groupe dans son ensemble. Par exemple, s'il constate que les membres sont très préoccupés par un sujet, il pourra prévoir une discussion ou une séance d'information sur le sujet en question. De même, s'il constate que certains membres ont du mal à s'exprimer, il pourra planifier une activité liée à l'expression verbale.

La préparation des rencontres requiert une attention particulière lorsque des activités structurées sont prévues. Bien que le recours à des activités remonte aux origines du service social des groupes, lorsque l'intervention gravitait autour de l'éducation structurée et des activités de loisirs, certains intervenants remettent en question son utilité, particulièrement avec les adultes, pour lesquels ils trouvent les échanges verbaux et les discussions plus appropriés. Ainsi, les points de vue diffèrent sur l'importance relative qui doit être accordée, dans la démarche d'un groupe, au faire par rapport au dire ou à l'action par rapport à la discussion. Cependant, il est largement reconnu que, lorsqu'elles sont soigneusement préparées, les activités peuvent être d'une grande pertinence dans le cheminement du groupe (Toseland et Rivas, 1998).

Les activités correspondent aux moyens concrets, autres que les échanges verbaux, qui sont utilisés pour favoriser les interactions ou les apprentissages dans un groupe. Les arts d'expression (peinture, danse, chant, théâtre), les jeux, les exercices, de même que les activités sociales ou récréatives, en sont quelques exemples. Pour Middleman (1982), les activités constituent le moyen par lequel les relations entre les membres s'établissent, et les besoins et intérêts du groupe et des membres sont satisfaits. Bien que les termes « programme » et « activité » soient parfois utilisés indistinctement, la notion de programme a une portée plus large. Ainsi, le programme est généralement l'ensemble des activités prévues à l'intérieur d'une démarche d'intervention ou l'ensemble des événements qui sont prévus à l'intérieur d'une rencontre ; il peut donc comporter plusieurs activités.

Les activités peuvent avoir diverses utilités. Elles peuvent constituer un cadre pour évaluer le fonctionnement des membres, et ce sur plusieurs plans : les habiletés interpersonnelles, l'accomplissement des tâches de la vie quotidienne, la coordination psychomotrice, la capacité d'attention et l'aptitude au travail d'équipe. Elles peuvent également viser le changement individuel, qu'il s'agisse du développement d'habiletés sociales, de l'acquisition de leadership ou de l'amélioration des compétences en matière de résolution de problèmes. Les activités peuvent avoir un effet bénéfique sur l'ensemble du groupe en favorisant la cohésion et l'établissement de normes prosociales qui poussent les membres à participer. En outre, elles peuvent rendre le groupe plus attrayant pour ses membres (Toseland et Rivas, 1998). On dénombre 11 raisons de recourir aux activités (Brandler et Roman, 1991 ; Northen, 1988 ; Heap, 1994) :

1. *Elles facilitent l'évaluation* des besoins des membres et de la dynamique du groupe. En permettant l'observation directe des comportements dans l'accomplissement de certaines actions, elles facilitent l'évaluation et l'interprétation des propos tenus par les membres ;

2. *Elles réduisent l'anxiété.* En fournissant aux membres un moment de détente, de plaisir ou de créativité, elles peuvent contribuer à réduire les tensions et servir de prélude à des communications plus intimes ;

3. *Elles favorisent l'expression verbale* des sentiments, des idées et des expériences personnelles, particulièrement chez les personnes qui ont de la difficulté à parler d'elles-mêmes. Par exemple, le jeu permet souvent aux enfants de laisser libre cours à des idées et à des émotions qu'ils ne peuvent exprimer directement ;

4. *Elles stimulent les discussions réflexives* et axées sur la résolution de problèmes. Les activités visant la confrontation des idées, notamment à travers le jeu ou la simulation, peuvent conduire les membres à une meilleure compréhension d'eux-mêmes, des autres et des situations problématiques auxquelles ils font face. Elles tirent leur intérêt du fait qu'elles permettent de prendre de la distance par rapport à une situation donnée et facilitent la discussion de sujets tabous en les situant dans un cadre non menaçant ;

5. *Elles contribuent à l'enrichissement des relations* entre les membres et à l'amélioration de la cohésion du groupe. Par le défi collectif qu'elles posent, les activités qui exigent la coopération font naître un sentiment de puissance fondé sur la force du nombre et permettent aux membres de réaliser quelque chose ensemble ;

6. *Elles permettent l'expression de sentiments* considérés socialement comme inacceptables. Le jeu de rôle, la simulation et le sociodrame offrent un

cadre approprié à l'expression de sentiments qui seraient jugés inacceptables dans un autre contexte telles la colère, l'agressivité, la frustration ;

7. *Elles permettent aux membres d'acquérir des compétences ou des capacités particulières* telles la tolérance à la frustration, les habiletés sociales, l'expression verbale ou l'affirmation de soi en leur permettant d'explorer de nouveaux rôles, de découvrir de nouvelles facettes d'eux-mêmes ou de faire face à des situations nouvelles ;

8. *Elles améliorent les capacités de prise de décision.* Comme elles se déroulent dans un cadre sécuritaire, elles peuvent en effet être utilisées pour amener les membres à réagir à des situations difficiles qu'ils sont susceptibles de rencontrer dans la vie quotidienne ;

9. *Elles font naître un sentiment d'utilité chez les membres.* En offrant à ces derniers l'occasion de se rendre utiles aux autres et à la communauté, elles font naître un sentiment de contrôle sur la réalité et rehaussent l'estime de soi ;

10. *Elles poussent les membres à modifier leur environnement* et à mieux profiter des occasions qui s'offrent. Les activités au cours desquelles il faut agir sur l'environnement ou entrer en contact avec des ressources extérieures au groupe peuvent aider les membres à améliorer leurs conditions de vie ;

11. *Elles préparent les membres à certaines situations, à certaines tâches ou à certaines épreuves de la vie.* Les visites d'entreprises, les rencontres avec des personnes qui ont vécu un deuil, les conférences sur divers sujets sont autant d'activités qui permettent aux membres de s'informer sur diverses situations qu'ils pourront vivre.

Il est essentiel de préciser l'objectif visé au moment de la préparation. Il faut déterminer quelle sera la portée de l'activité, à la fois sur le groupe et sur l'environnement du groupe. C'est cet effet anticipé qui donne son sens à l'activité. Selon Heap (1994), deux principes doivent guider l'intervenant :

1. L'activité doit être pertinente, c'est-à-dire qu'elle doit répondre aux besoins des membres ;

2. La valeur de l'activité dépend tout autant de son processus, c'est-à-dire de la façon dont elle se déroule, que de son résultat. Elle réside essentiellement dans le fait d'agir ensemble et n'est pas liée au seul niveau de performance démontré.

Dans la mesure où les réactions à une même activité peuvent être différentes, il importe que l'intervenant évalue précisément les besoins et discerne les caractéristiques des membres et du groupe. En effet, les activités peuvent permettre au groupe d'évaluer si elles sont adaptées aux attributs des membres et au contexte d'intervention. L'intervenant qui prépare une activité doit tenir compte :

— des membres : leurs besoins, leurs caractéristiques, leurs valeurs, leurs habiletés sociales, leurs compétences ainsi que les problèmes interpersonnels et environnementaux qu'ils connaissent ;

— du groupe : sa composition, son développement, sa cohésion, ses normes, son climat, etc. ;

— de l'environnement du groupe : les ressources disponibles pour la réalisation de l'activité ;

— de ses particularités comme intervenant : ses caractéristiques, sa créativité, son imagination, ses habiletés, ses intérêts.

Dans certains groupes, il est possible, voire souhaitable, que ce soit les membres qui s'occupent de la préparation et de l'organisation des activités. Cela leur permet d'acquérir des habiletés sociales et constitue une reconnaissance explicite du pouvoir du groupe dans la démarche d'intervention. Toseland et Rivas (1998) proposent une méthode pour choisir des activités qui répondent aux besoins spécifiques d'un groupe. Les éléments à prendre en compte sont les suivants : les objectifs qui peuvent être atteints grâce à l'activité ; les objectifs du groupe ; le matériel, les ressources et le temps disponibles pour l'activité ; les caractéristiques des membres ; et les particularités de l'activité. La figure 6.1, inspirée de Toseland et Rivas (1998), présente la procédure de sélection et les aspects à étudier. Les résultats des activités étant largement tributaires de leur pertinence au regard des objectifs visés, des particularités des membres du groupe, du contexte d'intervention et des habiletés de l'intervenant, il est important de porter une attention particulière à leur sélection.

6.2 LA STRUCTURATION DU TRAVAIL DU GROUPE

Il est difficile de statuer sur le degré de structuration le plus avantageux pour un groupe. En fait, il existe différents points de vue sur cette question. Certains prétendent qu'une forte structuration peut être contre-productive, peut empêcher les membres du groupe de prendre des initiatives ou freiner leur motivation en leur imposant un cadre (Glassman et Kates, 1990). Cependant, plusieurs études indiquent que les interventions très structurées et à court terme arrivent à des résultats aussi intéressants que les interventions moins structurées et étalées sur une plus longue période (Budman, Simeone, Reilly et Demby, 1994 ; MacKenzie, 1994). En fait, il semble que le degré de structuration approprié dépende des objectifs du groupe et des

FIGURE 6.1

Méthode de sélection des activités

Préciser les objectifs visés

Faire une liste d'activités compatibles avec les objectifs du groupe

Retenir les activités réalisables compte tenu de l'environnement du groupe (ressources, matériel, etc.) et du temps disponible

Faire une liste des activités susceptibles d'être pertinentes en tenant compte des caractéristiques des membres
- Intérêt et motivation ;
- Âge ;
- Habiletés ;
- Condition physique et mentale ;
- Capacité d'attention.

Procéder à une classification des activités jugées pertinentes selon :
- leurs caractéristiques (longueur, structure, etc.) ;
- ce qu'elles exigent sur le plan physique (coordination, force musculaire, etc.) ;
- ce qu'elles exigent sur le plan social (habiletés sociales, compétences verbales, etc.) ;
- ce qu'elles exigent sur le plan cognitif (orientation dans le temps et dans l'espace, connaissances requises, etc.).

Examiner les activités classées en tenant compte des caractéristiques du groupe (dynamique, étape de développement, cohésion, etc.)

Sélectionner l'activité qui convient le mieux aux objectifs visés et qui est compatible avec les compétences et l'intérêt de l'intervenant

Source : Inspiré de Toseland et Rivas (1998 : 238).

besoins des membres. Ainsi, un groupe d'éducation ou un groupe de thérapie nécessiteront généralement un plus grand degré de structuration qu'un groupe de soutien ou un groupe de croissance.

Par ailleurs, si l'intervenant utilise des activités pour aider les membres du groupe à atteindre leurs objectifs, il doit en structurer le déroulement de façon adéquate. Ainsi, au départ, il doit donner aux membres des consignes très précises et vérifier si elles sont bien comprises. Pendant l'activité, pour renforcer la participation, il doit faire des commentaires et suggérer des ajustements si cela est nécessaire. S'il constate une difficulté particulière dans la réalisation de l'activité, il ne doit pas hésiter à y mettre un terme. Il lui faut garder à l'esprit que l'activité est un moyen pour atteindre un objectif; elle ne constitue pas une fin en soi. En observant attentivement ce qui se passe pendant l'activité, l'intervenant peut mieux comprendre les problèmes et les besoins des membres, ce qui l'aide à prendre les décisions appropriées concernant la structuration du travail du groupe.

Tout au long de la démarche du groupe, il est essentiel que l'intervenant fasse en sorte que chaque rencontre soit adaptée aux besoins des membres et marque un pas supplémentaire vers l'atteinte des objectifs. À cet égard, les observations de Schwartz (1961), reprises par Shulman (1992), sur l'importance de la « syntonisation » au début de chaque rencontre sont particulièrement pertinentes. L'arrivée des membres représente un moment crucial où l'intervenant doit être à l'affût des indices verbaux et non verbaux qui peuvent traduire les préoccupations immédiates. L'interprétation de ces indices lui permettra de préciser ou de modifier, si cela est nécessaire, l'orientation de la rencontre.

La « syntonisation » exige de la part de l'intervenant des habiletés d'écoute, d'empathie et de décodage des communications indirectes. Il doit oublier momentanément la programmation ou le plan de rencontre et se mettre au diapason des besoins du groupe et des membres. Shulman (1992) mentionne que l'intervenant doit également être à l'écoute de ses propres sentiments. Concrètement, cela exige qu'il ait fini de tout préparer pour la rencontre avant que les membres arrivent afin d'être disponible pour les accueillir. Si les besoins du groupe sont escamotés ou mal décodés à ce moment de la rencontre, le climat et la productivité s'en ressentent.

Brandler et Roman (1991) considèrent que pendant les minutes qui précèdent le début formel d'une rencontre les membres expriment souvent les tensions et les souffrances de leur vie quotidienne. Par exemple, une mère qui, de façon inhabituelle, bouge sa chaise et se croise les bras avec détermination à son arrivée donne un indice qu'il se passe quelque chose de particulier dans sa vie. Ayant observé ce comportement, l'intervenant peut commencer la rencontre en mentionnant ce qu'il a observé et en invitant la mère à parler de sa situation. Si elle accepte d'en discuter, il pourra ensuite inviter les autres membres à réagir à ses propos en leur demandant s'ils partagent cette réalité. Le plan de la rencontre pourra être ainsi modifié pour être orienté vers la situation vécue par cette mère. Quel que soit le degré de structuration de la démarche du groupe, il est essentiel que l'intervenant soit attentif aux messages des membres et assez souple pour s'adapter à leurs besoins immédiats.

Les débuts de rencontres constituent également un moment propice pour observer les modèles habituels de communication des membres, qui s'expriment alors de façon plus spontanée. L'intervenant peut là encore mieux comprendre les sentiments, les opinions et les attitudes des membres. Il peut également décider d'intervenir pour modifier des modèles de communication qui seraient inadéquats. Reid (1997) relève cinq types de messages auxquels l'intervenant doit accorder une attention particulière : 1) le blâme ; 2) le bavardage ; 3) la généralisation ; 4) l'intercession ; et 5) la communication orientée vers l'intervenant.

Le *blâme* est un message à propos de soi-même ou des autres qui se caractérise par l'usage d'expressions du type : « J'aurais dû... agir de telle façon » ; « Il devrait... faire telle chose » ; « Tu dois... te comporter ainsi ». L'intervenant doit aider les membres à prendre conscience de ce qu'ils véhiculent quand ils utilisent ce modèle de communication qui est porteur de blâme lorsqu'il s'adresse aux autres, ou d'impuissance lorsqu'il se rapporte à soi-même.

Le *bavardage* consiste généralement à parler d'une personne qui n'est pas présente. Dans la plupart des groupes, les membres s'entendent pour établir une norme spécifiant de ne pas parler des personnes absentes. Mais le bavardage peut aussi s'avérer plus subtil. Il peut être le fait d'un membre qui parle d'une personne présente en faisant comme si elle n'était pas là et qui s'adresse à l'intervenant en utilisant la troisième personne. Lorsque l'intervenant note ce type de communication, il doit le souligner et inviter les membres à privilégier les messages directs.

La *généralisation* découle de jugements globaux faits à partir de situations particulières. Elle fait évidemment obstacle au changement, dans la mesure où elle conduit généralement à un sentiment d'impuissance. Des affirmations comme « Tous les jeunes sont... », « Je ne réussis jamais » ou « Tout va mal dans ma vie » sont autant de messages qui sont porteurs de fatalisme et d'impuissance. L'intervenant doit alors intervenir en encourageant les membres à prendre conscience du sens et de la portée de leur propos et en les amenant à déterminer si ce qu'ils disent correspond à ce qu'ils pensent vraiment.

L'*intercession* se produit lorsqu'un membre parle au nom de quelqu'un d'autre. Elle peut avoir des conséquences négatives pour la personne dont les propos sont rapportés ou traduits : cette personne peut avoir l'impression d'être incapable de s'exprimer correctement et se sentir incompétente ou elle

peut en venir à se fier à quelqu'un d'autre pour traduire sa pensée. L'intervenant doit l'aider à s'exprimer elle-même et il doit inviter l'ensemble du groupe
à l'avertir si son message n'est pas clair. Il peut également essayer de voir si le
comportement de la personne qui agit comme interprète ne traduit pas un besoin de « se porter au secours des autres ».

La *communication orientée vers l'intervenant* est courante dans les groupes,
particulièrement au début. En effet, lorsqu'un groupe se met en place, tous les
membres ont tendance à s'adresser à l'intervenant plutôt qu'aux autres personnes présentes. Cette situation devrait cependant évoluer progressivement
vers un modèle de communication moins centralisé dans lequel les membres
s'adressent à l'ensemble du groupe plutôt qu'à l'intervenant. Ainsi, à la phase
de travail, le modèle de communication du groupe devrait ressembler à celui
qui est représenté à la figure 6.2. Pour faciliter le processus, l'intervenant a intérêt à diriger les questions ou les messages qui lui sont adressés vers l'ensemble du groupe. Par exemple, il peut retourner une question au groupe en
disant « C'est une très bonne question. Quelle réponse pourriez-vous y
apporter ? » ou « Je pense qu'il y a des personnes dans le groupe qui sont en
mesure de répondre à cette question. Qui veut prendre la parole ? » Les

FIGURE 6.2

Modèle de communication d'un groupe fonctionnel

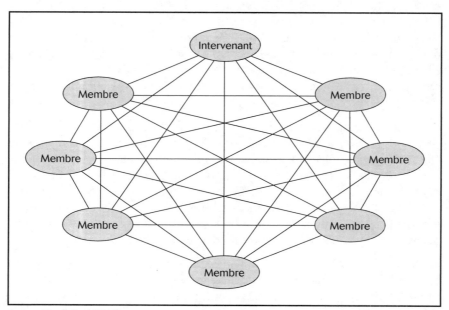

Source : Tiré de Reid (1997).

comportements non verbaux indiquent généralement quels membres souhaitent intervenir. C'est pourquoi l'intervenant doit observer l'ensemble et ne pas centrer son attention sur la personne qui parle. La façon efficace de détourner les messages pour les réorienter vers le groupe consiste ainsi à attribuer aux membres le rôle d'expert et à décoder les comportements non verbaux qui indiquent quelles personnes ont envie de s'exprimer sur le sujet qui est discuté.

6.3 L'ACCOMPAGNEMENT DES MEMBRES DANS LE DÉVELOPPEMENT DE LEURS COMPÉTENCES

L'une des tâches importantes de l'intervenant pendant la phase de travail consiste à aider les membres à développer leurs compétences et à acquérir davantage de contrôle à la fois sur ce qui se passe dans le groupe et sur ce qui se passe dans leur vie. Cela implique que l'intervenant soit suffisamment confiant pour accepter d'occuper une position moins centrale dans le groupe au fur et à mesure que les membres prennent de l'assurance et deviennent plus actifs.

Toseland et Rivas (1998) mentionnent cinq stratégies que l'intervenant peut utiliser pour favoriser l'autonomie des membres au sein du groupe :

1. Reconnaître les compétences et les habiletés des membres par le biais de commentaires qui soulignent leur motivation et leur ténacité, qui relèvent leurs habiletés ou qui mettent en évidence leurs réalisations à l'intérieur et à l'extérieur du groupe ;

2. Reconnaître les obstacles et les embûches que les membres rencontrent tout en soulignant leurs efforts pour les surmonter ;

3. Amener les membres à prendre conscience du pouvoir qu'ils ont quant au contenu des rencontres et à la direction du groupe ;

4. Favoriser la cohésion du groupe en soulignant les efforts des membres pour s'aider mutuellement ;

5. Encourager les membres à adopter petit à petit de nouveaux comportements ou de nouvelles façons de faire et à observer les résultats. Lorsque ces actions sont rapportées au groupe, les membres se voient soutenus et encouragés à poursuivre leurs efforts de changement en dépit des obstacles qui se présentent.

L'augmentation de l'autonomie et du pouvoir des membres n'implique pas que l'intervenant cesse totalement de guider le groupe dans sa démarche. Cela signifie qu'il sollicite de plus en plus la contribution des membres dans les prises de décisions et qu'il s'assure que leurs suggestions sont sérieusement prises en considération. À chacune des rencontres, il a intérêt à revenir sur le contenu prévu et à en discuter avec les membres pour qu'ils se sentent concernés. Schwartz (1961) considère que les membres participent davantage quand ce qui se passe est important pour eux. Il est donc essentiel qu'ils soient bien informés du déroulement de chacune des rencontres et qu'ils y adhèrent pleinement. Pour ce faire, l'intervenant peut préparer par écrit un ordre du jour souple et progressivement en confier la tâche aux membres du groupe.

Dans sa démarche pour aider les membres à augmenter leur autonomie et leur contrôle sur leur vie, l'intervenant peut tenir différents rôles : « habilitateur », promoteur d'aide mutuelle, médiateur, courtier, avocat, enseignant, thérapeute et personne-ressource.

Lorsqu'il remplit le rôle d'« *habilitateur* », l'intervenant aide les membres à développer leurs compétences individuelles et collectives en leur proposant des activités qui les poussent à trouver en eux-mêmes les ressources nécessaires à l'atteinte de leurs objectifs. Encourager la verbalisation et l'expression des sentiments, valoriser les idées, encourager, rassurer, faciliter les prises de décisions, voilà autant de comportements par lesquels se réalise ce rôle. L'intervenant fait alors preuve d'empathie avec les membres, il valorise leurs idées, leurs opinions et leurs sentiments et il les aide à utiliser leurs ressources et leurs compétences pour franchir les obstacles (Shulman, 1992 ; Compton et Gallaway, 1989).

L'intervenant doit également aider le groupe à adopter une structure de fonctionnement qui favorise l'entraide et facilite les échanges avec l'environnement. Il remplit alors le rôle de *promoteur d'aide mutuelle,* par lequel il pousse les membres à mobiliser leurs compétences en mettant en place des conditions favorables au soutien mutuel et aux prises de décisions.

Comme *médiateur,* l'intervenant intervient dans la résolution des conflits et des divergences qui se manifestent à l'intérieur du groupe et entre le groupe (ou un membre) et l'environnement. Pour remplir ce rôle avec succès, il doit aider les membres à reconnaître la légitimité de la position de l'autre partie et les amener à découvrir les valeurs et les intérêts qu'ils ont en commun. Par la persuasion ou la négociation, il aide les membres et le groupe à interagir de façon positive.

Le rôle de *courtier* consiste essentiellement à établir des liens entre les membres du groupe et les ressources de la communauté. L'intervenant ne se limite pas alors à informer les membres des ressources existantes, mais il les aide à aller vers ces ressources en leur décrivant les critères d'admissibilité, s'il y a lieu, les modalités de fonctionnement, les services offerts et les obstacles qui peuvent se présenter pour obtenir ces services. Évidemment, pour remplir adéquatement ce rôle, il doit posséder une bonne connaissance des différentes ressources de la communauté : leur localisation, les personnes à joindre, les critères d'admissibilité et les autres particularités.

Dans certaines situations, l'intervenant qui agit comme courtier peut avoir de la difficulté à obtenir des résultats parce qu'il se heurte à la résistance des personnes extérieures ou que les ressources extérieures sont inadéquates pour répondre aux besoins du groupe. Il doit alors tenir le rôle d'*avocat* et intervenir au nom des membres pour obtenir les services auxquels ils ont droit. Dans ce rôle il n'est donc pas neutre, car il prend position pour les membres. Il peut, par exemple, demander que de nouvelles ressources ou de nouveaux services soient offerts en démontrant l'existence de besoins insatisfaits qui sont en lien avec la mission d'un organisme. Il peut également participer à la création de nouveaux services.

L'intervenant remplit le rôle d'*enseignant* lorsqu'il fournit des informations, formule des suggestions et transmet des connaissances aux membres. Il utilise alors ses connaissances et son expertise professionnelle pour aider les membres à acquérir de nouvelles habiletés. Généralement, l'enseignant s'appuie sur un programme préétabli et fait appel à des activités pédagogiques et à du matériel didactique appropriés aux objectifs poursuivis (textes, images, vidéos, jeux de rôles, etc.). Schwartz (1961) formule trois mises en garde concernant ce rôle: 1) l'intervenant doit reconnaître que l'information qu'il fournit n'est qu'une mince partie de ce qui est disponible; 2) l'information fournie doit être en relation avec les objectifs du groupe et avec les besoins des membres; et 3) les opinions personnelles doivent être clairement présentées comme telles et non comme des faits.

Dans le cadre d'une intervention de groupe, l'intervenant peut également être appelé à motiver, à influencer ou à contrôler les membres. Ces actions correspondent au rôle de *thérapeute,* dont le but est de susciter des changements personnels chez les individus, par exemple la modification de comportements ou la transformation d'un état émotionnel perturbé.

Lorsqu'un groupe a atteint un haut degré d'autonomie, l'intervenant peut se limiter à un rôle périphérique qui consiste uniquement à fournir des informations au groupe et à l'assister dans la recherche d'un fonctionnement efficace. Il remplit alors le rôle de *consultant* ou de *personne-ressource.*

6.4 LE SOUTIEN DANS LA POURSUITE DES OBJECTIFS

Durant la phase de travail, l'intervenant doit aider les membres à concentrer leurs énergies sur la poursuite des objectifs. Il peut le faire, d'une part, en aidant les membres à garder à l'esprit ce à quoi ils aspirent, c'est-à-dire ce qu'ils souhaitent atteindre à travers leur participation au groupe et, d'autre part, en portant une attention particulière aux facteurs de changement dans un groupe ou, selon le terme généralement utilisé, aux facteurs thérapeutiques.

6.4.1   L'orientation vers les objectifs

Pour aider les membres dans leur cheminement, il est important de leur rappeler, de façon régulière, leurs objectifs personnels et les objectifs de groupe sur lesquels ils se sont entendus afin de les aider à se situer par rapport à l'atteinte de ces objectifs. Cet exercice présente plusieurs avantages. Tout d'abord, il indique aux membres que l'intervenant est intéressé par leur cheminement. Ensuite, il permet de vérifier si l'entente initiale sur les objectifs est toujours pertinente. Il fait également en sorte que l'intervenant et les membres restent concentrés sur les objectifs. Enfin, il permet d'éviter la confusion sur la nature du groupe et il favorise une démarche organisée et systématique (Toseland et Rivas, 1998). Il est donc souhaitable qu'à chaque rencontre l'intervenant revienne brièvement sur les objectifs et qu'il indique au groupe où il en est par rapport à ces objectifs.

L'intervenant doit également aider les membres à évaluer leur propre cheminement par rapport à leurs objectifs. À cet égard, il a intérêt à convenir dès le départ de modalités d'évaluation continue qui leur permettront à chaque rencontre de prendre conscience de leur évolution. Sans procédure systématique de suivi de la démarche du groupe, certains membres peuvent se démotiver en ne voyant pas les résultats produits par leurs efforts. Par contre, lorsqu'une procédure systématique est établie, les changements qui se produisent peuvent être plus facilement perçus. En outre, lorsque cette procédure repose sur l'autoévaluation, les membres peuvent en retirer un sentiment d'indépendance et d'accomplissement, car c'est à eux que revient la responsabilité d'évaluer leur cheminement et d'en témoigner aux autres membres du groupe (Toseland et Rivas, 1998). Des suggestions pour cet exercice sont présentées un peu plus loin dans ce chapitre.

6.4.2   Les facteurs de changement dans le groupe

Une autre façon d'aider les membres à atteindre leurs objectifs consiste à porter attention aux facteurs de changement qui sont présents dans un groupe. Pour que le groupe devienne un cadre qui aide les membres à atteindre leurs objectifs, certaines conditions doivent être mises en place par l'intervenant. Elles peuvent être abordées sous l'angle de la dynamique d'ensemble du groupe et concernent alors la dynamique d'aide mutuelle, dont il a été question dans le chapitre précédent. Mais elles peuvent également être examinées à partir des bénéfices que les membres retirent individuellement du groupe ; il s'agit alors de facteurs thérapeutiques. Selon Bloch et Crouch (1985), un facteur thérapeutique est un élément du processus de groupe qui contribue à l'amélioration de la situation du membre et qui est fonction des actions de l'intervenant, des autres membres du groupe et du membre concerné.

L'un des premiers textes portant sur le sujet est attribué à Corsini et à Rosenberg (1955), qui ont examiné 300 documents sur le groupe comme contexte thérapeutique. Neuf facteurs contribuant à faire du groupe un contexte favorable au changement y sont relevés (cités dans Reid, 1997) :

1. L'intégration : le sentiment d'appartenir au groupe et d'être soutenu et accepté par lui ;

2. L'altruisme : le sentiment d'être important pour les autres membres du groupe pour l'aide qu'on leur apporte ;

3. L'universalisation : la prise de conscience de ne pas être unique et du fait que d'autres personnes ont des problèmes similaires ;

4. L'intellectualisation : l'apprentissage ou l'acquisition de connaissances nouvelles ;

5. La mise à l'épreuve de la réalité : l'évaluation d'aspects comme les valeurs personnelles, les valeurs familiales, l'expression de l'hostilité et de la frustration et les défenses personnelles à travers les événements qui se produisent dans le groupe ;

6. Le transfert : la naissance d'un attachement profond à l'intervenant ou à un autre membre du groupe ;

7. L'interaction : l'occasion d'entrer en relation avec d'autres personnes dans le groupe ;

8. L'observation : l'observation des autres membres et l'imitation de leur comportement, dont découlent des apprentissages ;

9. L'expression : l'occasion d'exprimer des émotions et des idées jusquelà réprimées.

Les observations de Corsini et Rosenberg ont ouvert la voie à d'autres travaux sur le sujet. Ainsi, Yalom (1995) s'est également intéressé à la question et a déterminé 11 facteurs qui favorisent le changement dans les groupes de psychothérapie. De même, Bloch et Crouch (1985), au terme d'une revue exhaustive des écrits sur le sujet, ont retenu 10 facteurs thérapeutiques qui s'apparentent à ceux de Yalom et de ses collaborateurs. Enfin, se situant plus directement dans la perspective du service social des groupes, Reid (1997) retient 10 facteurs thérapeutiques ou facteurs de changement qui lui apparaissent particulièrement pertinents pour l'intervention dans ce domaine. Le tableau 6.1 (p. 158) présente une comparaison de ces trois modèles.

 **TABLEAU 6.1**

Les facteurs thérapeutiques en groupe : comparaison des modèles de Yalom, de Bloch et Crouch et de Reid

Yalom (1995)	Bloch et Crouch (1985)	Reid (1997)
• Espoir	• Espoir	• Espoir
• Universalité	• Universalité	• Universalisation de l'expérience
• Échange d'information	• Formation (guidance)	• Formation (guidance)
• Altruisme	• Altruisme	• Altruisme
• Récapitulation corrective de la famille		
• Développement des habiletés sociales	• Apprentissage par les actions sociales	• Apprentissage par l'interaction
• Imitation	• Apprentissage à travers l'action des autres	• Imitation
• Apprentissages interpersonnels	• Introspection	• Connaissance de soi
• Cohésion du groupe	• Intégration	• Intégration
• Catharsis	• Catharsis	
• Facteurs existentiels	• Révélation de soi	• Révélation de soi
		• Mise à l'épreuve de la réalité

Source : Adapté de Garvin (1997).

Comme le fait ressortir le tableau, ces trois modèles présentent plusieurs similitudes. En fait, ils ont huit facteurs en commun, bien que ces derniers soient formulés différemment : l'émergence et l'épanouissement d'un sentiment d'espoir, l'universalité, la formation (ou guidance), l'altruisme, le développement des habiletés sociales, l'apprentissage par l'imitation, la connaissance de soi (ou introspection) et l'intégration (par la cohésion du groupe).

L'espoir

L'émergence et l'épanouissement d'un sentiment d'espoir se traduisent par le soulagement et l'optimisme qu'éprouvent les membres lorsqu'ils voient des individus vivant des situations similaires à la leur faire des progrès et améliorer leur vie ou lorsqu'ils constatent que des personnes qui sont dans la même situation qu'eux sont convaincues qu'elles s'en sortiront. Le sentiment d'espoir ne repose pas tant sur les progrès réalisés que sur l'idée que ces progrès sont possibles.

L'intervention donne généralement de meilleurs résultats si l'individu a l'espoir que sa situation change. Il est donc essentiel de porter attention à cet aspect. L'espoir aide le membre à s'investir dans le groupe au départ lorsqu'il se sent hésitant et craintif à l'égard de ce qui l'attend. L'espoir soutient ensuite le membre dans sa démarche à la phase de travail, lorsqu'il doit prendre des décisions difficiles, lorsqu'il doit agir concrètement pour changer sa situation et lorsqu'il doit s'investir de façon authentique dans le groupe (Reid, 1997).

L'intervenant peut faciliter le développement d'un sentiment d'espoir chez les membres du groupe de différentes façons (Garvin, 1997):

— Tout d'abord, quand un membre est pessimiste à propos de sa situation, il peut demander aux autres de décrire ce qu'ils font lorsqu'ils ressentent la même chose;

— Ensuite, quand un membre fait des progrès, il peut le souligner pour indiquer aux autres que les progrès sont possibles;

— Il peut également établir une norme selon laquelle les membres doivent s'encourager les uns les autres;

— Enfin, il peut inviter d'anciens membres d'un groupe semblable dont la situation s'est améliorée à venir parler de leur démarche. Dans les groupes ouverts, les membres qui sont là depuis longtemps peuvent encourager les nouveaux arrivants.

L'universalité

Le sentiment d'universalité naît lorsque les membres prennent conscience qu'ils partagent des préoccupations ou des émotions avec les autres. Quand une personne fait face à des problèmes majeurs, elle a généralement la conviction qu'elle est la seule à vivre ce genre de situation. Lorsqu'elle rencontre d'autres personnes connaissant une réalité semblable, elle se sent moins isolée, moins mise à l'écart et peut alors adopter une vision plus détachée et plus objective de sa situation.

Selon Garvin (1997), l'intervenant peut utiliser deux stratégies pour aider les membres à éprouver un sentiment d'universalité:

— Tout d'abord, au fur et à mesure de l'évolution du groupe, quand les membres se connaissent mieux et qu'ils parlent davantage d'eux-mêmes, il doit faire ressortir les expériences et les problèmes communs;

— Ensuite, il peut renforcer le sentiment d'universalité en demandant aux membres de relever les expériences et les émotions qui sont partagées par plusieurs.

La formation

La formation comprend les informations et les conseils qui sont donnés par l'intervenant et par les autres membres du groupe. Cet aspect souvent mésestimé dans les groupes de traitement occupe une position importante dans l'intervention en service social, où plusieurs groupes ont une composante éducative, du fait qu'ils s'adressent à des personnes qui vivent des situations particulières : des parents d'enfants en difficulté, des proches de malades atteints du sida, des personnes souffrant de cancer, etc. Ces gens ont parfois vécu des expériences qui leur permettent de transmettre des informations que même l'intervenant ne possède pas. Les recherches sur l'influence de l'échange d'information sur les résultats du groupe sont peu nombreuses. Selon les résultats de l'étude de Flowers (1979), les suggestions comportant différentes possibilités et les instructions détaillées sont considérées par les membres comme plus appropriées que les avis simples et directs.

Selon Garvin (1997), les principes suivants devraient guider l'intervenant dans la transmission d'information et de conseils :

— L'intervenant devrait se limiter à transmettre de l'information lorsque les membres le lui demandent. Ceux-ci peuvent en effet préférer s'en remettre à d'autres sources pour obtenir les renseignements qu'ils recherchent ;

— Il doit bien évaluer la nature des informations dont les membres ont réellement besoin et éviter de leur parler de ce qu'ils connaissent déjà ;

— Il doit, pour transmettre de l'information, utiliser des techniques appropriées telles que des moyens audiovisuels, des transparents, des dessins, et doit suivre une démarche pédagogique adaptée aux membres du groupe.

L'altruisme

L'altruisme correspond à ce que les membres ressentent quand ils offrent du soutien, formulent des suggestions ou font des commentaires qui aident les autres, quand ils se sentent utiles aux autres ou quand ils s'oublient eux-mêmes pour aider les autres (Bloch et Crouch, 1985). Ce phénomène repose sur la réciprocité inhérente à l'entraide : le fait d'offrir une aide qui est appréciée par les autres contribue à accroître le sentiment de valeur personnelle et rehausse l'estime de soi. Certains auteurs parlent de la thérapie de l'aidant, car le fait d'aider les autres contribue au développement personnel : « En aidant les autres, les membres ont un sentiment accru d'utilité sociale et de compétence interpersonnelle, ce qui rehausse leur estime d'eux-mêmes. » (Hopmeyer, 1990 : 69.)

L'intervenant peut favoriser l'altruisme au sein d'un groupe de différentes façons (Garvin, 1997) :

— Il peut d'abord affirmer clairement que la fonction du groupe est d'amener les membres à s'entraider. Il peut discuter de cette affirmation avec les membres et les inciter à l'adopter comme norme ;

— Il peut également relever les occasions où les membres s'entraident ou aider les membres à le faire et leur suggérer de se remercier mutuellement pour reconnaître leurs contributions respectives ;

— Il peut enfin insister sur la reconnaissance de la valeur de l'aide et du soutien que les membres s'apportent mutuellement.

Le développement des habiletés sociales

Le développement des habiletés sociales peut se faire quand le membre expérimente de nouvelles manières d'entrer en contact avec les autres et quand il essaie de nouvelles façons de répondre aux approches des autres (Reid, 1997). Bloch et Crouch (1985) parlent de la tentative d'entrer en relation de façon constructive et appropriée avec les membres du groupe, en imitant certains comportements ou en réagissant aux attitudes des autres. Le développement des habiletés sociales est considéré par plusieurs intervenants comme l'un des principaux bénéfices de l'intervention de groupe. En effet, le groupe constitue un cadre sécuritaire dans lequel les membres peuvent prendre conscience de leurs comportements avec les autres et faire l'essai de nouvelles façons de se comporter. Les commentaires et réactions des autres peuvent contribuer à l'apprentissage de comportements interpersonnels plus appropriés. Toutefois, l'intervenant doit veiller à ce que ces commentaires soient constructifs. À cet égard, il doit faire attention au moment et au contexte qui y sont liés. Pour qu'une réaction soit bien reçue et ne soit pas perçue comme une menace ou comme une attaque, il est nécessaire qu'il y ait un climat de confiance et de tolérance dans le groupe. En outre, il faut qu'elle ait lieu le plus rapidement possible après l'événement qui l'a provoquée ; hors contexte, elle n'aura généralement que peu d'effet positif. Après analyse des recherches portant sur le sujet, Bloch et Crouch (1985) en sont arrivés à la conclusion que les membres tirent plus de profit des commentaires positifs qui ont trait à leurs forces et à leurs compétences et qui sont en lien avec leurs comportements que des commentaires qui ont trait à leurs émotions.

L'intervenant peut favoriser le processus d'apprentissage qui résulte de l'interaction avec les autres :

— en aidant les membres à prendre conscience de leur façon de se comporter avec les autres ;

— en les incitant à se dire mutuellement comment ils perçoivent leurs comportements au sein du groupe ;

— en les aidant à envisager différents comportements possibles, en les soutenant dans l'expérimentation de ces comportements et en les encourageant à émettre des commentaires constructifs sur ces nouveaux comportements.

L'imitation

Un autre facteur thérapeutique particulier au contexte de groupe tient aux nombreuses occasions d'apprentissage par imitation qui sont offertes aux membres. Ces derniers apprennent en effet en observant les comportements des autres au sein du groupe et en écoutant la description qu'ils font de leurs comportements à l'extérieur du groupe. Selon Bloch et Crouch (1985), l'apprentissage se fait quand un membre reconnaît dans le comportement des autres ou dans celui de l'intervenant des aspects positifs à reproduire, quand il trouve dans les attitudes des autres des modèles qu'il s'efforce d'imiter ou quand il fait siens les progrès qu'il perçoit chez les autres. Selon Reid (1997), cet aspect est particulièrement important en service social des groupes, car plusieurs membres sont en difficulté du fait qu'ils n'ont pas de modèles de rôles positifs dans leur vie.

À travers les multiples interactions qui ont lieu dans un groupe, le membre peut observer différentes façons d'entrer en relation avec les autres, d'exprimer ses émotions, d'afficher ses convictions et de résoudre ses problèmes. Il peut ainsi découvrir de nouvelles manières de se comporter dans les situations problématiques. En comparant ses attitudes, ses émotions et ses réactions avec celles des autres membres, il en vient à reconsidérer ce qu'il tenait auparavant pour acquis.

C'est sur la possibilité d'apprendre de nouveaux comportements à travers l'observation des autres que se fonde l'apprentissage social. Selon les observations de Rosenthal et Bandura (1978), le *modeling,* ou apprentissage par imitation, se fait en deux phases : l'acquisition et la performance. Dans la phase d'acquisition, la personne observe certains comportements et les mémorise. Dans la phase de performance, elle reproduit ces comportements lorsqu'elle se trouve dans un contexte approprié.

Dans un groupe, tous les membres sont susceptibles d'avoir de l'influence sur le comportement des autres. Toutefois, comme le soulignent Corey et Corey (1997), en raison de la position plus centrale qu'il occupe, l'intervenant doit être particulièrement attentif à son influence sur les membres. À travers ses attitudes et ses comportements, il véhicule certaines normes au regard d'aspects tels la transparence, l'importance à accorder au but du groupe, la tolérance, l'écoute et le caractère approprié de certains comportements (Reid, 1997). Comme il constitue généralement un modèle au sein du groupe, il a intérêt à se comporter comme il souhaiterait que les membres le fassent.

Selon Garvin (1997), l'intervenant qui veut favoriser l'apprentissage par imitation aurait intérêt à adopter les attitudes suivantes :

— Lorsqu'un membre sollicite des conseils sur la façon de faire face à une situation, il peut demander si d'autres membres se sont déjà trouvés dans une situation semblable ou s'ils ont déjà observé une personne qui s'y trouvait. Puis il peut inviter ceux qui auront répondu par l'affirmative à décrire ce qu'ils ont alors fait ou ce qu'ils ont observé ;

— Il peut inviter les membres qui formulent des suggestions sur la façon de faire face à une situation à les illustrer dans un jeu de rôle ;

— Quand il observe des comportements d'aide au sein du groupe, il peut attirer l'attention des membres.

La connaissance de soi

L'approfondissement de la connaissance de soi est souvent présenté comme un élément central dans les groupes de psychothérapie. Bloch et Crouch (1985) situent toutefois ce facteur dans une perspective qui dépasse le seul cadre de la psychothérapie, puisqu'ils parlent d'apprendre quelque chose d'important à propos de soi-même. Chez les membres du groupe, cette meilleure connaissance de soi peut résulter d'une plus grande conscience d'aspects comme leur façon de se comporter, l'idée qu'ils se font d'eux-mêmes, l'explication de leurs problèmes ou l'image qu'ils projettent.

Le processus dans lequel s'inscrit cet apprentissage peut prendre différentes formes. Par exemple, le membre peut accroître sa connaissance de lui-même en prenant conscience de certains sentiments ou de certaines caractéristiques. Il peut également apprendre à propos de lui-même en écoutant les autres parler de leurs impressions concernant ses émotions, ses comportements ou ses expériences. L'approfondissement de la connaissance de soi est un facteur thérapeutique étroitement lié à l'apprentissage par l'interaction, puisqu'il résulte en grande partie des commentaires que le membre reçoit en réaction à ses comportements et à ce qu'il exprime.

L'intervenant peut donc influer sur le processus en adoptant les mêmes stratégies que celles qui ont été suggérées pour l'apprentissage résultant de l'interaction. Il pourra ainsi (Garvin, 1997) :

— établir une norme spécifiant que les membres doivent émettre des commentaires les uns sur les autres et le faire avec le souci de souligner à la fois les aspects positifs et négatifs et d'aider l'autre ;

— proposer, à l'occasion, des explications sur les événements qui marquent la vie des membres. Il doit cependant présenter ces explications comme des hypothèses et non comme des faits. C'est ensuite à chaque membre qu'il revient de retenir l'hypothèse qui lui semble la plus intéressante.

L'intégration

L'intégration est étroitement liée au concept de cohésion. Elle résulte du fait d'appartenir à un groupe de personnes et de se sentir accepté par elles. Lorsqu'un membre sent qu'il fait partie du groupe et est à l'aise, lorsqu'il a le sentiment d'être reconnu dans ses capacités et ses limites et lorsqu'il sait qu'il peut compter sur le soutien et la compréhension des autres, il change plus facilement (Bloch et Crouch, 1985 ; Reid, 1997). Le sentiment d'intégration résulte d'un processus dynamique qui dépend de la valeur que le membre accorde au groupe et de la valorisation qu'il retire d'en être membre. Le fait de se sentir accepté par les autres est donc particulièrement important pour les personnes qui sont isolées, qui se sentent rejetées ou qui sont considérées comme marginales. Pour elles, le groupe constitue bien souvent le seul endroit où elles se sentent acceptées pour ce qu'elles sont et valorisées du fait qu'elles apporteront quelque chose aux autres (Reid, 1997). Elles peuvent participer sans crainte d'être jugées.

Garvin (1997) relève trois stratégies que l'intervenant peut privilégier pour favoriser l'intégration du groupe :

1. Encourager les messages spontanés de considération mutuelle ;
2. Expliquer aux membres à quel point l'importance qu'ils accordent à leurs relations avec les autres peut influer sur les bénéfices qu'ils retirent du groupe ;
3. Renforcer la cohésion du groupe en proposant des activités qui peuvent resserrer les liens entre les membres, en valorisant le statut du groupe dans l'organisme et en amenant les membres à donner de l'importance aux objectifs du groupe.

* * *

Outre ces huit facteurs de changement, deux facteurs sont mentionnés par plus d'un auteur. Il s'agit de la révélation de soi (Reid, 1997 ; Bloch et Crouch, 1985) et de l'abréaction ou catharsis (Yalom, 1995 ; Bloch et Crouch, 1985).

La révélation de soi

La révélation de soi correspond au partage avec les autres membres du groupe d'informations à caractère personnel et intime qui sont rarement dévoilées. Deux types d'informations peuvent en fait être transmises : celles qui portent sur les aspects secrets ou très intimes de la vie de la personne et celles qui concernent les opinions et sentiments de la personne à l'égard du groupe et de ses membres. Reconnaître que la révélation de soi constitue un facteur de changement n'implique pas d'inciter les membres à révéler des choses qu'ils ne sont pas prêts à partager ou bien à transmettre des informations non pertinentes pour le groupe. La révélation de soi est un processus graduel qui repose sur une décision consciente des membres de partager des informations pertinentes à un moment précis de leur démarche dans le groupe. Elle s'appuie sur la confiance dans les autres, sur la connaissance de soi et sur la conscience de ce qu'il est pertinent de révéler compte tenu du cheminement du groupe (Garvin, 1997).

Reid (1997) souligne que la relation entre la transparence et les habiletés interpersonnelles n'est pas linéaire. Si la personne qui ne révèle rien d'elle-même réussit difficilement à établir des relations avec les autres et se trouve isolée, à l'opposé, celle qui dévoile sans discrimination ses secrets les plus intimes risque également d'avoir des problèmes dans ses relations interpersonnelles. Selon Cosby (1992), une personne bien adaptée combine un degré élevé de transparence avec ses proches et une ouverture relative avec les autres, tandis qu'une personne en difficulté sur le plan interpersonnel est soit très ouverte, soit très fermée avec tout le monde.

Dans une démarche de groupe, toutes les révélations ne sont pas appropriées. Par exemple, les confidences qui sont faites avec l'intention d'obtenir le jugement des autres ou de se faire pardonner apportent rarement quelque chose. Le groupe n'a pas à agir comme confesseur. De même, les révélations qui placent les membres dans une position de grande vulnérabilité ne sont pas souhaitables. Il faut donc éviter que les membres se sentent forcés de « tout dire ». La révélation de soi doit se voir comme la résultante d'une attitude d'ouverture qui permet aux membres d'en dire davantage sur leur vie personnelle et d'agir avec plus d'ouverture et d'honnêteté.

Pour faciliter la révélation de soi, l'intervenant peut adopter les comportements suivants (Garvin, 1997) :

— Relever les moments où les membres parlent d'eux-mêmes dans des termes généraux et impersonnels et discuter avec eux des causes et des conséquences de la situation ;

— Reconnaître les révélations personnelles et discuter avec les membres des motifs du malaise qui peut en résulter ;

— Limiter les révélations personnelles lorsque le programme de la rencontre ne permet pas de liquider sur-le-champ les malaises éventuels.

L'abréaction

L'abréaction comme facteur de changement correspond à l'expression d'une émotion au sein du groupe. Les émotions exprimées peuvent concerner aussi bien des événements passés que ce qui arrive « ici et maintenant ». L'expression d'émotions concernant le groupe aide les membres à se sentir participants à part entière. Toutefois, il est essentiel de bien évaluer comment chacun réagit aux émotions qui sont exprimées, de façon à pouvoir apporter une aide particulière à ceux qui pourraient être trop bouleversés. Les recherches sur l'influence de l'abréaction dans le processus de changement font ressortir le rôle de plusieurs variables, notamment la nature de l'émotion exprimée, la réaction des autres membres, les événements subséquents et l'importance de la charge émotive encore présente lorsque les rencontres prennent fin.

Selon Garvin (1997), l'intervenant peut favoriser l'abréaction au sein d'un groupe des façons suivantes :

— Il peut établir une norme indiquant que l'expression des émotions est acceptée et même souhaitable dans le groupe ;

— Il peut inviter la personne qui discute d'un sujet à préciser comment elle se sent si cela ne transparaît pas dans son discours ;

— Il peut inciter un membre qui semble bouleversé à discuter de la situation qui provoque chez lui cette réaction, afin de l'amener à mieux y faire face.

* * *

En résumé, pour aider les membres à atteindre leurs objectifs, l'intervenant doit faire en sorte qu'ils gardent le cap sur ce qu'ils visent comme résultats et être attentif aux facteurs de changement. Toutefois, comme toute démarche de changement se déroule rarement sans difficultés, il est également important qu'il aide le groupe à faire face aux situations problématiques qui se présentent.

6.5 LA GESTION DES SITUATIONS PROBLÉMATIQUES

Les situations problématiques qui se présentent dans la vie d'un groupe peuvent être liées au comportement individuel de certains membres, aux rôles dysfonctionnels qui sont tenus dans le groupe, à la dynamique d'ensemble du groupe ou à la présence d'un conflit.

Les situations problématiques associées à des comportements individuels résultent essentiellement du mode de participation qu'adoptent certaines personnes pour satisfaire leurs besoins personnels. Ce mode de participation entraîne souvent une réaction négative des autres membres du groupe, qui peut se traduire par la mise à l'écart, le rejet ou le conflit ouvert. Mais, dans certaines situations, les comportements individuels sont en quelque sorte récupérés par le groupe, qui assigne aux membres concernés des rôles dysfonctionnels dont la fonction est de maintenir un équilibre. Les situations problématiques liées à la dynamique d'ensemble du groupe résultent de comportements qui se trouvent dans tout le groupe ou chez la plupart des membres. Enfin, les situations conflictuelles résultent de tensions entre certains membres ou certains sous-groupes. Bien qu'elles aient un caractère problématique, elles peuvent représenter une occasion de croissance, d'où l'intérêt de les aborder comme une réalité qui concerne tout le groupe.

6.5.1　Les comportements individuels problématiques

Les écrits sur les groupes, et plus spécifiquement sur les groupes de tâche, présentent plusieurs typologies des comportements individuels inadéquats. Nous nous limiterons ici à une présentation sommaire de quelques-uns de ces comportements, qui peuvent être divisés en deux grandes catégories : l'ingérence et le retrait.

L'ingérence

Les comportements d'ingérence sont plus évidents et requièrent généralement une réaction concrète et rapide de l'intervenant, car ils gênent la démarche du groupe et peuvent conduire à la démotivation des autres membres. Ils sont associés à deux types de membres : ceux qui gênent la démarche du groupe et ceux qui y font opposition.

Cinq profils de membres gênant la démarche du groupe peuvent être distingués : 1) le bavard, qui pense tout haut, s'exprime sans arrêt et cherche à attirer l'attention sur lui en prenant constamment la parole ; 2) le digresseur, qui fait ce qu'il peut pour détourner la discussion en passant du coq à l'âne ou en abordant des sujets personnels sans lien avec l'objet central de la discussion ; 3) le spécialiste, qui se présente comme le conseiller inépuisable qui sait tout et qui donne son avis sans être sollicité ; généralement, il cherche à attirer l'attention en proclamant son expertise et en relatant ses succès antérieurs ; 4) le pointilleux, qui gêne la discussion en soulevant sans arrêt des points de détail ou en interrompant constamment les autres sous prétexte qu'il y a un aspect de la question dont ils ne tiennent pas compte ; et enfin 5) le rigolo, qui freine le groupe en prenant tout à la blague, en évitant les sujets sérieux et en faisant de l'humour à propos de tout sans se soucier de la pertinence de ses interventions.

Quatre profils de membres faisant opposition au cheminement du groupe peuvent d'un autre côté être distingués : 1) le buté, qui adopte une idée et y revient constamment sans tenir compte des propos des autres ou de l'évolution de la discussion ; 2) l'objecteur, inquiet et enclin à tout critiquer, qui met des bâtons dans les roues en opposant une résistance exagérée et en bloquant toute possibilité de prise de décision ou d'action ; 3) l'esprit fort, qui se comporte comme s'il était au-dessus de la mêlée, qui en sait plus, a de meilleures relations, possède plus d'expérience que les autres ; et 4) l'agressif, dont la susceptibilité ou l'impulsivité empêchent toute communication rationnelle, qui tente d'influencer le groupe par la peur, la manipulation ou le chantage et qui fait régner au sein du groupe un climat de méfiance ou d'hostilité destructrice.

Le retrait

Les comportements de retrait sont adoptés par des membres qui restent en marge du groupe. Ils posent des problèmes à l'intervenant dans la mesure où ils sont généralement difficiles à décoder rapidement et encore plus à interpréter correctement. Cinq profils de membres restant en retrait ont été décrits : 1) le renfrogné, qui se tait parce qu'il est en désaccord avec le groupe ou avec la façon dont les choses se passent ; 2) le craintif, qui n'intervient pas parce qu'il se croit inférieur aux autres ou moins compétent quant à la question discutée ; 3) le prétentieux, qui refuse de participer parce qu'il estime ne pas être à sa place ou qu'il s'attribue un statut supérieur aux autres ; 4) l'indifférent, qui se comporte comme s'il n'était pas concerné par le groupe ou comme s'il avait d'autres centres d'intérêt plus importants à l'extérieur du groupe ; et 5) le conformiste, qui ne semble jamais avoir d'opinion personnelle, qui est toujours de l'avis de quelqu'un d'autre et qui ne s'exprime que pour répéter des opinions déjà formulées. Les deux premiers profils caractérisent les personnes qui sont à l'écart, alors que les trois derniers caractérisent des membres qui sont considérés comme des poids morts pour le groupe.

Le tableau 6.2, qui se fonde sur le texte de Grzybowski (1976), présente une synthèse des différents comportements individuels problématiques. Ces derniers ont pour effet de faire obstacle au développement du groupe et au cheminement vers l'atteinte des objectifs. C'est pour cette raison qu'ils sont généralement jugés sévèrement par les autres membres. Tôt ou tard, les membres qui adoptent ces comportements sont ignorés ou rejetés, à moins que le groupe n'utilise leur attitude pour exprimer certains malaises et n'assigne alors à ces membres des rôles dysfonctionnels.

Lorsqu'il observe de tels comportements, l'intervenant doit prendre une position centrale et structurer les échanges de façon que les membres participent de manière enrichissante. Parfois, cela veut dire organiser des activités en sous-groupes ou consacrer une attention particulière à chaque personne pendant un certain temps pour réduire la place occupée par certains membres. D'autres fois, cela veut dire faire un commentaire, en prenant soin évidemment

TABLEAU 6.2

Catégories et profils de comportements individuels problématiques

L'ingérence	• Les gêneurs	• Le bavard : pense tout haut, parle sans arrêt
		• Le digresseur : détourne la conversation, passe du coq à l'âne
		• Le pointilleux : s'attarde à des détails
		• Le rigolo : évite les sujets sérieux, tourne tout à la blague
	• Les opposants	• Le buté : reste sur ses positions
		• L'objecteur : critique sans arrêt
		• Le dominateur : contrôle les échanges, prend toute la place
		• L'esprit fort : impose ses idées, sait tout
		• L'agressif : fait régner un climat d'hostilité
Le retrait	• Les personnes qui restent à l'écart	• Le renfrogné : se tait parce qu'il est en désaccord
		• Le craintif : se sent incompétent
	• Les poids morts	• Le prétentieux : trouve les débats sans intérêt
		• L'indifférent : ne se sent pas concerné
		• Le conformiste : n'a pas d'opinion personnelle

de ne pas contredire l'opinion des membres concernés ou de ne pas les diminuer devant les autres. Voici quelques exemples : « Je trouve que tu as des idées bien intéressantes, mais j'aimerais savoir ce que les autres pensent » ; « J'ai l'impression que tu insistes pour obtenir l'accord des autres membres. J'aimerais connaître les autres points de vue sur cette question » ; « Il me semble que la démarche est lente actuellement. Est-ce que quelqu'un aurait quelque chose à suggérer pour faire avancer la discussion ? »

6.5.2   Les rôles dysfonctionnels

Certains comportements problématiques s'expliquent par leur fonction dans le maintien de l'équilibre du groupe. Ils sont liés aux rôles des membres au sein du groupe. Généralement, ces rôles ne relèvent pas de choix individuels et de décisions explicites, mais ils sont le fruit d'une dynamique combinant les caractéristiques personnelles et les besoins du groupe à un moment précis de son développement. Ils apparaissent comme une réponse à la recherche d'équilibre et de survie du groupe. On en distingue six : 1) le membre silencieux ; 2) le membre déviant ; 3) le chef interne ; 4) le membre divergent ; 5) le membre défensif ; et 6) le bouc émissaire. Ils peuvent avoir un effet plus ou moins négatif sur le fonctionnement du groupe. Le tableau 6.3 présente la définition de ces rôles, suggère quelques fonctions qu'ils peuvent avoir pour le groupe et décrit quelques interventions possibles.

Deux préoccupations doivent guider l'intervenant en présence de rôles dysfonctionnels : promouvoir la flexibilité des rôles et relever la fonction que le rôle remplit pour le groupe. Pour éviter que certains membres se trouvent pris dans des rôles auxquels ils ne peuvent échapper, il est important que l'intervenant privilégie la flexibilité des rôles en faisant varier la contribution de chacun. Il arrive que les modèles de comportements adoptés pendant les premières rencontres soient cristallisés par la réaction du groupe, qui s'attend à ce que les personnes se comportent toujours de la même façon. Ainsi, les membres ne se sentent plus autorisés à se comporter différemment, même s'ils le souhaitent. Parfois, certains comportements appropriés au départ deviennent problématiques par la suite. Pour éviter que certains membres se trouvent « coincés » dans des rôles mal adaptés, il faut promouvoir la flexibilité et la souplesse.

Cette cristallisation des rôles est particulièrement problématique dans le cas des rôles dysfonctionnels, qui ont une fonction dans le groupe bien qu'ils fassent obstacle à son développement. Dans un groupe, les rôles s'inscrivent dans une dynamique de réciprocité, dans la mesure où ils conditionnent les réactions des membres tout en étant conditionnés par celles-ci. Comme il y a un lien entre les besoins du groupe et les rôles, même s'il s'agit de rôles dysfonctionnels, l'intervenant doit être particulièrement attentif à ce qui se passe afin de cerner l'utilité de ces rôles pour le groupe. À cet égard, il doit observer avec attention les interactions entre les membres afin de déceler la dynamique qui contribue au maintien des rôles dysfonctionnels et faire part au groupe de ses observations en présentant la situation comme un problème qui concerne tout le groupe et non seulement les membres qui tiennent ces rôles.

Dans cet exercice de médiation entre certains membres et le groupe, l'intervenant doit être vigilant pour éviter deux écueils. Tout d'abord, il ne doit pas surprotéger le membre qui joue un rôle dysfonctionnel en prenant sa défense devant le groupe ou en parlant en son nom. Ensuite, il ne doit pas s'identifier au groupe, car il participerait alors à la dynamique qui contribue au maintien du membre dans ce rôle. L'intervenant doit adopter une position d'observateur participant et ne doit pas hésiter à expliquer clairement aux membres ce qu'il observe au sein du groupe (Kurland et Salmon, 1998).

TABLEAU 6.3

Les rôles dysfonctionnels dans un groupe

Nature	Définition	Fonctions	Interventions
Le membre silencieux	Personne qui reste silencieuse pendant longtemps. Les autres membres, qui ne savent pas comment interpréter ce comportement, vont alors ressentir un malaise.	• Indique parfois que le sujet est important • Est quelquefois un signe de réflexion • Aide à régulariser la discussion	— Essayer de trouver la signification du silence — Explorer avec le membre silencieux les motifs de son silence
Le membre déviant	Personne dont le comportement se situe en marge de la culture du groupe	• Provoque certaines émotions • Exprime ce que d'autres n'osent pas dire • Oriente le groupe vers certaines questions	— Tolérer le comportement déviant tout en spécifiant les normes et limites du groupe — Chercher la signification du comportement — Voir ce qu'apporte ce comportement
Le chef interne	Membre qui a une position supérieure aux yeux des autres. Il peut être vu comme une menace pour le leader formel.	• Indique qu'il y a une différenciation des rôles dans le groupe • Apporte quelque chose à la tâche ou au climat	— Éviter de se placer dans un rapport de force — Trouver la contribution positive — Si l'apport est négatif, chercher la signification du comportement
Le membre divergent	Personne qui fait dévier la conversation lorsque le groupe aborde un thème difficile	• Ralentit la discussion pour tenir compte du malaise du groupe	— Parler de ce qui se passe
Le membre défensif	Personne qui a de la difficulté à voir un problème, à assumer sa responsabilité ou à accepter des suggestions	• Évite d'avoir à prendre les problèmes de front	— Parler de ce qui se passe — Demander au membre de s'exprimer sur ses sentiments — Demander aux autres s'ils vivent des choses semblables — Reconnaître la nature du problème
Le bouc émissaire	Membre du groupe qui possède une caractéristique que les autres n'aiment pas ou redoutent	• Détourne l'attention sur un membre pour éviter qu'un vécu difficile ou une situation menaçante ne soient abordés	— Observer la répétition de la dynamique — Reconnaître ses propres sentiments concernant la situation — Étudier la dynamique — Cerner le thème sous-jacent

Source : Adapté de Shulman (1992).

6.5.3 Les situations problématiques liées à la dynamique du groupe

Les situations problématiques peuvent être attribuées à la dynamique d'ensemble du groupe lorsqu'elles résultent du comportement de tous les membres du groupe ou de la plupart d'entre eux. Kirschenbaum et Glaser (1978) distinguent six types de situations : 1) la prudence excessive ; 2) les discussions incessantes ; 3) les conversations sociales ; 4) le surinvestissement affectif ; 5) la dépendance ; et 6) l'éclatement du groupe.

La prudence excessive

Dans une situation de prudence excessive, les membres ont tendance à répéter les mêmes modèles de comportements. Par exemple, un membre ayant comme tâche de préparer une rencontre utilise des moyens tels que distribuer un texte, montrer un film ou utiliser un jeu de rôle. Par la suite, si un autre membre est invité à préparer à son tour une rencontre, il procédera exactement de la même manière, sans oser innover, introduisant ainsi une certaine rigidité dans la façon de faire les choses. Une telle attitude peut apporter beaucoup de sécurité, mais réduit l'efficacité du groupe en éliminant variété et créativité. Prendre des risques, c'est-à-dire essayer quelque chose de nouveau et de différent, est essentiel pour élargir le répertoire de comportements. Quand les membres se mettent à éviter tout risque, ils retirent peu de profit de leur participation. Cela ne veut pas dire qu'ils ne peuvent pas répéter certaines façons de faire qui ont eu du succès. Cependant, le groupe doit non seulement leur permettre d'essayer de nouvelles choses, mais les y encourager.

Les discussions incessantes

Les discussions incessantes ont lieu dans un type particulier de groupe qui écarte les risques en refusant de participer à des activités ou en évitant d'essayer de nouveaux comportements, préférant se limiter à discuter. Bien que la discussion soit une composante très importante d'une démarche de groupe, il est nécessaire qu'elle débouche sur des actions concrètes, sinon les membres risquent d'en arriver à la conclusion qu'il ne se passe rien ou qu'ils retirent peu de bénéfices. L'intervenant se doit donc d'évaluer comment la discussion est utilisée dans le groupe et il doit proposer des activités ou faire différentes suggestions s'il constate que ce dernier cherche à éviter de prendre des risques.

Les conversations sociales

Dans certains groupes, les membres commencent les rencontres avec une demi-heure de retard parce qu'ils ont de la difficulté à mettre fin à leurs conversations. En outre, la pause de 15 minutes se prolonge souvent et devient l'occasion de discuter du dernier téléroman, de la dernière partie de hockey ou du dernier film. Lorsque la situation se répète, l'intervenant doit rappeler aux membres la raison d'être du groupe. Par ailleurs, s'il constate qu'il s'agit d'un mode de fonctionnement résultant du malaise de certains à aborder les difficultés pour lesquelles ils se sont joints au groupe, il a intérêt à aborder directement le problème.

Le surinvestissement affectif

Il arrive parfois, dans le cheminement d'un groupe, que les membres sont tellement fiers de réussir à partager honnêtement leurs sentiments qu'ils dépensent toutes leurs énergies à exprimer leurs réactions positives et négatives aux comportements des autres, à entretenir la confiance et l'intimité et à s'entraider pour des problèmes personnels qui n'ont pas de lien avec les objectifs du groupe. Bien que ce mode de fonctionnement favorise la confiance et l'intimité, il comporte également quelques écueils. Ainsi, certains membres peuvent s'éloigner des objectifs du groupe, qui se trouve divisé entre ceux qui sont centrés sur leurs sentiments immédiats et ceux qui sont préoccupés par les objectifs. Cette division crée une tension qui perturbe le fonctionnement, dans la mesure où le règlement des différends demande beaucoup de temps. Pour éviter cette situation, il est nécessaire de bien distinguer les activités d'évaluation, au cours desquelles sont partagés des sentiments, les discussions sur le processus de groupe et les activités axées sur l'atteinte des objectifs.

La dépendance

Lorsqu'une situation de dépendance se présente, le groupe a tendance à s'en remettre totalement à l'intervenant ou à deux ou trois membres pour trouver des idées nouvelles, proposer des activités et assumer le leadership. Ce type de groupe constitue un milieu de prédilection pour l'émergence d'un membre dominateur ou d'un animateur autocratique. L'idéal, pour éviter cette situation, est d'inviter chacun des membres à assumer certaines responsabilités. Cela signifie qu'il faut donner un pouvoir égal aux membres dans la planification et l'animation des rencontres, permettre à tous de s'exprimer au moment des évaluations et s'assurer que chacun participe aux prises de décisions. Le groupe devient alors un cadre qui permet à tous de s'affirmer et d'acquérir des habiletés de leadership.

L'éclatement du groupe

L'éclatement se manifeste lorsque les membres commencent à former des sous-groupes. Certains comportements se manifestent alors : les conversations sont dirigées vers les membres d'un sous-groupe en particulier, les sous-groupes ont tendance à privilégier des activités ou des sujets de conversation différents et les membres d'un même sous-groupe sont portés à formuler des jugements similaires. Bien que la formation de sous-groupes soit une tendance naturelle dans un groupe, elle peut avoir pour effet de diviser le groupe et peut ainsi contribuer à réduire les occasions d'apprentissage et les manifestations de soutien mutuel. Pour l'éviter, il faut inviter les membres à aller les uns vers les autres, même s'ils se sentent plus ou moins à l'aise dans leurs démarches initiales. Il peut également être utile de faire changer les membres de place afin qu'ils soient en contact immédiat avec des personnes différentes. Si la division en sous-groupes persiste, cela peut indiquer que les membres ne se connaissent pas suffisamment les uns les autres et il peut être adéquat de planifier une activité visant à les rapprocher.

6.5.4   Les conflits au sein du groupe

Le conflit est essentiel dans les relations interpersonnelles et, à cet égard, il doit être considéré comme une composante naturelle, voire inévitable, d'une démarche de groupe (Witteman, 1991). Il pourrait même être vu comme une manifestation positive dans la mesure où il traduit une volonté des membres d'affirmer leur position concernant des décisions qui les concernent. Bien que la plupart des personnes aient une vision plutôt négative du conflit, celui-ci n'est pas problématique en soi : il peut tout autant avoir des conséquences positives que des conséquences négatives. D'ailleurs, pour qu'un groupe puisse évoluer, il est essentiel que les membres non seulement aient des intérêts communs et travaillent ensemble à l'atteinte de leurs objectifs, mais parviennent à régler avec succès leurs différends (Brown, 1991).

Se situant dans le courant central, Steinberg (1997) a envisagé une perspective intéressante et originale concernant le conflit. Ce sont peut-être la découverte et l'expression des points communs qui aident les membres du groupe à s'ouvrir les uns aux autres et à devenir des sources potentielles d'aide, mais c'est le conflit (ou la découverte, l'expression et l'exploration des différences) qui va les amener à de nouvelles façons de regarder d'anciennes images. Le conflit est souvent vu comme une situation qui finit dans le chaos. Toutes les ressources possibles sont donc utilisées pour éviter les moments de provocation ou y mettre fin rapidement. Un conflit est le résultat de l'expression de différences, et si les points communs sont une facette importante de l'aide mutuelle, les occasions d'explorer les différences et d'envisager de nouvelles façons de regarder d'anciennes images sont également importantes. La pratique fondée sur l'aide mutuelle s'intéresse moins à la résolution de conflit en soi qu'à son utilisation comme moyen pour explorer le sens des différences, pour encourager la compréhension et l'appréciation des autres et pour aider les personnes à acquérir un respect mutuel et une empathie en cas de différences irréconciliables.

Le conflit se définit généralement comme un processus qui s'enclenche quand une personne estime qu'une autre contrecarre ses projets ou a des préoccupations opposées aux siennes : « Quand une personne agit d'une façon qui empêche une autre personne d'atteindre ses buts, ces deux personnes sont en *conflit*. » (Johnson, 1988 : 190.) Pour Northen (1988), trois éléments essentiels caractérisent une situation de conflit : la présence d'au moins deux parties ; le fait que ces parties perçoivent, quant à leur position respective, des différences incompatibles qui sont sources de frustration ; et le fait que ces parties interagissent à propos de ces différences.

Les types de conflits

Plusieurs classifications des conflits sont proposées dans les écrits. Une première classification distingue deux grands types de conflits : le conflit *affectif* ou social et le conflit *substantif* ou de tâche. Le premier a trait à des questions émotionnelles ou à la personnalité des membres. Il peut se traduire par la dépréciation de l'autre. Le second découle d'une opposition sur des questions d'ordre rationnel mettant en cause des idées, des valeurs, des opinions ou des normes. Il implique un désaccord entre les membres à propos de l'ordre du jour du groupe ou des idées abordées pendant la discussion (Burgoon, Heston et McCroskey, 1974 ; Hooloman et Hendrick, 1972 ; Falk, 1982). Alors que le conflit substantif est généralement considéré comme productif, le conflit affectif est jugé dysfonctionnel (Putnam, 1986 ; Wall, Galanes et Love, 1987).

Une deuxième classification distingue trois types de conflits : 1) le conflit de valeurs, qui découle de différences sur le plan des valeurs, des objectifs ou des normes ; 2) le conflit de pouvoir, qui porte sur l'attribution des ressources matérielles ou non matérielles telles que l'influence, l'argent, l'espace ou le statut social ; et 3) le conflit résultant de la rivalité ou de conceptions différentes de la réalité (Essed, 1991 ; Johnson et Johnson, 1997).

Sans établir explicitement de classification, Weeks (1992) relève cependant six sources de conflits : les besoins, les valeurs, les perceptions, les objectifs, les sentiments et les intérêts. Bisno (1991) suggère, à partir de l'analyse des facteurs sous-jacents au conflit, une classification comportant six types de conflits : 1) le conflit d'intérêts, qui résulte d'une opposition entre les intérêts ou les engagements des membres ; 2) le conflit induit, qu'un membre provoque intentionnellement pour atteindre des objectifs autres que ceux qui sont explicites (par exemple, s'opposer à une idée dans le but de miner la crédibilité d'un membre du groupe); 3) le conflit d'attribution, qui résulte d'une erreur dans l'analyse des causes d'une situation ou dans l'attribution de la responsabilité d'une action; 4) le conflit d'interprétation, qui est fondé sur une perception biaisée ou sur une mauvaise interprétation des intentions ou des comportements d'une personne; 5) le conflit déplacé, dans lequel se manifeste une opposition à l'égard de préoccupations ou de personnes qui ne sont pas les cibles réelles; et 6) le conflit d'expression, qui est causé par l'expression, sans raison apparente, d'hostilité et d'antagonisme envers d'autres personnes.

Ces différentes classifications des conflits nous suggèrent une distinction comportant cinq catégories: 1) le conflit d'aspiration; 2) le conflit de position; 3) le conflit de réalisation; 4) le conflit de construction; et 5) le conflit de relation. Le conflit d'aspiration se rapporte à la conception des paramètres à l'intérieur desquels se situent les objectifs, aspirations et réalisations d'une personne ou d'un groupe. Les désaccords liés à ces paramètres peuvent porter sur les buts, les valeurs, les normes, les besoins ou les intérêts. Le conflit de position porte sur l'accès aux ressources matérielles ou non matérielles: statut, pouvoir, argent, etc. Le conflit de réalisation concerne l'activité d'une personne ou d'un groupe qui peut se révéler source de discorde si elle est impossible à réaliser ou si son accomplissement constitue la seule préoccupation. Le conflit de construction porte sur la perception et la compréhension de la réalité. Il se rapporte à l'explication que chacun donne des causes et de la signification des événements. Les conflits d'attribution et d'interprétation entrent dans cette catégorie. Finalement, le conflit de relation renvoie aux rivalités interpersonnelles. Les conflits d'expression, induits ou déplacés, entrent dans cette catégorie. Le tableau 6.4 présente une synthèse de cette typologie.

Les réactions aux conflits

Lorsqu'elles vivent des conflits, les personnes peuvent réagir différemment selon l'importance qu'elles accordent à l'atteinte des objectifs personnels mis en cause et au maintien de la relation avec l'opposant. Sur la base de ces deux dimensions, Johnson (1988) discerne cinq styles de réactions:

1. La *fuite,* qui se traduit par un renoncement concernant à la fois la poursuite d'objectifs personnels et l'établissement de rapports avec les autres. La personne qui adopte ce style d'attitude estime qu'il est plus facile et plus aisé de fuir une situation conflictuelle que d'y faire face.

2. La *domination,* qui consiste à essayer de dominer ses opposants en les forçant à accepter sa solution au conflit. L'accent est mis sur l'atteinte des objectifs personnels même au détriment des rapports avec les autres.

TABLEAU 6.4

Typologie des conflits et des éléments sous-jacents

Types de conflits	Éléments sous-jacents
Conflit d'aspiration — conflit d'intérêts — conflit de besoins — conflit de valeurs — conflit d'objectifs	Opposition ou incompatibilité concernant les buts, les valeurs, les besoins ou les intérêts
Conflit de position — conflit de statut — conflit d'accès aux ressources	Compétition pour l'accès aux ressources matérielles ou non matérielles
Conflit de réalisation	Visions opposées quant à la démarche la plus avantageuse pour l'atteinte des objectifs du groupe
Conflit de construction — conflit d'interprétation — conflit d'attribution	Perceptions et compréhensions différentes d'un événement Analyses différentes des causes d'une situation
Conflit de relation — conflit déplacé — conflit d'expression — conflit induit	Opposition résultant de la rivalité, de l'hostilité ou de tout autre sentiment négatif

3. La *complaisance* est le contraire de la domination. Dans ce cas, ce sont les rapports avec autrui qui sont plus importants que les objectifs personnels. Éviter les conflits pour préserver l'harmonie, tel est le mot d'ordre de la personne qui privilégie ce style de gestion des conflits.

4. La *recherche de compromis,* qui se présente comme une tentative de conciliation entre l'atteinte des objectifs personnels et le maintien de rapports harmonieux. On recherche une solution permettant à chaque partie de retirer un avantage de la situation.

5. La *confrontation,* qui découle de la conception du conflit comme problème à résoudre de façon que chaque partie puisse atteindre ses objectifs. La solution satisfaisante du conflit passe par la dissipation complète des tensions et des sentiments négatifs.

La place des conflits dans le groupe

Bien que des conflits puissent éclater à n'importe quel moment de la démarche d'intervention, leur nature et leur intensité varient selon l'étape de développement du groupe. Au début, ils tournent généralement autour d'enjeux d'intégration et de pouvoir. Par la suite, ils portent sur des thèmes liés à la tâche, aux normes et aux activités. Dans un groupe, les conflits peuvent se situer à trois niveaux : entre les membres ; entre les membres et l'intervenant ; ou entre le groupe et son environnement. Par ailleurs, ils peuvent être d'origines diverses. Ainsi, ils peuvent résulter de facteurs individuels tels que l'irritation provoquée par un événement extérieur au groupe et qui intervient à l'intérieur, le manque d'habiletés sociales ou des réactions provoquées par une personne et dirigées vers une autre. À titre d'exemple, les comportements avec l'intervenant sont généralement influencés par les expériences antérieures avec les figures d'autorité (Heap, 1994).

Le conflit peut également être lié à la dynamique du groupe. Il résultera alors d'une antipathie entre certains membres, de différences d'opinions quant aux objectifs, aux valeurs ou aux normes à privilégier, d'une information erronée sur des faits ou d'une mauvaise compréhension de l'autre. Dans certains cas, un membre peut être pris à partie non pas pour ce qu'il est, mais pour ce qu'il symbolise pour le groupe.

Lorsqu'une situation de conflit se présente, le groupe peut réagir de différentes façons. Il peut d'abord laisser tomber l'enjeu en changeant de sujet ou en évitant les questions litigieuses. Il peut aussi reconnaître qu'il n'y a pas de solution possible et se dissoudre. Il peut enfin s'engager dans une démarche de résolution du conflit. Dans ce dernier cas, plusieurs stratégies peuvent être utilisées : l'élimination de l'une des parties en cause par son expulsion ou son retrait ; l'adoption du point de vue du plus fort ou la subjugation ; la recherche de compromis ; et la découverte d'une solution nouvelle qui satisfait toutes les personnes concernées. Évidemment, cette dernière stratégie aboutit au dénouement le plus prometteur (Northen, 1988).

Si les conflits peuvent contribuer au cheminement d'un groupe (Johnson, 1988), ils représentent parfois aussi des écueils. Ils peuvent en effet faire obstacle à l'atteinte des objectifs, briser des relations, entraîner une exacerbation des différences, accentuer l'hostilité et les perceptions erronées et provoquer l'épuisement émotionnel des membres. Ils deviennent destructeurs quand leur intensité excède le niveau de tolérance des membres du groupe (Yalom, 1995). Par contre, lorsqu'ils sont bien abordés, ils ont un effet positif. Grâce à eux, les membres ont une meilleure conscience de ce qu'ils sont et de ce qu'ils valorisent (Johnson et Johnson, 1997). Ils peuvent également acquérir des habiletés en matière de résolution de conflit, ce qui leur servira à l'extérieur du groupe (Cowger, 1979). Les conflits ont par ailleurs un effet restructurant sur le groupe, car ils contribuent à l'accroissement de la solidarité en améliorant la compréhension mutuelle et en renforçant les relations entre les membres. En effet, au fur et à mesure que les désaccords sont exposés, discutés et clarifiés, les zones d'accord se précisent et la cohésion du groupe augmente. En outre, la résolution des conflits peut faire naître des idées nouvelles, conduire à l'adoption de nouvelles procédures de prise de décision et renouveler l'enthousiasme des membres. Elle peut également contribuer à une intensification et à un approfondissement des relations (Glassman et Kates, 1990). Wood (1977) mentionne trois raisons pour lesquelles le conflit découlant de l'expression d'idées et de perspectives opposées peut être positif : 1) il permet d'élargir la vision de la situation et de ses implications ; 2) il facilite la suggestion d'un large éventail de solutions dans une situation ; 3) il stimule les interactions et la participation.

On peut donc affirmer que, dans un groupe, les efforts pour supprimer les conflits et nier les différences sont improductifs à long terme : ils risquent en effet d'entraîner la stagnation, le dysfonctionnement et même l'éclatement du groupe (Northen, 1988). L'intervenant n'a donc pas pour rôle d'éviter le conflit mais d'aider le groupe à saisir les possibilités qu'il offre. Comme les conflits sont inévitables et qu'ils font partie de toutes les relations humaines, il doit aider les membres à faire l'apprentissage de moyens efficaces pour les régler (Weeks, 1992).

Les principes d'action que doit suivre l'intervenant lors d'un conflit

Avant de traiter des stratégies que l'intervenant peut utiliser pour aider un groupe à résoudre efficacement les conflits, il est nécessaire de mentionner certains principes d'action. Cowger (1979) suggère cinq principes sur lesquels doit s'appuyer la stratégie d'intervention en cas de conflit : 1) le conflit doit être abordé directement, 2) dans une dynamique où il n'y a ni perdant ni gagnant, 3) où une attention spéciale est accordée à la clarification et à l'interprétation de la situation, 4) où le conflit est défini comme une situation qui concerne l'ensemble du groupe et 5) où les possibilités d'action sont délimitées par des normes explicites. Nous allons maintenant expliquer la portée de ces principes.

— *Aborder directement le conflit :* Dans la mesure où le conflit est essentiel au développement d'un groupe, l'éviter ou l'ignorer peut freiner la démarche collective, car cela provoque un malaise ou de l'hostilité chez certains membres. Il est donc nécessaire que l'intervenant fixe une norme indiquant que le conflit est acceptable. Si le groupe peut considérer le conflit comme normal, les membres pourront l'aborder avec confiance, et ce d'autant plus que la contribution de chacun sera respectée, que la communication sera ouverte et que l'expression des sentiments sera acceptée.

— *Éviter les situations où il y a un gagnant et un perdant*: Lorsque le règlement d'un conflit est obtenu par la subjugation ou l'élimination d'un membre, les conséquences sont généralement néfastes pour le groupe. Les perdants sont en effet moins motivés et la cohésion interne diminue. Pour éviter ce genre de dénouement, trois techniques peuvent être particulièrement utiles à l'intervenant: la confrontation, la détermination des intérêts communs et l'analyse du problème (Shulman, 1976).

— *Clarifier et interpréter la situation conflictuelle*: Les situations conflictuelles entraînent généralement des distorsions et des incompréhensions au sujet des positions respectives, ce qui introduit une confusion dans la démarche du groupe. L'intervenant doit alors clarifier la situation en amenant les membres à une définition commune du conflit, puis en facilitant une analyse du problème et une délimitation des zones d'entente et de mésentente. L'interprétation du conflit passe également par la détermination des circonstances qui ont conduit à son éclatement.

— *Aborder le conflit comme une réalité qui concerne l'ensemble du groupe*: Il est indispensable que le conflit soit abordé comme une réalité qui concerne l'ensemble du groupe et non comme un différend qui ne met en cause que quelques membres. À cet égard, tous les membres doivent être invités à s'exprimer, et leurs opinions doivent être considérées et acceptées de la même manière. Faire du conflit un problème de groupe plutôt qu'un problème individuel contribue à atténuer les aspects personnels et compétitifs et à dépersonnaliser la situation.

— *Établir des règles sur les actions autorisées*: Il est important de préciser quelles stratégies peuvent être utilisées par les opposants dans la négociation du conflit. Cela permet de protéger les membres contre le harcèlement, les abus ou l'exploitation. Les règles qui sont fixées sont généralement liées à d'autres normes du groupe qui spécifient les comportements acceptables. L'intervenant doit dès le départ amener le groupe à établir des normes de respect et de sécurité, et montrer l'exemple par son attitude; il sert de modèle.

Le processus de négociation pour la résolution d'un conflit

La résolution d'un conflit passe par un processus de négociation entre des parties qui sont intéressées à en arriver à une entente. Deux objectifs de base sont poursuivis: en arriver à une entente et préserver les liens de coopération. Le premier objectif est de l'ordre du gain primaire; il concerne les bénéfices immédiats que procure l'entente. Le second est de l'ordre du gain secondaire et concerne l'ensemble du groupe. En effet, plus le conflit aura de conséquences positives sur le groupe, plus les membres pourront en tirer profit à long terme (Johnson et Johnson, 1997).

Globalement, il est possible de dégager certaines caractéristiques du processus de négociation :

— Il y a au moins deux parties concernées ;

— Les parties sont intéressées à en arriver à une entente ;

— Chaque partie est dépendante de l'autre quant à la résolution du conflit ;

— Les parties font face à un dilemme : retirer le plus de bénéfices personnels et obtenir l'accord de l'autre partie ;

— Il y a interdépendance dans l'obtention d'informations sur le type d'entente qui serait acceptable ;

— Des normes sur les façons de conduire la négociation sont établies ;

— La négociation est évolutive : elle a un début, un milieu et une fin.

Pour arriver à définir une démarche de négociation, l'intervenant doit élaborer sa stratégie d'intervention en s'efforçant de comprendre la position des personnes concernées par le conflit, la nature des enjeux, la réaction des autres à la situation conflictuelle, le contexte dans lequel le conflit prend place et les conséquences prévisibles des différentes solutions pour les parties concernées (Northen, 1988). Sa démarche peut se décomposer en trois étapes : 1) reconnaître et mettre en évidence le conflit ; 2) en analyser les composantes ; et 3) faire naître de nouvelles perspectives (Glassman et Kates, 1990).

Reconnaître et mettre en évidence le conflit

Il est nécessaire que l'intervenant détecte le conflit assez rapidement pour éviter que les membres ne s'enlisent dans des sentiments négatifs et qu'ils ne s'enferment dans des positions irréconciliables. Cela est particulièrement important dans les premières rencontres, le besoin des membres d'être appréciés et acceptés les conduisant alors très souvent à éviter ou à nier les situations conflictuelles. L'intervenant doit donc rapidement introduire l'idée que les différences et les controverses sont non seulement acceptables, mais utiles pour le cheminement du groupe. Si les membres estiment que le conflit peut être positif pour le groupe, ils seront plus susceptibles d'adopter des comportements qui facilitent le processus de résolution du conflit (Wood, 1977).

Pour aider le groupe à reconnaître le conflit, l'intervenant a intérêt à exprimer sa vision personnelle de ce qui se passe et à inviter les membres à en faire autant. Lorsqu'un conflit n'est pas reconnu, il doit aider le groupe à le mettre en lumière et à en cerner les composantes. Évidemment, son intervention doit tenir compte des caractéristiques des membres (expériences antérieures, conscience de soi, habileté à se maîtriser, capacité de communication et facilité à vivre avec le stress) et de l'étape d'évolution du groupe. Un conflit important dès la première rencontre peut faire hésiter les membres quant à leur présence aux rencontres suivantes alors qu'un conflit à la dernière rencontre peut remettre en question les acquis. L'intervenant peut également présenter le conflit comme une occasion de croissance pour le groupe et les membres.

Analyser les composantes du conflit

Pour savoir comment réagir en cas de conflit, l'intervenant doit analyser la situation. Selon Bisno (1991), il doit alors considérer quatre variables : 1) les enjeux ; 2) les participants ; 3) le cadre physique ; et 4) les ressources disponibles. Mais il doit également tenir compte de l'environnement du groupe.

La *détermination des enjeux* est essentielle, car, d'une part, elle aidera les membres à voir la situation sous différents angles et, d'autre part, elle guidera l'action de l'intervenant : « Se mettre d'accord sur l'objet d'un conflit, c'est aussi important que de mettre de l'essence dans le réservoir d'une voiture. Si on oublie de le faire, on n'ira nulle part. » (Johnson, 1988 : 211.)

Pour déterminer les enjeux, l'intervenant peut d'abord demander à tous les membres du groupe d'exprimer leurs sentiments face à ce qui se passe puis de relater des expériences similaires qu'ils ont vécues. Il peut ensuite les inviter à se prononcer sur la situation et à vérifier leurs perceptions et leurs intentions. Cette démarche permet de mettre en évidence les besoins et les attentes des membres, les aide à cerner leurs préoccupations et les conduit à confronter leurs positions respectives. Si l'intervenant se rend compte que le conflit découle d'une mauvaise compréhension, il peut se limiter à apporter des éclaircissements ou à reformuler des messages.

Avant d'intervenir dans un conflit, il est nécessaire de bien circonscrire les *parties concernées*. Bisno (1991) relève cinq catégories de personnes qui peuvent être considérées dans l'analyse d'un conflit : les personnes directement concernées, les groupes qu'elles représentent ou qui les ont mandatées, les personnes qui peuvent être influencées de façon significative par l'issue du conflit, l'auditoire et les intervenants (conciliateur, arbitre, médiateur).

Le *cadre physique* est une variable importante bien que souvent négligée. Par le simple arrangement d'une salle de réunion, il est possible de maximiser ou de minimiser l'affrontement direct, de mettre en évidence les différences, de modifier les rapports de pouvoir ou de décourager la monopolisation du débat par quelques personnes. Le cadre physique est donc important tant pour comprendre un conflit que pour infléchir son déroulement.

Les *ressources disponibles* pour les parties concernées sont importantes à évaluer, car elles peuvent servir à influer sur le dénouement du conflit. Évidemment, les ressources considérées ici n'ont d'intérêt que dans la mesure où elles peuvent être mises à contribution dans la situation conflictuelle. Ainsi, dans le fonctionnement d'un groupe, elles se rapportent essentiellement au pouvoir et à l'influence que chaque membre ou chaque sous-groupe peut exercer.

Enfin, tenir compte de l'*environnement* du groupe permet de déterminer dans quelle mesure le conflit est relié à ce qui se passe à l'extérieur du groupe. Lorsque le conflit semble prendre son origine à l'extérieur, l'intervenant doit s'efforcer de saisir comment les membres perçoivent la situation et il doit tenter de relier ce conflit à un enjeu pour le groupe.

Pour aider le groupe à cerner la nature du conflit, l'intervenant peut recourir à diverses stratégies, en particulier : 1) amener les membres à présenter leurs positions respectives sans prononcer ni jugements ni insultes ; 2) définir l'objet du litige le plus clairement et précisément possible ; 3) définir clairement les zones d'accord et de désaccord ; 4) présenter le conflit comme un problème commun à résoudre plutôt que comme un combat à gagner ; 5) discuter des idées et des positions mais non des personnalités ; 6) permettre l'expression des sentiments qui sont liés à l'objet du litige ; 7) cerner les comportements qui ont contribué à créer le conflit ou qui contribuent à le faire durer.

Faire naître de nouvelles perspectives

Une fois que l'intervenant a bien cerné la nature du conflit, il peut amener les membres à recadrer la situation pour ensuite l'aborder différemment. Ceux-ci s'approprient ainsi plus facilement le processus de résolution de problèmes en modifiant leur définition de la situation. À cette étape, l'objectif de l'intervenant est d'utiliser le sentiment du « nous » dans la recherche d'une issue au conflit (Glassman et Kates, 1990). Son rôle consiste principalement à encourager les membres à déterminer les sources du conflit et à suggérer des pistes de solutions. « Son but est d'aider les membres à redécouvrir ce qu'ils ont en commun et d'obtenir une plus grande tolérance à l'égard de réactions inévitablement différentes. » (Heap, 1994 : 124.) La démarche du groupe sera alors influencée par les expériences antérieures d'aplanissement des différends, par les normes qui portent sur la façon d'aborder les divergences d'opinions et par les mécanismes de résolution de problèmes mis en place.

À cette étape, on peut relever cinq règles que l'intervenant doit s'efforcer de respecter : 1) établir clairement les intentions de coopération et affirmer que la solution recherchée doit satisfaire les besoins de chacun ; 2) définir le conflit comme un problème commun ; 3) amener chaque membre à envisager le litige du point de vue de l'autre (cela peut se faire notamment en demandant à chaque partie de présenter la position défendue par l'autre) ; 4) maintenir la motivation des membres à résoudre le conflit en faisant ressortir les coûts qui y sont associés et les avantages qui découleront de son règlement ; et 5) inciter les membres à suggérer des solutions.

L'intervenant a un rôle important à jouer en cas de conflits, car il aide le groupe à tirer profit de ces situations difficiles qui se présentent tout au long de son développement. Il doit alors agir comme un médiateur qui intervient non pas pour suggérer une issue au conflit, mais pour accompagner le groupe dans la recherche de sa propre solution. Les conflits sont généralement des situations à fort contenu émotif qui demandent à l'intervenant d'agir de manière réfléchie. Ce dernier doit être conscient de ses propres tendances, c'est-à-dire de son style de gestion des conflits, et en même temps adopter une démarche structurée. Évidemment, l'intervention ne peut reposer sur des recettes toutes faites ou sur des façons de faire prédéterminées. Elle ne saurait non plus résulter de la seule spontanéité naïve de l'intervenant. Elle est affaire de réflexion et d'intuition, de préparation et de spontanéité, de rationalité et de sensibilité.

Il est possible que le groupe ne veuille pas s'occuper du conflit lorsque celui-ci ne perturbe pas vraiment son fonctionnement. Dans ce cas, il faut se rappeler que le problème lui appartient et qu'il est libre de l'aborder ou non. Comme le conflit peut être autant un obstacle qu'une occasion de croissance, il importe de bien évaluer à quelles conditions la mise en évidence du conflit peut contribuer à faire cheminer le groupe vers l'atteinte de ses objectifs.

6.6 L'ÉVALUATION DU CHEMINEMENT DES MEMBRES ET DU GROUPE

Au cours de la phase de travail, une autre tâche importante de l'intervenant est d'évaluer le cheminement des membres et du groupe. Cela permet à tous d'obtenir de l'information sur la situation par rapport à l'atteinte des objectifs et, si cela est nécessaire, d'envisager une modification de la démarche du groupe. Il existe diverses façons d'évaluer le cheminement du groupe. L'une d'elles consiste à faire une évaluation verbale ou écrite à la fin de chacune des rencontres. L'évaluation verbale est courante. Cependant, comme les membres ne s'expriment généralement pas tous et sont souvent influencés par les autres au moment d'une évaluation verbale, l'évaluation écrite, dans laquelle les membres sont invités à indiquer de façon anonyme leur appréciation de quelques aspects du déroulement de la rencontre, ne doit pas être négligée. L'encadré 6.1 présente un exemple de formulaire d'appréciation qui peut être rempli après chaque rencontre.

ENCADRÉ 6.1

Exemple de formulaire d'évaluation

Formulaire d'appréciation de la rencontre

L'information présentée pendant cette rencontre vous a-t-elle été

❐ Très utile?   ❐ Plutôt utile?   ❐ Peu utile?   ❐ Pas du tout utile?

Dans quelle mesure cette rencontre vous a-t-elle permis d'acquérir des connaissances?

❐ Beaucoup   ❐ Assez   ❐ Un peu   ❐ Pas du tout

Dans quelle mesure étiez-vous à l'aise pour vous exprimer?

❐ Beaucoup   ❐ Assez   ❐ Un peu   ❐ Pas du tout

Quelle évaluation faites-vous de votre participation à la rencontre de ce soir?

❐ Excellente   ❐ Très bonne   ❐ Bonne   ❐ Mauvaise

Quelle évaluation faites-vous de la participation des autres personnes à la rencontre de ce soir?

❐ Excellente   ❐ Très bonne   ❐ Bonne   ❐ Mauvaise

Qu'est-ce qui vous a semblé très utile pendant cette rencontre?

_____

_____

Qu'est-ce qui vous a semblé peu utile?

_____

_____

Dans l'ensemble, quelle est votre appréciation de la rencontre de ce soir?

❐ Excellente   ❐ Très bonne   ❐ Bonne   ❐ Mauvaise

D'autres modalités d'évaluation peuvent également être utilisées. Ainsi, certains intervenants choisissent de faire un bilan systématique de l'évolution du groupe après quatre ou cinq rencontres. D'autres procèdent à l'observation systématique des membres pendant les rencontres au regard de certains aspects de leur situation. Par exemple, un intervenant qui anime un groupe de soutien pour personnes dépressives pourrait évaluer lui-même, à chaque rencontre, le niveau de dépression de chaque membre en utilisant la fiche présentée dans l'encadré 6.2 (p. 186).

D'autres, enfin, utilisent des grilles d'autoévaluation ou des grilles d'observation de comportements que les membres sont invités à remplir à la fin de

Fiche d'évaluation du niveau de dépression

Nom : _____

10 ••••••••••••••••••••••• 5 ••••••••••••••••••••••• 1

Très déprimé   **Moyennement déprimé**   **Non déprimé**

Pas d'appétit   *Mange un peu*   *Mange bien*

Insomnie   *Sommeil agité*   *Dort bien*

Idéations suicidaires   *Sentiment d'impuissance*   *Se sent compétent*

chaque rencontre ou entre les rencontres. Les informations recueillies servent à suivre de façon continue l'évolution de chacun des membres. Cette méthode s'inspire de l'évaluation sur système unique qui sera exposée en détail dans la quatrième section du chapitre 7. Quelle que soit la méthode utilisée, l'important est de recueillir de l'information sur l'évolution des membres et du groupe de façon rigoureuse et systématique. L'intervenant peut ainsi modifier sa démarche en cours de route si cela s'avère nécessaire. De plus, les membres voient qu'on se préoccupe de leur cheminement.

Dans la pratique, l'évaluation est souvent négligée. Emporté par le travail intense du groupe, l'intervenant ne dispose souvent que de quelques minutes pour faire l'évaluation de la rencontre. Les membres peuvent alors s'en aller avec l'impression que la boucle n'est pas fermée ou avec un sentiment d'incertitude quant à ce qui va se passer à la prochaine rencontre. L'évaluation permet aux membres de se situer par rapport à ce qui a été fait et à ce qui reste à faire ; elle permet de revoir les échéanciers et de prévoir le contenu des prochaines rencontres. C'est un moment privilégié pour évaluer la satisfaction des membres quant à la démarche du groupe et à la poursuite des objectifs.

6.7 LA DOCUMENTATION DU PROCESSUS DE GROUPE

La dernière tâche de l'intervenant dans la phase de travail consiste à documenter le processus du groupe. Les observations de l'intervenant sur la démarche d'intervention, sur le groupe et sur le cheminement des membres, de même que l'appréciation faite par les membres du déroulement des rencontres et de leur progression vers l'atteinte des objectifs, doivent en effet être consignées dans un dossier. Pour la plupart des intervenants sociaux, il s'agit là d'une tâche aride qui ne rapporte pas toujours des dividendes proportionnels à l'investissement exigé. Certains n'aiment tout simplement pas écrire. D'autres estiment que leur temps doit être principalement consacré à l'intervention directe. D'autres, enfin, ont de la difficulté à rendre compte clairement de leurs interventions et cherchent à se soustraire à la rédaction des rapports. Ainsi, cette dernière est jugée peu importante ou peu intéressante et n'est souvent faite que lorsqu'il reste du temps. Le dossier est cependant un instrument utile pour l'intervention ; il peut contribuer à améliorer la nature des services et peut constituer un outil d'apprentissage et de croissance pour l'intervenant et pour les membres du groupe. La rédaction des rapports n'est pas une activité isolée de l'intervention ; une rédaction soignée est souvent associée à une intervention efficace. Une tenue adéquate de dossier fait donc partie intégrante d'une bonne intervention. Il y a plusieurs raisons pour lesquelles il est utile de constituer un dossier. Ce dernier comporte divers documents qui relatent de façon détaillée le processus d'intervention ou qui en font un compte rendu.

6.7.1   L'intérêt de constituer un dossier

Différentes raisons justifient le recours au dossier comme composante d'une démarche efficace d'intervention en service social des groupes (Wilson, 1980). Le tenue d'un dossier permet notamment :

— *de documenter l'activité d'intervention*. Le dossier fournit une image de la nature de l'intervention auprès des membres et décrit les progrès réalisés vers l'atteinte des objectifs et les résultats de l'intervention. En consultant le dossier, une personne peut dire : « Voici les types de personnes auprès de qui j'interviens, le type d'intervention que je fais et les résultats que j'obtiens » ;

— *d'assurer la continuité des services*. Lorsqu'un intervenant décrit avec précision la nature et les fondements de son action, une autre personne peut prendre la relève si cela est nécessaire et continuer dans la même direction. Les membres du groupe se sentent alors moins dépaysés et n'ont pas à tout recommencer à zéro. Un dossier dans lequel est décrite une intervention antérieure évite le gaspillage d'énergie, permet de gagner du temps et augmente l'efficacité des services ;

— *de vérifier la qualité des interventions*. La rédaction de rapports précis permet à l'intervenant de remettre en question ses pratiques et de retirer des enseignements pour améliorer son action. Elle lui permet également de témoigner de la nature de ses interventions auprès de ses employeurs ou d'autres personnes et lui offre l'occasion de consulter des pairs sur des questions précises en lien avec la nature des actions menées ;

— *de fournir des données statistiques.* Le dossier fournit des données précises sur le nombre de participants à un groupe, le nombre et la durée des rencontres, et la nature des activités réalisées. Il peut ainsi être utilisé pour justifier l'intervention ou pour demander des sommes d'argent pour la mise en place d'un programme ;

— *d'organiser la pensée de l'intervenant.* La rédaction de rapports oblige l'intervenant à structurer sa pensée. La présentation des données factuelles et des observations conduit à une évaluation plus poussée et à une meilleure planification de l'action ;

— *de communiquer avec des collègues.* La rédaction de rapports permet à l'intervenant de documenter son intervention et de transmettre des informations ou des recommandations à des collègues utilisant d'autres méthodes d'intervention ou venant d'autres disciplines ;

— *d'améliorer ses habiletés d'intervention.* Utilisé correctement, en contexte de supervision et d'encadrement professionnel, le dossier peut aider à évaluer les habiletés professionnelles de l'intervenant et contribuer à l'apprentissage de nouvelles techniques ;

— *de fournir des données utiles pour l'étude des pratiques.* Les dossiers bien tenus contiennent des informations utiles pour le chercheur et l'intervenant désireux de connaître par exemple les types de clients ou les activités réalisées. Quand des mesures sont prises pour assurer la confidentialité, l'étude des dossiers peut fournir des informations utiles pour les personnes désireuses d'étudier la nature des services qui sont proposés.

6.7.2 Les types de documents faisant partie d'un dossier

Dans la pratique, on trouve habituellement deux principaux types de documents dans un dossier, chacun ayant une utilité particulière : le rapport détaillé du processus d'intervention et le compte rendu (Wilson, 1980). Le premier rend compte de façon précise du contenu des échanges entre l'intervenant et les membres du groupe. Il est utilisé surtout pour l'apprentissage et la recherche. Le second présente, dans ses grandes lignes, le déroulement et les résultats d'une intervention.

Le rapport détaillé du processus d'intervention

La description du processus est une forme spécialisée et très précise de consignation de l'information. Tout ce qui se déroule pendant la rencontre est consigné et les propos tenus par l'intervenant et par les membres du groupe sont notés textuellement. On trouve généralement dans le rapport les éléments suivants :

— Les renseignements de base : nom de l'intervenant et des membres présents, date, lieu et heure de la rencontre ;

— Une description détaillée de ce qui se passe ;

— Les émotions et réactions de l'intervenant pendant la rencontre ;

— Les observations, réflexions et analyses de l'intervenant à propos de ce qui se passe pendant la rencontre ;

— Un sommaire évaluatif ou un résumé des impressions de l'intervenant ;

— Un plan d'intervention pour les rencontres suivantes ou un énoncé des conclusions.

La meilleure façon, pour l'intervenant, de prendre des notes sur ce qui se passe pendant une rencontre est d'utiliser une feuille divisée en trois colonnes et de noter, dans la première, les informations sur le contenu ou les dialogues de la rencontre, dans la deuxième, ses émotions et ses impressions et, dans la troisième, les commentaires d'un observateur extérieur, le plus souvent le superviseur. L'encadré 6.3 (p. 190) en présente une illustration tirée de Wilson (1980). Il y est question du début d'une rencontre avec des personnes hospitalisées pour des problèmes cardiaques.

Évidemment, l'enregistrement sonore ou sur vidéocassette permet de rendre compte plus facilement de la multitude des interactions qui ont cours dans un groupe. Toutefois, lorsqu'il est impossible d'y recourir, le rapport détaillé du déroulement d'une rencontre est une méthode indirecte qui permet d'examiner ce qui se passe dans un groupe. La rédaction de ce type de rapport est une tâche exigeante. Cependant, elle permet de consigner de précieuses informations sur la dynamique du groupe et sur les habiletés de l'intervenant.

Le compte rendu

Le compte rendu est une forme plus répandue de consignation de l'information dans les dossiers en service social. Les notes évolutives, les sommaires périodiques et les rapports d'observation sont autant d'exemples de comptes rendus. Dans certains organismes, des formulaires sont spécifiquement prévus. Le compte rendu est évidemment préféré à la méthode précédente,

ENCADRÉ 6.3

Exemple de rapport détaillé du processus d'intervention

Contenu du catalogue	Émotions et impressions	Commentaires d'un observateur extérieur
Description de ce qui se passe pendant la rencontre : dialogues, messages non verbaux, comportements des membres	*Description des émotions ressenties, commentaires appréciatifs et évaluatifs sur le comportement des membres*	*Commentaires d'un autre intervenant, d'un superviseur ou d'un coanimateur*
J'arrive dans le local quelques minutes avant le groupe. À mesure que les membres arrivent, je vérifie leur nom et le note pour ne pas l'oublier.	Je suis très nerveux. Je ne sais pas comment la rencontre va se dérouler.	Réaction normale.
Je me présente et je leur dis que nous allons utiliser le temps de cette rencontre pour discuter de tout sujet pouvant les préoccuper.		La présentation de l'objet est un peu vague. Discuter de « tout sujet » est une expression qui donne peu d'indications.
Personne ne réagit.	Je me dis : « Comment les faire participer ? »	
Je fais le tour du groupe du regard et je dis : « Nous sommes ici aujourd'hui parce que vous avez tous quelque chose en commun. »		
Moment de silence.	Je commence à m'inquiéter.	
Alors, M. A dit : « Nous avons tous la même maladie. »	Ouf !	Enfin une réaction.
Je dis : « Oui, en effet, vous avez tous un problème cardiaque. »		
Les autres membres acquiescent.		
Alors, je dis : « J'aimerais savoir comment on se sent lorsqu'on a un problème cardiaque. »		Bonne exploration.
M. A dit : « J'essaie de ne pas y penser. »	Je crains que M. A prenne trop de place. Je veux que tout le monde participe également.	
Je me tourne vers les autres membres et je dis : « Et pour vous ? »		Voilà une façon de faire ressortir l'élément commun de leur réalité.

parce qu'il est plus court et exige moins de temps. Cependant, il demande une bonne planification, car il faut décider quelle information doit être notée et en organiser la présentation. Le compte rendu relate les événements les plus significatifs d'une rencontre. Il est souvent utile d'y insérer quelques exemples de propos tenus (citations) pour bien illustrer le climat de la rencontre.

Non seulement le compte rendu est plus court que le document décrivant le processus d'intervention, mais il en diffère par les aspects suivants :

— Les formes « J'ai dit », « Il a dit » sont éliminées. Les propos ne sont pas rapportés intégralement mais sont résumés ;

— L'intervenant rapporte moins ce qu'il fait et dit. Il met l'accent sur les membres du groupe. Cependant, il indique ses observations, ses sentiments et ses impressions ;

— Les détails superflus sont éliminés ;

— Le sommaire décrit davantage les résultats de l'intervention que l'ensemble du processus ;

— Le contenu des sommaires suit rarement un ordre chronologique mais présente plutôt les sujets traités.

Le compte rendu doit décrire le processus d'aide présent dans le groupe. À cet effet, il doit à la fois rapporter les principaux événements de la rencontre et en présenter une analyse fondée sur les observations et les conclusions de l'intervenant.

Quels que soient les types de documents utilisés, il faut garder à l'esprit que le dossier se constitue tout au long du processus d'intervention. En effet, dès qu'il commence à planifier son intervention, l'intervenant doit consigner et mettre en forme les informations qui appuient sa démarche. Le dossier n'est pas le résultat d'un long exercice de remémoration que fait l'intervenant à la fin de la démarche d'intervention. C'est l'organisation d'un ensemble de documents et de notes accumulés pendant les rencontres. Avant de parler de façon détaillée de la nature des informations qui devraient se trouver dans le dossier, il est nécessaire d'aborder quelques considérations techniques concernant la constitution d'un dossier. Ainsi, pour que le dossier vienne enrichir la démarche d'intervention sans faire obstacle au cheminement du groupe, l'intervenant devrait prendre les précautions suivantes :

— Prendre l'habitude de mettre son dossier à jour d'une façon constante et assidue en y incluant les documents pertinents au fur et à mesure du processus d'intervention ;

— Prendre un minimum de notes pendant les rencontres. La prise de notes rompt le contact visuel avec les membres du groupe et peut faire manquer des informations non verbales importantes. Par ailleurs, voir l'intervenant écrire peut indisposer certains membres timides ;

— Éviter de prendre des notes quand une personne parle de ses sentiments ou quand elle discute de sujets à contenu émotif ou difficiles. La prise de notes peut couper court à l'expression des émotions ;

— Noter les informations à caractère factuel dont il est difficile de se souvenir. Par exemple, les nom, adresse, type d'emploi, nombre d'enfants et autres caractéristiques des membres peuvent constituer des informations utiles pour l'intervention. Lorsque ces informations sont notées, il est souvent préférable d'indiquer aux membres ce qu'on fait : « Pendant que chacun va se présenter, je vais noter certaines informations pour ne pas avoir à vous les faire répéter. » Si certaines personnes semblent mal à l'aise, il peut être utile de leur faire la lecture des informations consignées sous prétexte de vérifier si ce qui a été noté est exact. Évidemment, si la prise de notes instaure un climat de malaise, l'intervenant doit se raviser ; la priorité, c'est le groupe et non le dossier ;

— Se réserver du temps, idéalement tout de suite après la rencontre, pour noter quelques mots ou quelques phrases qui permettront ensuite de reconstituer le déroulement de la rencontre. Il est préférable d'inscrire des sujets spécifiques, qu'il est plus difficile de se rappeler, plutôt que de décrire des impressions, qui restent souvent plus longtemps en mémoire. Ces notes rapides serviront ensuite à rédiger un rapport sur la rencontre.

Il n'est généralement pas nécessaire de constituer un dossier sur chacun des membres du groupe, à moins qu'il ne s'agisse d'un groupe de traitement. Dans la mesure où c'est le groupe qui constitue la cible de l'intervention, il est plus logique de consigner des informations sur la démarche collective plutôt que sur le fonctionnement individuel des membres. Le dossier de groupe devrait contenir les documents et informations qui sont présentés dans l'encadré 6.4 et qui, rappelons-le, sont rassemblés tout au long du processus d'intervention.

En conclusion, rappelons que le dossier est d'abord et avant tout un outil qui doit servir l'intervention. Il est utile s'il permet à une personne externe de comprendre la démarche d'intervention et d'en suivre à tout moment le déroulement, et s'il permet à l'intervenant d'en tirer des enseignements qui lui serviront dans d'autres situations. Un dossier se constitue progressivement et s'enrichit à toutes les étapes du processus d'intervention. Il ne s'agit donc pas de rédiger un rapport à la fin de l'intervention ou de rassembler divers documents lorsqu'un groupe se termine. Il s'agit de construire peu à peu un outil qui sert tout au long de la démarche d'intervention et qui rend compte de l'évolution du groupe. L'intervenant a donc intérêt à suivre les conseils suivants :

— Garder à l'esprit l'objectif du dossier. Il faut éviter les détails non appropriés et se limiter aux informations pertinentes. Il faut se demander : « Pourquoi est-ce que j'écris ceci ? » et « Qui va lire cette information ? » ;

— Comme certaines pièces sont susceptibles d'être photocopiées, écrire à l'encre seulement ;

ENCADRÉ 6.4
Contenu du dossier de groupe

I. Page de titre indiquant le nom du groupe

II. Document précisant la nature du projet d'intervention

Cette section devrait contenir les renseignements suivants :

a) Organisme

- Mission et philosophie d'intervention de l'organisme
- Programmes, ressources et structure
- Règles de fonctionnement

b) Problématique

- Problèmes et besoins des personnes à qui s'adresse le groupe
- Description sommaire d'expériences vécues avec cette clientèle

c) Buts du groupe

- Besoins auxquels doit répondre le groupe
- Objectifs de l'intervenant et des membres
- Changements qui doivent se produire
- Évaluation des résultats

d) Programme

- Format prévu (taille, nombre de rencontres, type de groupe, etc.)
- Fréquence et lieu des rencontres
- Début et fin du groupe
- Activités prévues

e) Ressources

- Personnes qui pourront être mises à contribution au cours de l'intervention
- Matériel nécessaire
- Rôle de l'animateur

f) Processus de mise sur pied du groupe

- Tâches à réaliser pour mettre le projet en place
- Méthode de sélection des membres
- Critères de sélection, s'il y a lieu
- Personnes qui ne seront pas admissibles dans le groupe

g) Difficultés prévues

- Obstacles prévisibles au déroulement
- Solutions qui peuvent être envisagées à l'avance

h) Suites

- Suites possibles de ce projet

→

 **ENCADRÉ 6.4**

Contenu du dossier de groupe (*suite*)

III. Sommaire de la rencontre

    a) Date de la rencontre et numéro (p. ex., 3e rencontre)

    b) Nom des personnes présentes et des personnes absentes

    c) Brève description du déroulement de la rencontre : activités réalisées, commentaires formulés, émotions exprimées, sujets de discussion soulevés pour les prochaines rencontres

    d) Sommaire des interactions au sein du groupe et commentaire analytique

    e) Plan ou ordre du jour de la rencontre suivante

IV. Bilan de fin de groupe

    a) Rappel des buts du groupe, de sa composition ainsi que du lieu, de la date et de la fréquence des rencontres

    b) Court sommaire des principaux sujets discutés en groupe

    c) Courte description de la participation de chacun des membres

    d) Obstacles rencontrés et solutions trouvées

    e) Brève description des buts atteints

    f) Motifs de terminaison du groupe

V. Documents comportant des informations théoriques

    a) Résumé de textes ou d'articles portant sur la problématique ou sur la clientèle visée

    b) Textes ou notes de lecture sur le modèle d'intervention privilégié

VI. Programme d'activités

    a) Description des activités réalisées dans le groupe : nature et déroulement

    b) Commentaires évaluatifs et suggestions sur les activités réalisées

VII. Document d'évaluation des résultats

    a) Présentation des instruments utilisés pour évaluer les résultats du groupe

    b) Compilation des commentaires évaluatifs et des résultats aux tests standardisés

VIII. Dossiers individuels

Dans certains types de groupes, notamment les groupes de changement personnel, il peut être utile de consigner des informations sur chacun des membres. Chaque dossier individuel qui est alors constitué devrait préciser les objectifs personnels du membre, la nature de sa participation et tout autre élément pertinent pour la compréhension de son cheminement dans le groupe.

Chaque fois qu'un membre se retire du groupe, on devrait faire un court bilan de sa participation énonçant :

    a) la nature de sa participation au groupe ;

    b) les progrès réalisés et les difficultés éprouvées ;

    c) les motifs de la fin de la participation ;

    d) quelques recommandations ou suggestions.

— S'assurer que le nom de la personne qui remplit le dossier est écrit lisiblement ;

— Toujours indiquer les dates précises plutôt que les périodes de temps (dans 10 jours). Il faut éviter que le lecteur ne soit obligé de consulter à nouveau la date du rapport ;

— Être aussi bref que possible. Les rapports n'ont pas à être longs pour être utiles. Au contraire, un rapport trop long rebutera le lecteur ;

— Essayer de ne pas répéter ce qui a déjà été dit. Faire plutôt des renvois (« les problèmes mentionnés par les membres et indiqués à la page 3 ») ;

— Mettre des titres et des sous-titres aux sections afin que le lecteur puisse s'y retrouver facilement ;

— Éviter les abréviations peu connues, les symboles et autres termes de jargon. Se rappeler que le dossier est un outil qui sera utilisé par d'autres personnes ;

— Quand des diagnostics ou des « étiquettes » provenant de personnes issues d'autres disciplines sont utilisés, toujours en indiquer la source (« Selon le docteur X, que j'ai consulté le 20 décembre 1999, Mme A souffre de dépression nerveuse »). Faire la distinction entre ses impressions d'intervenant, les évaluations faites par d'autres professionnels et les informations obtenues d'autres sources.

SYNTHÈSE

Au moment de la phase de travail, les membres sont davantage engagés envers le groupe ; l'individualisme initial a fait place à un sentiment du « nous » qui s'accompagne d'une meilleure cohésion et d'un esprit de coopération plus important. Durant cette phase, l'intervenant a pour tâche principale de soutenir les membres dans la poursuite de leurs objectifs. Il doit donc porter une attention particulière au contenu des rencontres et s'assurer que les activités proposées sont adaptées aux besoins. Il doit être à l'affût des indices verbaux ou non verbaux qui traduisent les préoccupations des membres. Il doit également favoriser l'émergence des facteurs de changement et aider le groupe dans les situations problématiques. Ces situations peuvent être analysées sous quatre angles différents : 1) le comportement de certains membres ; 2) les rôles dysfonctionnels ; 3) le fonctionnement du groupe ; et 4) le conflit. Pour être en mesure d'accompagner correctement le groupe et de s'adapter au besoin, l'intervenant doit évaluer de façon continue le cheminement du groupe. Il a donc tout intérêt à constituer un dossier dans lequel il peut consigner l'information nécessaire pour apprécier la démarche d'intervention. Cela lui sera particulièrement utile pour préparer la fin du groupe, phase du processus d'intervention qui fait l'objet du prochain chapitre.

LECTURES COMPLÉMENTAIRES

ZASTROW, C. (1993). « Controversy, creativity and decision making ». Dans *Social Work with Groups*, 3e éd. Chicago : Nelson-Hall Publishers, p. 207-224. Chapitre 11 de l'ouvrage.

BRANDLER, S. et ROMAN, C.P. (1991). *Group Work : Skills and Strategies for Effective Interventions*. New York : The Haworth Press, 256 pages.

REID, K.E. (1997). « Therapeutic factors in groups » et « Program activities ». Dans *Social Work Practice with Groups*. Toronto : Brooks/Cole Publishing Company, p. 39-54 et p. 209-228. Chapitres 3 et 11 de l'ouvrage.

CHAPITRE 7

La conclusion
de l'intervention

 **INTRODUCTION**

Si le début du groupe est une étape déterminante pour les membres du point de vue de leur participation, la conclusion de l'intervention est également importante du fait de son influence marquée sur les retombées de l'expérience de groupe. En effet, le souvenir que les membres conservent de leur participation au groupe et leur habileté à maintenir et à transposer dans leur quotidien les acquis qu'ils ont faits sont largement tributaires de la façon dont la dissolution du groupe est vécue. Cette étape du processus d'intervention mérite donc de faire l'objet d'une attention particulière. D'autant plus qu'elle est souvent escamotée par les intervenants et par les membres, soit parce que les dernières rencontres se font à la hâte faute de temps pour aborder tous les sujets prévus, soit parce que l'importance de cette étape est minimisée, soit parce que tout le monde, sans le dire ouvertement, préfère ne pas trop aborder la séparation.

La conclusion est une phase qui est généralement marquée par l'ambivalence des membres. Ambivalence entre, d'un côté, la satisfaction que la démarche du groupe soit terminée et, de l'autre, l'anxiété devant la perspective de devoir poursuivre son cheminement sans le soutien des autres. En fait, si la fin du groupe procure un sentiment de liberté qui vient de ce que le membre n'a plus à se présenter aux rencontres, elle s'accompagne aussi d'une certaine tristesse devant la perte de personnes qui sont devenues significatives au fil des semaines. Pour aider les membres à vivre avec cette ambivalence et pour leur permettre de tirer le meilleur parti possible de cette étape importante du cheminement du groupe, l'intervenant doit accorder une attention particulière aux dernières rencontres.

Il doit d'abord s'intéresser au contexte dans lequel se produit la fin du groupe. Plusieurs circonstances peuvent la provoquer. Dans les meilleures conditions, le groupe se terminera parce que les objectifs visés sont atteints ou parce que la période des rencontres initialement prévues prend fin. Dans ces circonstances, la conclusion de l'intervention est généralement bien vécue, d'une part parce que la participation au groupe est susceptible d'avoir débouché sur des résultats positifs pour tous les membres et, d'autre part, parce qu'il y a une anticipation et une préparation. Mais la fin du groupe peut également se produire dans des circonstances plus houleuses. Elle peut résulter de l'incapacité du groupe à progresser, du départ progressif ou précipité de plusieurs membres ou du retrait de l'intervenant. Dans ces circonstances, les membres risquent de rester amers quant à leur expérience, particulièrement si la situation n'est pas discutée directement. Par ailleurs, lorsque la fin est causée par le départ de l'intervenant, certaines conditions doivent être respectées pour que l'effet négatif de la situation soit réduit (Toseland et Rivas, 1998). Ainsi, l'intervenant doit aviser les membres le plus tôt possible de la date de la dernière rencontre ainsi que des motifs qui justifient son départ. En outre, il est nécessaire qu'il voie avec le groupe ce qu'il faut faire avec les tâches non réalisées et avec les objectifs qui restent à atteindre. Si le groupe est appelé à poursuivre sa démarche avec un nouvel intervenant, ce dernier doit être présenté aux membres le plus tôt possible et, idéalement, il devrait coanimer une rencontre de transition avec l'intervenant qui s'en va.

Quelles que soient les circonstances, il est important que l'intervenant aide les membres du groupe à définir les sentiments qu'ils éprouvent concernant la fin et à cerner ce qu'ils pourraient faire pour mettre pleinement à profit ce que leur expérience de groupe leur a apporté. Pour faire en sorte que la conclusion contribue au cheminement des membres, il doit être attentif à quatre aspects que nous présentons tour à tour dans ce chapitre :

— Les réactions à la fin du groupe ;

— Le maintien et le transfert des acquis ;

— Les suites du groupe ;

— L'évaluation de l'intervention.

7.1   LES RÉACTIONS À LA FIN DU GROUPE

Lorsque la démarche du groupe approche de la fin, il est possible de déceler différentes réactions chez les membres. Certains se détachent du groupe ; ils prennent leurs distances, un peu comme pendant la phase de début. À l'extrême, ils vont arriver en retard, partir avant la fin ou abandonner prématurément le groupe ; au lieu de subir la dissolution, ils mettent eux-mêmes un terme à leur participation. Certains ont une réaction plus constructive; ils trouvent d'autres intérêts ou nouent de nouveaux liens avec des personnes extérieures au groupe (Reid, 1997). D'autres, au contraire, se conduisent comme si la dissolution du groupe ne devait jamais se produire; ils continuent de s'investir pleinement et font des efforts pour augmenter la cohésion. D'autres encore sentent le besoin de revenir en arrière, sur des sujets qui ont déjà été abordés. En soulevant des problèmes qui ont été résolus ou en adoptant des comportements antérieurs, ils cherchent à exprimer qu'ils ne veulent pas que le groupe se termine. Selon Henry (1992), il arrive que des membres se présentent aux dernières rencontres plusieurs minutes à l'avance dans l'espoir que l'intervenant perçoive toute l'importance que le groupe revêt pour eux. D'autres se conforment soudainement aux normes ou ont des gestes de reconnaissance envers l'intervenant: ils lui apportent par exemple des cadeaux, l'invitent à manger ou à continuer les discussions après les rencontres. Ces différentes réactions peuvent être interprétées comme autant de façons d'exprimer le malaise ressenti quant à la fin prochaine du groupe. L'intervenant doit alors encourager les membres à discuter de leurs sentiments, de leurs émotions et de leurs réactions.

Les réactions à la fin du groupe dépendent de plusieurs facteurs: la durée du groupe, les progrès réalisés, la qualité des relations entre les membres et l'habileté de l'intervenant à accompagner le groupe à cette étape (Germain et Gitterman, 1980). Lorsque la fin d'un groupe est adroitement dirigée, plusieurs sentiments positifs peuvent naître chez les membres:

— Un sentiment de compétence et de contrôle devant le constat qu'ils ont été capables d'atteindre des buts et de faire des choses difficiles;

— Un sentiment d'indépendance résultant de leur capacité accrue de contrôler leur vie;

— La fierté d'avoir contribué à mener à terme la démarche du groupe en dépit des périodes difficiles;

— Un sentiment d'utilité résultant de l'aide qu'ils ont apportée aux autres membres du groupe;

— L'espoir retrouvé quant à la possibilité d'améliorer leur situation.

Pour vivre la conclusion de façon positive, les membres doivent apprendre petit à petit à devenir moins dépendants du groupe. L'intervenant peut les y aider en les encourageant à compter de plus en plus sur leurs propres compétences et à utiliser davantage les ressources disponibles dans leur communauté. Pour favoriser ces changements, il est nécessaire qu'il commence les discussions sur la fin quelques rencontres avant le moment prévu. Il peut même se révéler utile d'espacer les dernières rencontres, de façon à modifier la routine du groupe et à réduire la dépendance des membres. De plus, au cours des dernières rencontres, l'intervenant doit veiller à ce que l'on s'en tienne aux sujets de discussion prévus et il a intérêt à limiter le temps dont chaque membre dispose pour s'exprimer de façon à assurer à chacun un espace de parole. Il doit éviter d'entamer de nouvelles questions et de soulever des problèmes qui n'ont pas été abordés jusque-là. En outre, il doit essayer de résoudre les conflits en suspens afin que le groupe se termine sur une note harmonieuse. À cet égard, il est généralement utile de prévoir une activité spéciale pour la dernière rencontre, tels un repas, une fête ou une petite cérémonie, afin de bien marquer la fin du groupe et de lui donner une connotation positive.

Pour être en mesure de contrer les réactions négatives et pour favoriser les sentiments positifs, l'intervenant doit être attentif aux comportements des membres et il doit s'efforcer d'en interpréter correctement le sens, ce qui n'est pas une tâche facile, car il est lui aussi affecté par la fin prochaine du groupe. Tout comme les membres, il est habité par des sentiments contradictoires de soulagement et de tristesse. Ses réactions peuvent osciller entre des sentiments très positifs, comme la fierté et le soulagement concernant les réalisations des membres et le rôle qu'il a joué, et des sentiments plus mitigés, comme la tristesse de mettre fin à des relations positives avec les membres du groupe, la remise en question de ses habiletés d'intervenant et le doute quant à la capacité des membres à maintenir leurs acquis.

Devant l'absence ou le détachement de certains membres, l'intervenant, craignant que ces attitudes ne soient imitées, peut avoir tendance à adopter des comportements non appropriés aux besoins du groupe : par exemple, il sera plus complaisant, étirera sans motif valable la durée des rencontres, reprendra une position centrale ou encore prendra prématurément ses distances. L'intervenant doit donc être conscient de ses propres réactions et il doit préparer minutieusement les dernières rencontres afin de s'assurer que la fin du groupe sera vécue comme une occasion de développement (Levine, 1979). Par ailleurs, si le groupe se termine de façon abrupte, sans que cela ait été planifié, il est important qu'il fasse une analyse approfondie de ce qui s'est passé pour ne pas garder une image négative de l'intervention de groupe et pour tirer des enseignements de cette expérience au lieu de rester avec un sentiment d'incompétence. Tant pour les membres que pour l'intervenant, les effets négatifs de la fin du groupe peuvent être atténués par des actions visant le maintien et le transfert des acquis des membres et par une préparation des suites du groupe.

7.2   LE MAINTIEN ET LE TRANSFERT DES ACQUIS

À la fin du groupe, il est important de faire un retour sur ce que l'on a appris et de prendre le temps de trouver des moyens pour transposer les acquis dans la vie quotidienne.

L'intervenant peut aider les membres à reconnaître les compétences qu'ils ont acquises en leur proposant des activités de réflexion sur leur situation au moment où ils se sont joints au groupe et sur leur situation actuelle. De plus, un retour systématique sur le déroulement de chacune des rencontres peut contribuer à augmenter la confiance en soi des membres en leur faisant prendre conscience des habiletés acquises et du chemin parcouru depuis le début du groupe. Dans cet exercice, l'intervenant doit être le plus concret possible afin que les membres puissent cerner avec précision les forces sur lesquelles ils peuvent maintenant compter pour affronter les situations à venir et sachent sur quoi ils ont intérêt à continuer de travailler. Ce type de retour est particulièrement nécessaire lorsque les membres se joignent à un groupe sans objectif précis ou lorsqu'ils ont des attentes globales, par exemple améliorer leur vie. L'intervenant doit les aider à voir qu'un changement dans un domaine particulier de leur vie peut en engendrer d'autres et à reconnaître qu'il est généralement difficile de maintenir les acquis.

Lorsqu'ils participent à une démarche d'intervention, les membres ont souvent tendance à mettre l'accent sur les problèmes qu'ils éprouvent. Bien qu'il soit essentiel de prendre en compte les difficultés, ce qui montre que l'intervenant et le groupe sont préoccupés par leur situation, il est préférable, au moment de la conclusion, d'orienter les échanges vers les aspects positifs, satisfaisants ou agréables de leur vie (Metcalf, 1998). Comme le soulignent Goldstein, Keller et Sechrest (1966), porter beaucoup d'attention aux problèmes, aux situations conflictuelles et aux expériences négatives conduit à accorder trop d'importance à ces aspects au détriment des composantes positives de la vie. Au moment de la fin du groupe, l'intervenant doit encourager les membres à voir les solutions possibles aux situations problématiques qu'ils vivent et à reconnaître les moments exempts de difficultés. Pour qu'un sentiment d'espoir quant à l'avenir puisse naître, l'attention doit porter davantage sur les aspects positifs que sur les problèmes.

Une autre façon de faire prendre conscience aux membres de leurs compétences et de favoriser le maintien et le transfert des acquis consiste à organiser des jeux de rôles illustrant des situations susceptibles de se présenter. Pour maintenir la confiance, il est souhaitable que le niveau de complexité des situations proposées augmente progressivement de facile à difficile. Lorsque les membres se rendent compte qu'ils peuvent faire face à ces situations, ils se sentent plus confiants et ont moins de difficulté à accepter la fin du groupe. Les jeux de rôles sont évidemment plus faciles à organiser et ont de meilleurs résultats lorsque le climat du groupe s'inscrit dans une dynamique de soutien et d'acceptation.

Il est difficile de poursuivre dans la voie du changement lorsque cela ne débouche pas sur des conséquences positives. Il est donc important que l'intervenant affine la sensibilité des membres quant aux conséquences positives qui vont résulter des changements dans leur vie et qu'il les aide à percevoir les bénéfices qu'ils vont récolter, malgré les résistances qu'ils vont certainement rencontrer dans leur environnement. Apporter des changements dans sa façon de se comporter provoque inévitablement dans l'entourage des réactions qui sont parfois positives, parfois négatives. Les membres du groupe doivent en être conscients et doivent être plus sensibles aux premières qu'aux secondes. En fait, ils doivent être prêts à faire face aux résistances. L'intervenant doit les aider à prévoir ces attitudes et les préparer pour qu'ils soient en mesure d'y réagir adéquatement. Il peut ainsi organiser des discussions où chacun expose sa vision de l'avenir et la façon dont il entend faire face aux différentes situations qui peuvent se présenter.

7.3 LES SUITES DU GROUPE

Au terme d'une démarche d'intervention, il est possible que les membres ressentent des besoins auxquels le groupe n'a pas répondu, qu'ils aient de nouveaux intérêts ou de nouvelles préoccupations, qu'ils ne se sentent pas suffisamment en sécurité pour affronter l'avenir seuls ou tout simplement qu'ils aient le goût de partager leur cheminement futur avec les membres du groupe. Il peut alors être bénéfique de prévoir quelques rencontres de relance qui vont offrir aux membres l'occasion d'échanger sur ce qu'ils vivent depuis la fin du groupe et sur les moyens qu'ils utilisent pour faire face aux difficultés qu'ils éprouvent. Ces contacts peuvent encourager les membres à poursuivre leurs apprentissages et à persister dans leurs nouveaux comportements. L'intervenant doit cependant s'assurer que ce prolongement n'est pas une façon détournée d'éviter de faire face à la fin du groupe. C'est pourquoi il est souhaitable que les rencontres de relance se tiennent à un rythme moins intensif et qu'elles soient de plus en plus espacées. Les membres prennent alors progressivement leurs distances, car ils se rendent compte qu'ils peuvent continuer leur cheminement sans le soutien du groupe.

Il est possible que certains membres aient besoin d'aide supplémentaire. Si l'intervenant estime qu'il serait avantageux qu'on leur apporte celle-ci dans le cadre d'une intervention de groupe, il peut planifier une nouvelle démarche d'intervention en fonction d'objectifs différents. Il peut aussi choisir d'aider les membres à prendre contact avec d'autres services disponibles dans leur communauté. Il peut encore les aider à mettre en place des services répondant à leurs besoins. Ainsi, il n'est pas rare que certains membres d'un groupe décident de continuer à se rencontrer en mettant sur pied un groupe d'entraide ou en se joignant à un groupe existant. La conclusion correspond alors davantage à une transformation qu'à la fin d'un processus (Greenfield et Rothman, 1987).

À la fin de son intervention, l'intervenant doit s'assurer que les membres sauront à qui s'adresser en cas de problèmes ou de rechutes. Il doit fournir de l'information sur les ressources disponibles et ne doit pas hésiter à indiquer le nom de personnes qu'ils peuvent consulter. Pour être en mesure de bien cerner les besoins des membres au terme de la démarche du groupe, il doit par ailleurs accorder une attention particulière à l'évaluation de son intervention.

7.4 L'ÉVALUATION DE L'INTERVENTION

L'évaluation de l'intervention est une composante majeure de la phase de conclusion, non seulement parce qu'elle permet à l'intervenant de juger du cheminement des membres, mais aussi parce qu'elle lui fournit des informations de premier ordre pour améliorer son action. Plusieurs aspects doivent être examinés. Fike (1980) distingue ainsi cinq catégories d'informations qui peuvent être prises en considération. Certaines informations sont parfois considérées comme des variables dépendantes, mais il est plus juste de les voir comme des variables indépendantes. Elles portent sur la démarche d'intervention. D'autres constituent des variables indépendantes, c'est-à-dire qu'elles portent sur les aspects de la démarche qui peuvent expliquer les résultats mesurés ; la satisfaction des membres et les actions de l'intervenant entrent dans cette catégorie. Elles font l'objet d'une démarche d'évaluation formative. D'autres, enfin, sont considérées comme des variables dépendantes, c'est-à-dire comme des résultats de la démarche d'intervention ; il s'agit des changements mesurés chez chacun des membres et décelés dans l'ensemble du groupe. Elles font l'objet d'une démarche d'évaluation sommative. Les cinq catégories proposées par Fike sont présentées dans le tableau 7.1.

TABLEAU 7.1

Catégories d'informations à considérer dans l'évaluation de l'intervention

Variables dépendantes ou indépendantes	• Démarche du groupe
Variables indépendantes	• Satisfaction des membres • Actions de l'intervenant
Variables dépendantes	• Changements chez chacun des membres du groupe • Changements dans l'ensemble du groupe

7.4.1   La démarche du groupe

Si tous les intervenants s'entendent sur la nécessité d'évaluer la démarche du groupe au regard d'aspects tels que la nature des objectifs, le degré de cohésion, l'établissement des normes, l'acceptation du leadership formel et le climat, pour n'en nommer que quelques-uns, ils n'ont pas les mêmes points de vue sur la pertinence de considérer ces aspects comme des résultats de l'intervention ou comme des moyens pour atteindre les objectifs. Par exemple, est-ce que le fait de permettre à une personne de participer à un groupe dans lequel elle va se sentir acceptée et au sein duquel elle va exprimer librement ses émotions constitue un objectif d'intervention ou plutôt un moyen ? La réponse n'est pas nécessairement tranchée, comme l'indiquent les résultats d'une recherche sur les pratiques d'intervention auprès des enfants exposés à la violence conjugale (Turcotte, Beaudoin et Pâquet-Deehy, 1999). Plusieurs intervenants interrogés sur leurs objectifs d'intervention dans le cadre de cette étude ont répondu par des énoncés tels que « favoriser le soutien entre les pairs » et « développer la solidarité et la coopération entre les membres ».

À notre avis, si la démarche du groupe joue un rôle dans l'atteinte des objectifs, elle ne peut en soi constituer un objectif de l'intervention. La justification de l'intervention tient à la modification des connaissances, des habiletés, des comportements et non au climat ou au fonctionnement du groupe. Il est donc important de prendre en considération la démarche du groupe pour expliquer les changements qui se sont produits, mais l'objectif final de l'intervention consiste en un changement dans les connaissances, les habiletés, les comportements des membres. L'évaluation de la démarche du groupe s'inscrit donc dans une orientation d'évaluation formative. L'intervenant cherche à savoir comment s'est déroulée l'intervention et à cerner dans quelle mesure les membres et le groupe ont participé à cette démarche. En reliant cette information aux changements observés chez les participants, il peut discerner les obstacles à l'intervention et les éléments qui ont contribué à l'atteinte des résultats. Il peut aussi dégager des pistes pour améliorer son intervention.

L'évaluation de la démarche du groupe conduit très souvent à une prise de conscience de l'influence de certains aspects de l'intervention qui sont négligés parce qu'ils sont tenus pour acquis ou parce que le temps manque pour s'y arrêter. Il est donc important, au terme d'une intervention, de réfléchir attentivement à la démarche du groupe.

Pour faire l'évaluation de la démarche du groupe, l'intervenant a intérêt à recueillir des informations sur les membres (caractéristiques sociodémographiques, assiduité et ponctualité aux rencontres, type de participation), sur la démarche d'intervention (planification, déroulement et résultats des activités) et sur la dynamique du groupe (climat, cohésion, communication, respect des normes, évolution, etc.).

Steinberg (1997) a envisagé une perspective originale pour l'évaluation de groupe dans laquelle un accent particulier est mis sur l'aide mutuelle. Celle-ci est évaluée à deux niveaux, puisqu'il s'agit d'apprécier jusqu'à quel point le processus de groupe a reflété la mise en place de cette aide mutuelle, et jusqu'à quel point les membres du groupe sentent, à la fin de ce processus, qu'ils ont été aidés. Il est donc possible d'étudier les dynamiques de l'aide mutuelle sous les quatre angles complémentaires du but, du processus, du résultat et de l'intervention. Prenons ici comme exemple la dynamique du partage de l'information. Elle sera évaluée à partir de différentes questions pour chacun des angles :

— *But.* Le groupe a-t-il fonctionné comme un lieu d'échange d'information et d'idées ?

— *Processus.* Les membres ont-ils échangé de l'information et des idées ? Quand, par exemple ? Et quelle était la nature de l'information ?

— *Résultat.* Les informations échangées ont-elles été particulièrement utiles ? Comment ?

— *Intervention.* Les membres ont-ils été encouragés à se voir comme des sources d'information ? Comment les questions étaient-elles retournées au groupe ou obtenaient-elles directement une réponse ? Quand et pourquoi ?

Le tableau 7.2 présente quelques éléments à considérer dans l'évaluation de la démarche du groupe : les membres, l'intervention et la dynamique du groupe.

TABLEAU 7.2

Éléments à considérer dans l'évaluation de la démarche du groupe

Les membres	L'intervention	La dynamique du groupe
Âge, sexe, revenu, structure familiale	Nombre de rencontres	Buts et objectifs du groupe
Types de problèmes	Nature des activités	Éléments structurels
Attentes initiales	Procédures de choix et de réalisation des activités	Vie socio-affective
Ponctualité	Résultats des activités	Communication
Assiduité	Incidents critiques	Modes de prise de décision
Rôles tenus dans le groupe		Évolution du groupe
Modes de communication		
Leadership		

7.4.2   La satisfaction des membres

La satisfaction des membres est utile à considérer, car elle fournit des indications sur ce qui a été apprécié et sur ce qui a été plus controversé. Il faut toutefois se garder d'interpréter cette information comme une indication du succès d'une démarche d'intervention. En effet, il est facile de faire en sorte que les membres d'un groupe soient satisfaits de leur expérience, d'autant plus que le fait de rencontrer des personnes ayant les mêmes préoccupations et les mêmes besoins constitue en soi une expérience positive. En fait, presque toutes les études qui se sont intéressées à la satisfaction de la clientèle concernant les services sociaux et de santé conduisent au même résultat : un haut degré de satisfaction (Nguyen, Attkisson et Stegner, 1983). Au terme d'une revue des études sur le sujet, Linn (1975) en arrive à la conclusion que le niveau de satisfaction est très élevé quels que soient la méthode de recherche utilisée, la population étudiée et le type de service concerné. Ainsi, s'il est intéressant d'étudier la satisfaction pour repérer les éléments à améliorer, il ne faut pas considérer cette information comme un indicateur fiable des effets de l'intervention. D'autres aspects doivent être pris en considération dans l'évaluation de l'intervention. Néanmoins, la satisfaction est à examiner. L'encadré 7.1 présente, à titre d'exemple, des énoncés adaptés de la grille proposée par Simard et autres (2001) visant à mesurer la satisfaction à l'égard des services psychosociaux.

ENCADRÉ 7.1

Évaluation des services

Jusqu'à quel point êtes-vous satisfait des éléments suivants ?

Le délai d'attente avant la première rencontre	❏ Très	❏ Assez	❏ Peu	❏ Pas
La qualité des locaux où les rencontres ont eu lieu	❏ Très	❏ Assez	❏ Peu	❏ Pas
L'attitude de l'intervenant	❏ Très	❏ Assez	❏ Peu	❏ Pas
Le nombre de rencontres	❏ Très	❏ Assez	❏ Peu	❏ Pas
La durée des rencontres	❏ Très	❏ Assez	❏ Peu	❏ Pas
Les heures des rencontres	❏ Très	❏ Assez	❏ Peu	❏ Pas
Ce que l'intervention vous a apporté	❏ Très	❏ Assez	❏ Peu	❏ Pas

Source : Simard et autres (2001).

7.4.3 Les actions de l'intervenant

La contribution de l'intervenant est un élément important du fonctionnement d'un groupe, car la façon dont l'intervenant tient son rôle peut avoir un effet majeur sur l'atteinte des objectifs visés. Évidemment, l'évaluation comporte ici une certaine imprécision dans la mesure où, d'une part, les caractéristiques d'une intervention efficace sont mal connues et, d'autre part, il n'y a pas d'absolu en cette matière puisque l'intervention doit être adaptée aux particularités des membres et du groupe. Mais c'est en raison de cette imprécision qu'il est essentiel d'accorder une attention particulière à la façon dont l'intervenant tient son rôle afin de mettre en relation les changements observés chez les membres et les actions menées. L'intervenant désireux d'améliorer son intervention ne peut donc se soustraire à une évaluation de son action dans le groupe. Parmi les éléments qui peuvent être pris en considération dans cette évaluation, on trouve les caractéristiques de l'intervenant (âge, sexe, formation, etc.), dans la mesure où elles peuvent influer sur la réaction des membres du groupe, les rôles qu'il a tenus, son style de leadership et sa position au sein du groupe.

7.4.4 Les changements chez chacun des membres du groupe

La stratégie la plus courante pour évaluer les résultats d'une intervention de groupe consiste à mesurer les changements qui se sont produits chez chacun des membres. Toutefois, ce type d'évaluation a de la valeur uniquement si les informations utilisées ne sont pas biaisées, c'est-à-dire si les membres parviennent à décrire les changements provoqués par l'intervention autrement qu'en fonction de leur niveau de satisfaction. En effet, les membres qui ont des sentiments positifs concernant le groupe ou l'intervenant peuvent avoir tendance à rapporter des changements importants, alors que ceux qui ont des sentiments négatifs ou mitigés peuvent rapporter des changements limités, voire une détérioration de leur situation (Fike, 1980). Les biais peuvent aussi être attribuables à la nature des questions posées pour mesurer les changements. Par exemple, une question telle que «Jusqu'à quel point avez-vous changé?» va nécessairement conduire à une réponse positive, alors qu'une question très vague telle que «Est-ce que votre situation s'est améliorée ou est-ce qu'elle s'est détériorée?» va conduire à une réponse qui est plus de l'ordre de l'impression que de l'ordre du changement réel. Enfin, dans le cas où la mesure des changements repose sur la perception de l'intervenant, son jugement à lui aussi risque d'être influencé par le climat des rencontres ou par son état d'esprit au moment de l'évaluation. Tout comme les membres, s'il est satisfait du déroulement des rencontres, il pourra avoir tendance à surestimer les changements.

Deux précautions peuvent contribuer à réduire ces biais : s'assurer de la qualité des outils utilisés pour recueillir l'information et faire porter les mesures sur les comportements plutôt que sur les impressions. Les comportements sont plus facilement observables et ils traduisent une réalité plus objective que les impressions ou les émotions. En outre, c'est généralement à travers les comportements qu'il est possible de percevoir les changements dans les attitudes, les habiletés et les connaissances. Mais il ne faut pas pour autant écarter tout recours à l'appréciation des membres et à leur perception des changements, car elles font très souvent ressortir des effets qui au départ n'avaient pas été prévus. Cependant, il est préférable d'éviter de faire reposer l'évaluation des effets d'une intervention sur des appréciations subjectives exclusivement.

Plusieurs stratégies peuvent être utilisées pour apprécier les changements chez chacun des membres d'un groupe. Nous en présenterons brièvement deux ici : l'évaluation sur système unique et l'échelle d'atteinte des objectifs.

L'évaluation sur système unique

L'évaluation sur système unique vise à mesurer l'effet spécifique de l'intervention sur chaque membre du groupe. Cette stratégie exige une collecte d'informations à deux reprises au moins, au début et à la fin de l'intervention. Mais, généralement, les mesures sont effectuées à plusieurs reprises avant, pendant et après l'intervention. L'évaluation sur système unique comporte trois étapes : 1) la détermination des objectifs d'intervention, qui sont formulés dans des termes mesurables ; 2) la sélection de la méthode de mesure ; et 3) la présentation graphique des données.

Si la détermination des objectifs est faite conjointement par le membre et l'intervenant, la sélection de la méthode de mesure est généralement suggérée par l'intervenant. Toutefois, le membre du groupe peut avoir à recueillir lui-même l'information qui sera utilisée pour apprécier son cheminement. Les modalités de collecte de données qui sont les plus fréquemment utilisées dans l'évaluation sur système unique sont le journal de bord, la grille d'observation, l'échelle d'évaluation et le test standardisé.

Le *journal de bord* est un document dans lequel le membre consigne lui-même l'information qui est utilisée pour apprécier les changements qui ont lieu dans sa situation : il note ses comportements, ses émotions ou ses impressions au fur et à mesure. Cette méthode offre l'avantage de montrer l'évolution de la situation du point de vue du membre lui-même. Par contre, elle conduit souvent à des résultats très différents d'une personne à l'autre. Il est donc important de donner des directives claires sur la nature des informations à consigner et sur la façon de le faire. Par exemple, le membre pourrait être invité à remplir son journal de bord chaque fois qu'il se querelle avec quelqu'un d'autre. L'information consignée pourrait porter sur le contexte de la querelle, l'élément qui l'a déclenchée, le comportement du membre face à l'autre et ses impressions après l'épisode. En analysant de façon régulière cette information, le membre peut évaluer s'il y a une augmentation ou une diminution du nombre de querelles, si les motifs changent et si les réactions aux querelles se transforment.

La *grille d'observation* est un tableau dans lequel sont notées de façon systématique des informations à propos d'un ou de plusieurs comportements. Elle peut être remplie par l'intervenant qui veut signaler certains aspects du comportement des membres en lien avec les rôles, les normes, la communication ou d'autres dimensions de la dynamique du groupe. Elle peut également être remplie par le membre lui-même. Dans ce dernier cas, il est important que l'intervenant précise la nature des comportements à observer ainsi que les informations à consigner à propos de ces comportements. Ces informations peuvent se rapporter à la durée, à la fréquence ou à l'intervalle d'apparition des comportements. Il est préférable que les observations portent sur des situations positives ou sur des comportements à acquérir plutôt que sur des aspects négatifs, parce que l'utilisation de la grille peut contribuer à faire apparaître ces situations ou ces comportements par un phénomène de prédiction créatrice (Watzlawick, 1988 ; De Shazer, 1991).

L'*échelle d'évaluation* est un troisième outil de collecte d'information qui peut être utilisé par l'intervenant, par le membre ou par une personne de l'entourage de ce dernier. Le membre doit se positionner en choisissant parmi une série de réponses ; il s'agit alors d'une évaluation par énoncés. Il peut également devoir se situer sur une échelle allant de bas à élevé ou de souvent à jamais ; il s'agit d'une évaluation par auto-ancrage. Ce dernier type d'échelle est particulièrement pertinent pour les émotions, la douleur ou la satisfaction. Il est assez facile à utiliser, mais les énoncés doivent être bien formulés et expliqués afin que l'information soit de meilleure qualité. Le tableau 7.3 (p. 210) présente un exemple de chacun de ces types d'échelles.

Le *test standardisé* est l'outil considéré comme le plus fiable, parce qu'il fait appel à une échelle de mesure dont les propriétés métriques ont été validées. Évidemment, malgré cet avantage, il est nécessaire de s'assurer que les tests sont appropriés aux caractéristiques des membres du groupe et aux changements visés. En effet, avant d'utiliser un test, l'intervenant doit se demander jusqu'à quel point ce test va lui permettre de déceler les changements que va susciter l'intervention. Par exemple, si le but est de restaurer l'estime de soi ou d'augmenter le sentiment de compétence parentale, il doit s'assurer que

TABLEAU 7.3

Illustration des types d'échelles d'évaluation

L'évaluation par énoncés	Imagine que tu fais la queue pour boire de l'eau. Quelqu'un de ton âge vient vers toi et te pousse en dehors de la queue. Que fais-tu ?
	☐ Je lui dis quelque chose de méchant.
	☐ Je lui demande pourquoi il m'a poussé.
	☐ Je ne fais rien ; je m'en vais.
	☐ Je lui dis que c'est ma place dans la queue.
	☐ Je le pousse en dehors de la queue.
L'évaluation par auto-ancrage	Sur une échelle de 0 (très mauvaise) à 9 (excellente), évaluez votre relation avec votre adolescent au cours de la dernière semaine.
	0 1 2 3 4 5 6 7 8 9

l'échelle peut détecter le degré de changement prévisible pendant la durée de l'intervention. On trouve la description de tests standardisés dans différents textes, dont ceux de Fischer et Corcoran (1994a, 1994b).

Après la détermination des objectifs et la sélection de la méthode de mesure, la troisième étape de la démarche d'évaluation sur système unique est la présentation graphique des données. Il s'agit ici de présenter les aspects mesurés sous forme graphique de manière à en faciliter la lecture et l'analyse. Dans la présentation des informations recueillies, l'axe horizontal représente les différents moments auxquels ont été faites les mesures et l'axe vertical, les scores obtenus concernant les aspects mesurés. La figure 7.1 illustre le score d'un parent ayant des difficultés avec son adolescent à différents moments de la démarche d'intervention, qui comportait neuf rencontres. Le score traduit le degré d'insatisfaction du parent concernant sa relation avec son adolescent mesuré avec l'échelle d'Hudson (1992). Les mesures ont été faites à la première, à la troisième, à la sixième et à la dernière rencontre, ainsi qu'à l'occasion d'une relance, trois mois après la fin de l'intervention. On constate qu'entre la première (score de 77) et la dernière rencontre (score de 30), il y a eu une baisse constante du niveau d'insatisfaction ; on observe toutefois une légère hausse (score de 34) lors de la relance. Trois mois après la fin de l'intervention, la situation est donc nettement meilleure qu'au moment de la première rencontre. Selon l'échelle utilisée, un score supérieur à 70 traduit une situation très critique et un score supérieur à 30 signale une situation qui doit être considérée avec attention. Ainsi, d'après le graphique, si la relation parent-adolescent s'est nettement améliorée, il existe encore des tensions importantes,

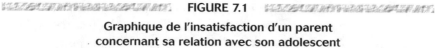

FIGURE 7.1

**Graphique de l'insatisfaction d'un parent
concernant sa relation avec son adolescent**

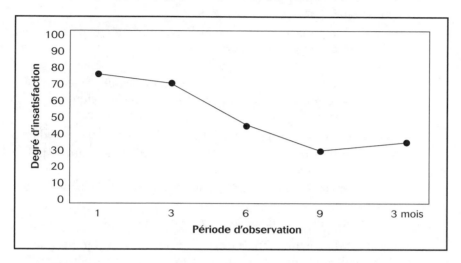

de sorte qu'il est nécessaire de mettre le parent en contact avec d'autres ressources après l'intervention de groupe.

L'échelle d'atteinte des objectifs

L'autre stratégie qui peut être utilisée pour mesurer les résultats d'une intervention est l'échelle d'atteinte des objectifs. Cette méthode permet d'évaluer jusqu'à quel point les changements qui se sont produits pendant l'intervention sont allés dans la direction prévue. Elle prend comme point de départ les objectifs individuels de chaque membre et convient donc à toutes les interventions. Par contre, elle ne permet pas d'établir avec certitude si les changements sont le résultat de l'intervention ou s'ils sont attribuables à d'autres facteurs. Alter et Evens (1990) proposent six étapes pour l'utilisation de l'échelle d'atteinte des objectifs :

1. Déterminer le ou les problèmes sur lesquels portera l'intervention.

2. Pour chaque problème, définir cinq niveaux d'objectifs en les situant sur une échelle allant de –2 à +2 :
    — –2 : résultat très inférieur aux attentes de départ ;
    — –1 : résultat inférieur aux attentes de départ ;
    — 0 : résultat conforme aux attentes de départ ;
    — +1 : résultat supérieur aux attentes de départ ;
    — +2 : résultat très supérieur aux attentes de départ.

Pour attribuer ces résultats, le membre et l'intervenant doivent se fonder sur des comportements ou des états émotionnels mesurables.

3. Attribuer à chaque problème une pondération indiquant son niveau d'importance par rapport aux autres.

4. Pour chaque problème, établir à quel niveau se situe la personne au tout début de l'intervention. Cette information constitue le point de départ.

5. Faire des mesures à différents moments du processus d'intervention. Il est aussi recommandé de faire une mesure après quelques mois, à l'occasion d'une relance.

6. Calculer un score global d'atteinte des objectifs selon cette procédure :
   — Établir le score pour chaque problème (différence entre le point de départ et la dernière mesure) ;
   — Multiplier le score pour chaque problème par la pondération établie ;
   — Additionner les différents scores pondérés.

Le tableau 7.4 donne un exemple d'échelle d'atteinte des objectifs utilisée avec un élève qui présente des problèmes scolaires. À partir des objectifs d'in-

TABLEAU 7.4

Échelle d'atteinte des objectifs

Niveaux	Fréquentation des cours (Pondération : 15)	Consommation de drogue (Pondération : 20)	Remise des travaux scolaires (Pondération : 15)
Résultat très inférieur aux attentes (−2)	S'absente 2-3 jours par semaine	Consomme chaque jour	Ne remet aucun travail
Résultat inférieur aux attentes (−1)	S'absente moins de 1 jour par semaine	Consomme à l'occasion, la semaine et la fin de semaine	Remet un travail à l'occasion
Résultat attendu (0)	S'absente 1 jour par mois	Consomme en fin de semaine seulement	Remet les travaux dans les matières qu'il considère comme importantes
Résultat supérieur aux attentes initiales (+1)	Aucune absence, mais quelques retards	Consomme à des occasions spéciales	Remet tous les travaux, avec quelques retards
Résultat très supérieur aux attentes (+2)	Aucune absence ni aucun retard	Aucune consommation	Remet tous les travaux à temps

tervention, des niveaux possibles de réussite, avec des possibilités extrêmes, ont été précisés. Comme la consommation de drogue est considérée comme le problème principal, elle se voit attribuer une pondération plus élevée (20) que les deux autres problèmes, soit la fréquentation des cours et la réalisation des travaux scolaires (pondération de 15). Le score d'atteinte des objectifs pour cette intervention peut se calculer de la façon suivante :

— Score pour chaque problème :
  - Fréquentation des cours : $1 \times 15 = 15$
  - Consommation de drogue : $0 \times 20 = \ 0$
  - Remise des travaux scolaires : $2 \times 15 = 30$
— Score total à l'échelle d'atteinte des objectifs : 45.

7.4.5   Les changements dans l'ensemble du groupe

Dans une intervention de groupe, il est possible de regrouper les informations obtenues grâce aux mesures individuelles pour tracer un portrait global des effets de l'intervention. Toutefois, ce regroupement doit être fait prudemment. En effet, si le regroupement des informations peut donner plus de crédibilité aux résultats, l'évaluation portant alors sur un plus grand nombre de personnes, il peut cacher certains phénomènes qui ne sont perceptibles que par une analyse des résultats de chaque individu. Par exemple, si la moitié des membres voient leur situation s'améliorer et l'autre moitié se détériorer, le regroupement des informations pourrait laisser croire à une absence de changement, alors que ce n'est pas le cas. Cette situation n'est pas exceptionnelle, car, dans une démarche de groupe, tous les membres ne changent pas au même rythme et de la même façon. D'autant plus que dans une dynamique de groupe, le succès repose sur la complémentarité des membres. Ainsi, dans un groupe fonctionnel, tous les membres ne peuvent devenir plus directifs et plus affirmatifs en même temps. Lorsque certains membres prennent plus de place, d'autres doivent demeurer en retrait. On pourrait considérer qu'une intervention conduit à des résultats positifs lorsqu'elle permet aux personnes les plus effacées de s'affirmer davantage et qu'elle amène les personnes les plus directives à être davantage à l'écoute des autres. Or, une évaluation qui s'appuie sur le regroupement des changements individuels décelés chez chacun des membres rend difficilement compte de cette double perspective. Un examen approfondi des résultats individuels peut permettre de déterminer le cheminement de chacun des membres et de cerner les facteurs susceptibles d'expliquer les écarts. Si l'examen des informations individuelles laisse entrevoir une tendance similaire chez tous les membres, il est alors intéressant de les regrouper pour dégager des observations globales sur les effets de l'intervention.

L'important, dans une démarche d'évaluation, est d'évaluer autant les réussites que les échecs, cela dans une perspective constructive, c'est-à-dire en recueillant les informations qui permettent non seulement de savoir si l'intervention a produit les résultats attendus, mais aussi de comprendre les raisons des changements mesurés et de trouver des moyens pour améliorer les interventions. L'évaluation de l'intervention est une composante très importante de la phase de conclusion, car elle a plusieurs fonctions, comme l'indique Anderson (1997):

— Elle permet à l'intervenant de connaître les effets de son intervention;

— Elle lui fournit des informations qui peuvent l'aider à développer ses compétences;

— Elle peut être employée pour démontrer la pertinence et l'utilité d'une intervention;

— Elle aide les membres et le groupe à évaluer leurs progrès par rapport à leurs objectifs de départ;

— Elle constitue pour les membres une occasion d'exprimer de façon formelle leurs satisfactions et leurs insatisfactions concernant la démarche du groupe;

— Elle peut contribuer à l'approfondissement de connaissances qui pourront être partagées avec d'autres intervenants qui animent des groupes semblables.

SYNTHÈSE

Pour les membres du groupe, la fin est généralement marquée par l'ambivalence entre la satisfaction d'être arrivés au bout de la démarche du groupe et l'anxiété devant l'éventualité de poursuivre le cheminement sans le soutien des autres. Pour les aider à vivre au mieux avec cette ambivalence et leur permettre de tirer le meilleur parti possible du groupe, l'intervenant doit inciter les membres à cerner les sentiments qu'ils éprouvent et à trouver ce qu'ils pourraient faire pour mettre pleinement à profit ce que leur expérience de groupe leur a apporté. Pour que la phase de conclusion contribue au cheminement des membres, quatre aspects doivent faire l'objet d'une attention particulière: 1) les réactions à la fin du groupe; 2) le maintien des acquis; 3) les suites du groupe; et 4) l'évaluation de l'intervention. Comme tout groupe doit se terminer un jour ou l'autre et que la façon dont cette fin est vécue marque le souvenir que les membres et l'intervenant conservent de cette expérience, il est essentiel de bien préparer la phase de conclusion et de la structurer de manière que les participants se quittent sur une note positive.

LECTURES COMPLÉMENTAIRES

GARVIN, C. (1997). «The evaluation of group work practice» et «The group and endings». Dans *Contemporary Group Work*. Toronto : Allyn and Bacon, p. 190-207 et 208-221. Chapitres 9 et 10 de l'ouvrage.

SAINT-JACQUES, M.C., OUELLET, F. et LINDSAY, J. (1994). «L'alliance de l'évaluation et de la pratique en service social des groupes». *Cahiers du service social des groupes*, 8, 40 pages.

TURCOTTE, D. et TARD, C. (2000). «L'évaluation de l'intervention et l'évaluation de programme». Dans R. Mayer, F. Ouellet, M.C. Saint-Jacques et D. Turcotte (sous la dir. de), *Méthodes de recherche en intervention sociale*. Boucherville : Gaëtan Morin Éditeur, p. 327-358.

CHAPITRE 8

La coanimation[1]

INTRODUCTION

De plus en plus d'auteurs s'intéressent à la coanimation et cherchent notamment à en cerner les origines. Ainsi, Heap (1994) établit une relation entre les pratiques d'intervention conjointe en thérapie familiale et la coanimation de groupe. Il souligne que « le travail de groupe et les domaines voisins de la psychothérapie de groupe et de la thérapie familiale se sont mutuellement profondément influencés » (p. 180). Cette allégation trouve confirmation dans la pratique de spécialistes en thérapie familiale et conjugale tels que Gullered et Harlan (1962), Framo (1965), Bellville (1969) et Walrond-Skinner (1980), qui utilisent la cothérapie comme modalité d'intervention.

Par ailleurs, le vocabulaire employé dans la littérature anglophone pour faire référence à la coanimation en intervention de groupe témoigne des diverses influences qui en ont marqué l'utilisation. Dans sa recension des écrits, Boudreau (1998) a relevé plusieurs terminologies : *co-leadership* (Balgopal et Vassil, 1983 ; Toseland et Rivas, 1998 ; Wickham, 1993), *co-facilitation* (Pfeiffer et Jones, 1975), *copractice* (Rothman, 1980), *co-workers* (Henry, 1992), *co-therapy* (Brandler et Roman, 1991). Dans la littérature francophone, on utilise couramment le terme coanimation pour décrire une situation où deux intervenants assument conjointement la responsabilité de l'animation d'un groupe. Dans le domaine du service social des groupes, la coanimation peut se définir comme *l'art, pour deux intervenants d'une même discipline ou de formations différentes et complémentaires, de partager l'animation d'un groupe. Il s'agit d'un mode d'intervention planifié dont l'utilisation est appropriée aux besoins des membres du groupe, qui est appliqué durant tout le processus de groupe et qui s'actualise dans différents contextes de pratique.* Malgré l'absence de fondements théoriques et la faiblesse de ses assises empiriques (Heap, 1994), la coanimation est de plus

---

1. Ce chapitre a été rédigé par Isabelle Côté, M.Serv.Soc., travailleuse sociale au CLSC des Hautes-Marées.

en plus utilisée, particulièrement depuis le début des années quatre-vingt (Turcotte, 1996). Dans ce chapitre, nous présenterons d'abord quelques-uns des motifs qui incitent les intervenants à y recourir. Puis, il sera question de ses principales limites et des éléments à prendre en considération pour en favoriser le succès.

8.1 L'UTILISATION DE LA COANIMATION

Plusieurs raisons d'ordre pédagogique, professionnel et organisationnel motivent le recours à la coanimation : la formation des étudiants, le soutien entre intervenants, le travail interdisciplinaire et la diversification des expertises. En fait, le choix de cette modalité découle d'un ensemble de facteurs qui tiennent à la fois des particularités du groupe (nature, taille et durée) et des préoccupations des intervenants. Cependant, quel que soit le contexte, la décision de recourir à la coanimation doit être fondée sur « la primauté des besoins et des sentiments des membres et sur le respect du processus de groupe » (Heap, 1994 : 182). À cet égard, comme elle présente des avantages certains pour les membres, pour les intervenants et pour les organisations, il n'est pas étonnant qu'elle soit répandue.

8.1.1 Les avantages de la coanimation pour les membres

Les membres d'un groupe peuvent retirer de multiples bénéfices d'une coanimation harmonieuse et respectueuse de leurs besoins. Dans les groupes de thérapie et d'éducation, le modèle que les coanimateurs peuvent présenter aux membres concernant la communication et la résolution de conflit est l'un de ces avantages (Galinsky et Schopler, 1980 ; Balgopal et Vassil, 1983 ; Heap, 1994 ; Côté, 1990 ; Wickham, 1993 ; Posthuma, 1989 ; Daudelin, 1998).

La coanimation donne aux membres l'occasion d'expérimenter différents styles d'interaction (Wickham, 1993). Elle leur permet de voir un large éventail de techniques et de stratégies d'intervention. Les participants reçoivent aussi une information plus variée, surtout si les intervenants sont issus de disciplines différentes. De plus, ils ont la possibilité de nouer des liens plus significatifs avec le coanimateur avec lequel ils se sentent le plus à l'aise.

La coanimation est parfois utilisée pour offrir un modèle de communication aux membres. Selon Heap (1994 : 182), « le rôle des animateurs, leur autorité et leur aisance dans les interventions font qu'ils deviennent inévitablement des modèles de relation ». La coanimation peut être mixte (homme-femme) ou non, selon les objectifs du groupe et les besoins des membres. Dans les groupes dont tous les membres sont du même sexe, une coanimation mixte assure la présence d'une personne du sexe opposé (Lindsay, 1991). En outre, les membres sont exposés à un modèle de relation homme-femme égalitaire et non conflictuel. C'est pourquoi la coanimation mixte est particulièrement appropriée avec certains types de clientèle tels que les hommes violents, les enfants exposés à la violence conjugale et les enfants dont les parents se sont récemment séparés. De plus, elle permet généralement d'universaliser des valeurs, des attitudes, des émotions et des comportements qui sont souvent associés à un seul des deux sexes. Enfin, la coanimation peut sécuriser le groupe quant à l'éventualité où l'un des intervenants serait dans l'obligation de mettre fin à sa participation.

8.1.2   Les avantages de la coanimation pour les intervenants

Vers la fin des années soixante-dix, une étude réalisée auprès de 25 responsables d'écoles universitaires canadiennes de service social révélait que seulement 27 % des écoles privilégiaient la coanimation pour faire de la formation à l'intervention de groupe. Or, la coanimation peut constituer un contexte d'apprentissage particulièrement intéressant pour les étudiants ou pour les intervenants qui sont moins familiarisés avec l'intervention de groupe. En contexte de formation, elle peut associer un étudiant et un superviseur ou deux étudiants encadrés par un superviseur. Dans le cas où un superviseur coanime avec un étudiant, tous les deux devront être vigilants et faire en sorte que le statut du premier ne subordonne pas l'évolution du second. À cet égard, Middleman (1980) souligne que la coanimation est une méthode de formation et non une méthode d'enseignement. Elle n'en demeure pas moins un cadre particulièrement intéressant pour l'apprentissage.

Henry (1992) mentionne que la coanimation favorise le développement d'habiletés chez les intervenants et diminue l'anxiété reliée au trac du débutant. Stempler (1993) pense que la coanimation facilite la communication entre un étudiant et son superviseur, tant sur le plan de la théorie de l'intervention de groupe que sur celui du processus de développement du groupe. Levine (1980), quant à lui, précise que la possibilité d'apprendre en suivant l'exemple d'un coanimateur plus expérimenté, le partage des responsabilités et le soutien mutuel sont des avantages importants de la coanimation. Heap (1994 : 180) estime que les coanimateurs contribuent mutuellement à se former, que la coanimation implique un étudiant et son superviseur ou qu'elle se vive entre collègues. Côté (1990) ajoute enfin que la coanimation permet d'obtenir rapidement une rétroaction et favorise ainsi l'évolution professionnelle. Elle permet donc un enrichissement mutuel entre les deux coanimateurs.

La coanimation peut également être utilisée pour la formation des intervenants qui se sentent moins à l'aise avec l'intervention de groupe. Pour ces personnes, elle s'avère à la fois sécurisante et stimulante. Un collègue expérimenté ou un superviseur extérieur peuvent les guider et les soutenir dans leur nouvel apprentissage.

En plus d'être une occasion d'apprentissage, la coanimation favorise le soutien entre animateurs. Dans les groupes où les membres vivent des problématiques lourdes ou lorsqu'un membre perturbe le groupe, la coanimation permet un partage des responsabilités (Galinsky et Schopler, 1980). Par exemple, l'un des coanimateurs ému par une situation ou perturbé par le discours d'un membre peut s'éloigner des objectifs visés ; son collègue pourra prendre la relève et recentrer l'intervention. En permettant le soutien et l'entraide, la coanimation peut prévenir l'épuisement professionnel (Henry, 1992), notamment lorsque les intervenants ont affaire à des problématiques particulièrement difficiles ou à des populations réfractaires aux services sociaux.

Les intervenants se sentent habituellement plus à l'aise de travailler en duo pour les problématiques d'abus, d'agression, de victimisation ou de troubles mentaux sévères, pour n'en nommer que quelques-unes. Par ailleurs, le choix de la coanimation s'avère souvent incontournable avec certaines clientèles, pour lesquelles la gestion du groupe comporte l'utilisation d'une variété d'activités, de la discipline, des règles de sécurité et même des interventions individualisées ponctuelles (comportement très déviant d'un membre, situation de crise). Le jeune âge des membres est aussi un élément important à considérer. L'étude de plusieurs interventions de groupe menées auprès d'enfants fait ressortir que la coanimation est avantageuse avec les enfants de parents séparés (Kalter, Pickan et Lesowitz, 1984 ; Pedro-Carroll et Cowen, 1985 ; Côté, 1990 ; Mireault et autres, 1991) et avec les enfants et les adolescents exposés à la violence conjugale (Alarie et Rose, 1989 ; Pâquet-Deehy, Proulx et Hamel, 1997 ; Beaudoin et autres, 1998 ; Turcotte, Beaudoin et Pâquet-Deehy, 1999).

8.1.3 Les avantages de la coanimation pour l'organisation

La coanimation permet de profiter au maximum des occasions qu'offrent certains contextes organisationnels, car elle favorise l'interdisciplinarité. En effet, elle permet à des intervenants ayant des formations, des compétences et des expériences différentes de travailler de façon concertée et complémentaire : « Un autre argument en faveur de la coanimation est la participation et la coopération interprofessionnelle qu'elle met en œuvre. » (Heap, 1994 : 180.) Voici quelques exemples de coanimation interdisciplinaire : un travailleur social et un ergothérapeute avec un groupe de thérapie pour les personnes déprimées ; un travailleur social et un éducateur spécialisé avec un groupe d'éducation pour les parents de jeunes enfants ; une infirmière et un travailleur social avec un groupe de soutien pour les personnes qui s'occupent d'un proche en perte d'autonomie ; une infirmière et un travailleur social avec un groupe de soutien pour les personnes atteintes d'un cancer ou pour leurs proches ; un travailleur social et un criminologue avec un groupe d'éducation structurée pour de jeunes contrevenants ; un psychologue et un travailleur social avec un groupe de thérapie pour les pères abuseurs.

La coanimation permet par ailleurs à plusieurs organismes de travailler en collaboration. Il s'agit là d'un aspect non négligeable, car le partenariat inter-organisationnel apparaît de plus en plus comme une voie incontournable pour assurer l'accessibilité à des services psychosociaux adaptés aux besoins des personnes en difficulté. Il existe, dans la pratique, plusieurs exemples concrets de coanimation en partenariat interorganisationnel. On peut citer les groupes de femmes victimes de violence conjugale coanimés par une travailleuse sociale d'un établissement du réseau de la santé et des services sociaux et une intervenante travaillant dans une maison d'hébergement. On peut également mentionner les groupes axés sur la prévention de la toxicomanie et dirigés conjointement par un travailleur social du milieu scolaire et un intervenant d'un organisme communautaire spécialisé en toxicomanie.

Les expériences de coanimation en partenariat interorganisationnel sont encore trop récentes pour qu'on puisse en évaluer toutes les implications et pour qu'on puisse juger de leur portée réelle. Cependant, elles semblent répondre à la fois à des besoins cliniques et à des enjeux d'efficacité et de rentabilité pour les organisations concernées. Toutefois, ce type de coanimation exige une planification rigoureuse et une évaluation continue, donc beaucoup de temps et une bonne entente entre les intervenants.

L'utilisation de la coanimation en intervention de groupe, qu'elle soit uni-disciplinaire ou interdisciplinaire, comporte donc des avantages nombreux et indéniables à la fois pour les membres, pour les professionnels et pour les organisations. Mais elle a aussi sa part d'inconvénients.

8.2   LES LIMITES DE LA COANIMATION

Plusieurs auteurs reconnaissent que la coanimation comporte des risques pour les membres et soulignent qu'il faut tenter de les atténuer, à défaut de pouvoir les prévenir complètement (Pfeiffer et Jones, 1975 ; Heap, 1994 ; Côté, 1990 ; Henry, 1992 ; Wickham, 1993). Selon Heap (1994), la qualité de la coanimation dépend beaucoup de la nature de la relation qu'il y a entre les intervenants et de la cohérence de leurs actions. Si cette relation est conflictuelle ou si les actions manquent de cohérence, les membres peuvent se sentir en situation de conflit de loyauté et peuvent craindre d'être perçus comme plus proches de l'un ou l'autre intervenant. De plus, s'ils constatent l'existence de conflits latents entre les coanimateurs, ils en déduiront qu'il vaut mieux tenter d'atténuer les conflits plutôt que de les aborder directement (Glassman et Kates, 1990). Shulman (1992) précise que les membres d'un groupe sont très observateurs et qu'ils peuvent repérer les plus subtils signes de tension, même si les coanimateurs font tout pour les cacher. Boudreau (1998) mentionne qu'une compétition malsaine entre les intervenants peut empêcher les membres de prendre « leur place ». Quand il existe une lutte de pouvoir ou une grande rivalité entre les intervenants, les membres peuvent se sentir obligés de faire un choix. Ils se divisent alors en sous-groupes et leur énergie est détournée des objectifs.

D'autres inconvénients de la coanimation sont à signaler. Par exemple, lorsque les intervenants sont de sexe différent, les membres peuvent s'intéresser davantage à la relation qu'il y a entre ces derniers qu'au rôle qu'ils tiennent dans le groupe. Dans un autre ordre d'idée, l'absence non planifiée et non expliquée d'un des coanimateurs peut déranger les membres, s'ils vivent cette situation comme une forme d'abandon.

La coanimation doit être utilisée pour permettre le développement optimal des membres et du groupe. Glassman et Kates (1990) soulignent qu'en coanimation deux personnes sont en position d'autorité et doivent « négocier » avec les membres en ce qui concerne l'indépendance et l'autonomie du groupe. Quand leur leadership se traduit par une prise de contrôle du groupe, le développement de l'autonomie des membres et l'émergence de l'aide mutuelle sont largement compromis (Middleman, 1980). Ainsi, autant une coanimation peut être riche et stimulante pour un groupe lorsqu'elle se passe bien, autant elle peut être contraignante et même démobilisante quand des difficultés importantes surgissent.

Il en est de même pour les intervenants : dans certaines situations, la coanimation peut se révéler davantage un fardeau qu'un soutien. C'est particulièrement le cas lorsque les coanimateurs ont des personnalités diamétralement opposées, lorsqu'ils ne partagent pas les mêmes valeurs ou lorsqu'ils ne s'inscrivent pas dans les mêmes orientations théoriques sur l'intervention de groupe (Pfeiffer et Jones, 1975 ; Shulman, 1992). Ces situations peuvent conduire à l'expression de désaccords pendant les rencontres, déboucher sur une absence de complémentarité dans les rôles et même donner lieu à des luttes de pouvoir pour le contrôle du groupe.

La coanimation est également source de difficulté lorsque la relation entre les deux coanimateurs s'inscrit dans une dynamique davantage axée sur leurs propres besoins que sur ceux des membres. Trois scénarios peuvent se présenter : 1) l'un des deux intervenants prend le contrôle ; 2) l'un des deux intervenants se sert de l'autre comme « coussin de sécurité » ; et 3) l'un des deux intervenants se pose comme expert. Le premier scénario met en jeu un intervenant ayant un fort besoin de contrôle et un autre plus effacé. Le premier, qui domine, perd de vue les objectifs de la coanimation pour s'investir dans une animation de style autocratique qui ne favorise pas l'aide mutuelle. Le deuxième scénario correspond, quant à lui, à la situation où l'un des deux intervenants est utilisé par son collègue comme « coussin de sécurité ». L'intervenant qui, pour masquer son insécurité, va s'adjoindre un collègue en qui il a confiance va souvent adopter une position de retrait et laisser la responsabilité presque complète de l'animation à son collègue. Pour Boudreau (1998), lorsqu'un coanimateur est utilisé comme « coussin de sécurité », le partage du pouvoir est inégal et le modèle de relation présenté par les coanimateurs est déficient. Henry (1992) émet l'opinion que si la coanimation est justifiée par le besoin d'être soutenu par quelqu'un d'autre, elle est mal engagée. Enfin, le dernier scénario se produit lorsque les deux intervenants n'ont pas le même profil et que leurs rôles respectifs n'ont pas été précisés. C'est le cas, notamment, lorsqu'il y a un jumelage superviseur-étudiant. L'un des deux coanimateurs peut alors se camper dans un rôle d'expert, reléguant son collègue dans une position de faire-valoir. Lorsque ces trois scénarios se présentent, les désavantages de la coanimation prennent le pas sur les avantages ; les intervenants, les membres et le groupe en subissent les conséquences.

8.3   LES ÉLÉMENTS À PRENDRE EN CONSIDÉRATION POUR LA COANIMATION

Avant de s'aventurer dans une démarche de coanimation, il faut bien s'assurer que cette modalité facilitera le processus de groupe. D'une part, il faut éviter que la présence de deux animateurs contribue à créer un malaise chez les membres du groupe. D'autre part, il faut veiller à ce que la coanimation se déroule dans un contexte qui en maximise les chances de succès. À cet égard, certains éléments doivent faire l'objet d'une attention particulière au moment de la planification du groupe, pendant l'intervention et lors de l'évaluation.

8.3.1   Une planification rigoureuse

Lorsque la pertinence de la coanimation est bien établie, il est nécessaire de procéder à une planification rigoureuse de la démarche, car la coanimation ne s'improvise pas. Trois éléments doivent faire l'objet d'une attention toute spéciale au moment de cette planification : le choix du coanimateur, l'évaluation des habiletés nécessaires à la coanimation et la préparation des rencontres.

Le choix d'un coanimateur

Posthuma (1989) souligne qu'on pourrait éviter la plupart des problèmes rencontrés en coanimation en procédant à un choix méticuleux des coanimateurs. Les critères sur lesquels doit s'appuyer ce choix ne font cependant pas l'unanimité. Ainsi, pour Yalom (1995) et Heap (1994), il faut viser à ce que les deux coanimateurs aient un statut professionnel égal. Dans le même sens, Wickham (1993) prône un niveau d'habileté et de compétence équivalent. Par contre, selon Toseland et Rivas (1998), le choix des coanimateurs doit viser la complémentarité plutôt que la similarité, ce qui implique que la coanimation peut être fructueuse même si les deux personnes n'ont pas un pouvoir égal (Balgopal et Vassil, 1983).

Ce qu'il faut retenir, c'est que le choix d'un coanimateur est une décision importante qui doit se fonder sur un certain nombre de facteurs tels que l'expérience, la formation, les orientations théoriques, les croyances, le style d'animation, la discipline professionnelle, l'âge, le sexe, la race, la langue parlée et le niveau d'expertise. L'option pour la complémentarité ou l'égalité, de même que l'importance relative à accorder à chaque facteur, doit être examinée à la lumière de la composition du groupe, des objectifs poursuivis et du contexte organisationnel et culturel dans lequel s'inscrit l'intervention. En outre, si les deux intervenants ont des statuts différents, comme dans une démarche de formation, il est important que le statut de chacun soit expliqué clairement aux membres du groupe et que leurs rôles respectifs soient bien définis.

La formation d'un duo « gagnant » de coanimateurs demande beaucoup de réflexion et de discernement, car ces deux personnes ont un défi de taille à relever. Les deux intervenants ont à établir une relation de travail qui s'appuie sur la mutualité, le soutien et le respect plutôt que sur la compétition et la division. Cela implique qu'ils aient la volonté de partager honnêtement leurs réactions, leurs sentiments et leurs opinions et fassent preuve d'ouverture face aux critiques et aux points de vue différents des leurs. Ils doivent être capables de travailler en coopération et en collaboration avant, durant et après les rencontres (Boudreau, 1998). Comme le mentionne Lindsay (1991 : 285) : « Selon un certain nombre de travaux de recherche, l'entente ou la mésentente entre les coanimateurs est le facteur le plus critique dans le succès de la coanimation. »

Les habiletés de l'intervenant

Pour que les coanimateurs puissent réussir leur intervention de groupe, il est nécessaire qu'ils soient «capables de faciliter l'expression des sentiments, d'aborder les conflits, de garder la préoccupation des objectifs du groupe, quoiqu'il puisse advenir» (Heap, 1994 : 185). Pour en arriver à ce résultat, ils doivent posséder certaines habiletés que Wickham (1993), s'appuyant sur Brandler et Roman (1981), présente de la façon suivante :

— Expression adéquate de ses sentiments ;

— Aisance dans la résolution de problèmes ;

— Capacité de fournir au groupe un éventail d'outils réutilisables ;

— Attitude de respect pour le sexe opposé ;

— Aptitude à partager le pouvoir ;

— Capacité de gérer les situations explosives dans le respect des besoins individuels ;

— Capacité d'animer le groupe de façon autonome en cas d'absence du coanimateur ;

— Aptitude à offrir un soutien affectif dans les situations chargées d'émotion.

Le temps de préparation : la phase pré-groupe

En coanimation, plusieurs obstacles pourront être évités par une prévision minutieuse du temps nécessaire à la préparation, à la tenue et à l'évaluation des rencontres. Si, comme le précise Heap (1994 : 184), «la coanimation doit être soigneusement préparée», il est important que cette préparation commence bien avant le début des rencontres. Ainsi, à la phase pré-groupe, les coanimateurs doivent prévoir un temps d'échange pour mieux se connaître et discuter de la problématique, du cadre d'intervention, des caractères distinctifs de leurs professions, s'il s'agit d'une coanimation interdisciplinaire, et de ce qu'ils peuvent apporter au groupe. C'est à cette étape que chacun doit clarifier sa motivation à intervenir en groupe et ses attentes concernant la coanimation. Dès ce moment, les intervenants doivent réfléchir au déroulement de l'intervention et à la pertinence de prévoir une supervision externe, soit pour conforter la coanimation, soit pour les aider à régler d'éventuels conflits. Pour Henry (1992), il est important que les coanimateurs communiquent clairement à propos de leurs orientations théoriques et de leurs assises disciplinaires. Une communication positive implique une ouverture à l'autre, de l'honnêteté, un respect mutuel, de la générosité, de la confiance en soi et en l'autre et la reconnaissance des habiletés respectives.

Au cours de cette étape de planification, les intervenants doivent effectuer ensemble le recrutement, les contacts pré-groupe et la sélection des membres. S'il ne leur est pas possible de rencontrer les participants potentiels à deux, ils doivent essayer de rencontrer un nombre identique de personnes. Ainsi, dès le départ, il y a un partage des tâches et les membres voient que les deux coanimateurs ont le même statut. En outre, les intervenants ont intérêt à prévoir comment va s'effectuer le partage de tâches telles que la tenue de dossier, l'arrangement de la salle, l'achat de matériel et l'organisation des pauses.

Pour se préparer adéquatement, ils ont intérêt à définir leurs rôles respectifs et leurs modes de collaboration. Cela permet de diminuer les risques de tension, notamment dans les situations de formation ou de stage ; la définition claire des rôles protège alors l'intervenant ayant un statut inférieur et lui procure un sentiment de sécurité (Galinsky et Schopler, 1980). En coanimation, la souplesse doit cependant être privilégiée pour un développement optimal du groupe.

8.3.2   Une souplesse des rôles pendant l'intervention

Les conditions de base d'une coanimation fructueuse ayant été établies pendant la phase pré-groupe, les intervenants sont en droit de penser que bien des difficultés seront évitées ou atténuées. Mais comme la planification la plus méticuleuse ne peut jamais tout prévoir, ils constateront vite qu'une démarche d'intervention de groupe s'inscrit dans un processus qui exige des ajustements constants. Des modifications doivent être apportées à la lumière de l'évolution du groupe. Comme le soulignent Galinsky et Schopler (1980), l'interchangeabilité des rôles doit varier en fonction du développement du groupe. Ainsi, au premier stade (préaffiliation/confiance), les coanimateurs doivent privilégier la constance de façon à sécuriser les membres et à favoriser l'émergence de la cohésion. Au stade suivant (pouvoir-contrôle/autonomie), étant donné les tensions entre les membres et les risques de conflits, ils doivent se présenter comme des modèles de collaboration. À cet égard, ils doivent faire preuve de respect l'un envers l'autre, reconnaître mutuellement la valeur de leurs interventions et réagir avec souplesse. Il est souhaitable que les rôles varient en fonction des forces et des limites respectives des intervenants et de la dynamique du groupe. C'est généralement à ce stade de l'évolution du groupe que les coanimateurs éprouveront le besoin de recourir à un superviseur externe pour régler, s'il y a lieu, leurs difficultés. Une fois que le groupe est passé au stade suivant, les rôles sont généralement bien définis et les intervenants se connaissent mieux, de sorte qu'il leur est plus facile de prévoir les réactions de l'autre et de s'adapter en cas d'imprévus.

8.3.3 Une évaluation continue de la démarche du groupe

Que les intervenants soient habitués ou non à coanimer ensemble et qu'ils proviennent d'une même organisation ou d'établissements différents, il est essentiel qu'ils prévoient du temps pour évaluer la démarche d'intervention et la qualité de la coanimation. Comme le mentionne Daudelin (1998 : 50), « une condition majeure pour le bon fonctionnement de la coanimation s'avère le temps accordé à la discussion et à l'évaluation ». Selon plusieurs autres auteurs (Toseland et Rivas, 1998 ; Henry, 1992 ; Posthuma, 1989), il est important que les intervenants procèdent à une évaluation après chaque rencontre et partagent leurs impressions sur la dynamique du groupe et leurs analyses du cheminement des membres. Cette évaluation formative permet une réflexion féconde quant aux adaptations nécessaires. De même, il est important de procéder à une évaluation sommative à la toute fin de l'intervention pour vérifier l'atteinte des objectifs fixés, la satisfaction des membres et la contribution de la coanimation à ce résultat. Prévoir des méthodes d'évaluation de la coanimation et de sa portée sur le groupe confirme la rigueur de cette modalité d'intervention et lui donne, de ce fait, beaucoup plus de crédibilité.

La coanimation peut constituer un atout important dans une démarche d'intervention de groupe. Mais pour que cette modalité contribue de façon significative au cheminement du groupe, tous les acteurs, à savoir les intervenants, les membres et les représentants de l'organisme, doivent se concerter pour mettre en place les conditions essentielles à sa réussite. Par conséquent, une attention particulière doit être accordée aux éléments suivants :

— L'évaluation des compétences individuelles des intervenants ;
— La mise en commun des orientations théoriques et idéologiques des intervenants ;
— La définition des responsabilités et des rôles respectifs des intervenants au sein du groupe ;
— La planification, la supervision et l'évaluation de la démarche d'intervention et de la coanimation ;
— L'élaboration d'une procédure dynamique de résolution des conflits.

SYNTHÈSE

Malgré l'absence de fondements théoriques pouvant en soutenir l'application, la coanimation est de plus en plus utilisée. Plusieurs raisons d'ordre pédagogique, professionnel et organisationnel peuvent expliquer cette situation. La coanimation fournit en effet un contexte qui facilite la formation des étudiants, permet le soutien entre intervenants, favorise le travail interdisciplinaire et permet de tirer profit de la diversité des expertises. Pour les étudiants et les jeunes intervenants, elle peut constituer un cadre d'apprentissage particulièrement intéressant, car elle favorise le développement d'habiletés en fournissant une certaine sécurité. De plus, elle soutient l'interdisciplinarité, car elle permet à des intervenants ayant des formations, des compétences et des expériences différentes de travailler ensemble. Plusieurs auteurs reconnaissent que la coanimation comporte des risques qu'il faut tenter d'éviter. Il est ainsi nécessaire de procéder à une planification rigoureuse, de faire preuve de souplesse dans les rôles pendant l'intervention et de prévoir un temps suffisant pour l'évaluation. Pour le succès de la coanimation, il est essentiel que les intervenants discutent ouvertement de tous les aspects de leur pratique, afin de pouvoir travailler de concert avant, pendant et après leur démarche d'intervention (Wickham, 1993). Le travail d'équipe est essentiel pour que les coanimateurs arrivent à trouver une façon de faire offrant à chacun un sentiment de sécurité et permettant de faire face aux imprévus qui se présentent inévitablement pendant les rencontres d'un groupe.

LECTURES COMPLÉMENTAIRES

TOSELAND, R.W. et RIVAS, R.F. (1998). « Co-leadership ». Dans *An Introduction to Group Work Practice*, 3ᵉ éd. Toronto : Allyn and Bacon, p. 121-126. Chapitre 4 de l'ouvrage.

WICKHAM, E. (1993). « Co-leadership ». Dans *Group Treatment in Social Work*. Toronto : Thompson Educational Publishing, p. 111-119. Chapitre 10 de l'ouvrage.

Conclusion

Le présent ouvrage a présenté aux personnes intéressées et débutantes les éléments essentiels de l'intervention de groupe. Le premier chapitre a défini le travail de groupe comme faisant partie du service social et il en a décrit l'histoire et les différentes pratiques. Les deux chapitres qui suivent ont mis l'accent sur le groupe lui-même, avant d'aborder son utilisation à des fins de changement. Ainsi, dans le chapitre 2 ont été abordés la définition du groupe et les concepts généralement utilisés pour en faire une analyse, tels le but, les normes ou le leadership. Le chapitre 3 s'est inscrit dans une perspective plus dynamique, puisqu'il a été question de l'évolution du groupe sous les angles de la prise de décision, des stades de développement et des phases d'intervention.

Comme le font les ouvrages classiques d'initiation à cette méthode, les chapitres 4 à 7 ont approfondi quant à eux les phases du processus d'intervention. Ainsi, la planification, abordée dans le chapitre 4, regroupe l'ensemble des activités qui précèdent la première rencontre et sont essentielles à une intervention efficace. La phase de début, présentée au chapitre 5, permet la mise en place d'un cadre de travail adéquat par l'établissement de conditions interpersonnelles qui permettent aux membres de s'investir dans la démarche du groupe. Après cette phase, le groupe peut habituellement consacrer son énergie à l'atteinte de ses buts. L'intervenant adapte son rôle à cette plus grande maturité du groupe. Il aide les membres dans la structuration du travail et dans l'analyse des situations problématiques, et accompagne le groupe dans son évolution. La phase de travail, évoquée dans le chapitre 6, peut varier beaucoup selon les buts du groupe et la durée prévue de l'intervention. L'étape de fin, présentée au chapitre 7, mérite quant à elle une attention particulière, car elle provoque des réactions spécifiques et influe largement sur le maintien des acquis et sur les suites éventuelles de l'intervention.

La coanimation a été abordée dans le dernier chapitre, car elle est de plus en plus répandue dans la pratique. Bien qu'elle présente des avantages certains, elle peut aussi comporter des inconvénients. À cet égard, elle requiert quelques conditions essentielles pour être une réussite.

Certains aspects importants du service social des groupes n'ont pas été élaborés dans cet ouvrage mais méritent d'être brièvement évoqués. Il s'agit notamment de l'enseignement de l'intervention, de la recherche évaluative, des théories et des modèles d'intervention en groupe et des questions éthiques.

Dans les revues spécialisées comme *Social Work with Groups, Groupwork* ou *Small Group Research,* on trouve de nombreux articles sur les modalités de formation au travail de groupe, sur l'utilisation du groupe dans un processus de formation et sur les possibilités de « faire du groupe » avec une classe. Un autre thème fréquent, plus fondamental, est la présence d'un enseignement spécifique sur le travail de groupe au sein d'un programme de formation. La préparation à l'intervention de groupe peut-elle s'inscrire dans une perspective intégrée ou généraliste qui se situe au-delà de la classique division par méthodes d'intervention ? Enseigne-t-on le service social des groupes ou un contenu beaucoup plus axé sur la psychothérapie de groupe ? La formation à l'intervention de groupe est-elle en croissance ou en régression dans les écoles de service social ? La réponse à de telles questions déborde les objectifs du présent ouvrage, mais le lecteur intéressé peut consulter à ce sujet le livre de Kurland et Salmon (1998).

Par ailleurs, l'évaluation (des besoins, diagnostique, formative et des effets), dont il a été question à plusieurs reprises dans cet ouvrage, aurait pu faire l'objet d'un chapitre particulier. Une revue spécialisée (*Small Group Research*) porte sur la recherche sur le petit groupe et d'autres revues du domaine (*Research on Social Work Practice, Social Work with Groups*) ont publié des numéros thématiques sur ce sujet, qui suscite un intérêt croissant (Tolman et Rose, 1994 ; Rose et Feldman, 1986). Dans les écrits recensés, c'est évidemment l'évaluation des effets qui est abordée le plus fréquemment (Saint-Jacques, Ouellet et Lindsay, 1994). On insiste également de plus en plus sur la rencontre nécessaire entre la recherche et la pratique et sur l'intérêt d'études d'implantation dans la perspective de la réalisation de nouveaux projets (Tard et autres, 1997).

Les théories et les modèles d'intervention en service social des groupes constituent également un thème important. Au Québec, le modèle de réciprocité a connu un essor intéressant depuis les années soixante-dix, tant dans la pratique que dans la formation universitaire. En même temps, de nombreuses interventions de groupe, facilement accessibles et couvrant diverses problématiques, ont été proposées, ce qui a permis l'essor du modèle d'éducation structurée, dans lequel l'animateur a davantage un rôle d'expert et d'enseignant (Turcotte et Fournier, 1994). Le modèle cognitif-behavioral, fondé sur les théories de l'apprentissage, a quant à lui l'avantage d'intégrer de façon régulière une procédure d'évaluation ; c'est pourquoi on le trouve de plus en plus fréquemment dans les recherches empiriques sur l'intervention de groupe (Tolman et Molidor, 1994). Enfin, plusieurs auteurs, insistant sur l'intérêt de viser des objectifs qui outrepassent le membre lui-même et ses relations interpersonnelles, se sont orientés vers une perspective d'action sociale qui met l'accent sur les liens entre le groupe et le contexte sociopolitique dans lequel il s'inscrit (Breton, 1990 ; Mullender et Ward, 1991). Le lecteur intéressé trouvera une présentation des principales théories en intervention de groupe dans Fatout (1992) et dans Roberts et Northen (1976).

Pour ce qui est des particularités que comporte l'action auprès de certaines populations, on peut trouver des publications axées sur les enfants (Corey et Corey, 1997), sur les adolescents (Malekoff, 1999), sur les adultes (Kaplan, 1988) et sur les personnes âgées (Burnside et Schmidt, 1994). Ces spécificités, on le comprendra, débordent largement les fins du présent ouvrage.

Une dimension qui mérite une attention particulière est l'éthique du travail de groupe. Ce sont généralement les pratiques avec les individus qui sont le plus approfondies dans les différents codes de déontologie des associations professionnelles. Toutefois, on s'est intéressé dans la dernière décennie aux particularités de l'éthique professionnelle lorsque la méthode de groupe est utilisée, et ce tant en service social que dans les disciplines connexes (Northen, 1998). Mentionnons simplement ici, à titre exploratoire, quelques aspects éthiques que soulève la pratique de groupe. Premièrement, la confidentialité, qui est aussi importante dans une intervention de groupe que dans une intervention individuelle, prend une coloration particulière en groupe. Comme le manquement à la confidentialité peut avoir des conséquences fâcheuses, ce sujet doit être discuté explicitement avec les membres afin de devenir une norme partagée, essentielle à la démarche du groupe. Deuxièmement, il incombe à l'intervenant de fournir aux membres de l'information à propos de la nature de la démarche d'intervention : buts du groupe, modalités utilisées, rôles des membres et de l'intervenant, risques associés à la participation, qualifications de l'intervenant, etc. Troisièmement, il est important que l'intervenant saisisse bien ses propres valeurs et opinions personnelles, car elles ont un effet sur son rôle et peuvent colorer son travail ; il peut y avoir divergence sur ce plan entre l'animateur et le groupe, ou entre les membres eux-mêmes. Quatrièmement, concernant la distribution des services, les membres doivent être traités avec équité et leurs droits doivent être protégés. Ainsi doivent être évitées les menaces physiques et les pressions exercées par les pairs. Chaque personne doit avoir la possibilité d'interagir à l'intérieur du groupe et d'en utiliser les ressources. L'autodétermination des personnes doit être respectée, même si cela exige souvent une négociation entre les membres eux-mêmes, ou entre l'un d'eux et le groupe dans son entier. Une recherche effectuée au Québec a permis d'explorer les dimensions éthiques associées à l'intervention de groupe auprès des conjoints violents, et plus particulièrement la nature des dilemmes éthiques observés, la résolution de ceux-ci, le processus décisionnel et le soutien à l'intervenant qui fait face à un dilemme éthique (Rondeau et autres, 1997).

Il a souvent été question, dans le présent volume, des groupes de personnes formés par des intervenants, pour un temps limité et dans le but d'atteindre des objectifs reliés aux besoins des participants ou à l'accomplissement de tâches. D'ailleurs, le premier chapitre illustre comment le groupe peut être utilisé pour satisfaire les besoins des personnes (thérapie, éducation, soutien social) ou pour accomplir des tâches (travail d'équipe, action sociale visant plus que le simple bénéfice des membres). Mais, plus largement, diverses situations dans lesquelles agissent des intervenants sociaux peuvent être éclairées par les différentes concepts du service social des groupes présentés ici.

Une première situation a trait au travail avec les familles et avec les réseaux sociaux, qui fait souvent partie de la tâche d'intervenants s'occupant de cas reliés à différentes problématiques. La famille est un groupe naturel dans lequel il faut apprendre à décoder les normes, les rôles, les modes de communication, etc. Plusieurs auteurs tels Garvin (1986) et Hines (1988) se sont intéressés aux similitudes, sur les plans de l'analyse et du traitement, d'une vision systémique dans le travail avec les groupes, d'une part, et avec les familles, d'autre part.

Une autre situation fréquente que rencontre l'intervenant est reliée au travail dans des contextes fondés sur la vie de groupe. Les écoles, les maisons de transition, les centres d'accueil et les maisons d'hébergement sont des exemples de ce type de contexte. Ces différentes structures varient en taille, en composition, en mode de direction et d'animation et en stabilité dans le temps, mais leurs dimensions groupales doivent souvent être prises en considération pour la compréhension de certains événements (Shulman, 1992 ; Nadelman, 1994).

Bien que cela soit relativement récent dans les écrits professionnels, on parle par ailleurs de plus en plus de la possibilité de travailler dans une perspective de groupe même lorsque se réunissent une seule fois des personnes (Ebenstein, 1998 ; Rotholz, 1985). Ces groupes d'une seule rencontre sont le plus souvent utilisés à des fins d'information, de soutien, d'apaisement en contexte de crise, d'urgence ou d'attente d'une intervention médicale. S'il ne faut pas s'attendre à un sentiment d'appartenance semblable à celui qu'on trouve après de nombreuses rencontres, on peut signaler, à l'instar de plusieurs auteurs, les bienfaits de la mise en place d'une perspective d'aide mutuelle. De plus, ce type de groupe requiert l'utilisation d'habiletés spécifiques liées à la mise en contact des personnes, la détermination d'un but partagé, la définition des dynamiques d'aide mutuelle et le respect de la phase de fin de rencontre.

Enfin, les intervenants de groupe collaborent de plus en plus avec des groupes d'entraide dont les membres vivent une même difficulté. Les personnes peuvent présenter des troubles du comportement, avoir des problèmes d'excès de consommation, des maladies physiques ou mentales. Elles peuvent aussi être des proches ou des aidants naturels de personnes en difficulté qui trouvent avantage à partager leur vécu. Différents auteurs (Kurtz, 1997 ; Lavoie et Stewart, 1995) ont défini les ressemblances et les différences entre ces groupes et les groupes de soutien et de thérapie. Le rôle de l'intervenant professionnel à qui on demande la collaboration est ici particulier puisque, plutôt que d'être un leader formel, il agit comme consultant à différentes étapes de la vie du groupe. Néanmoins, ses compétences concernant les groupes lui sont utiles, même s'il n'anime pas directement.

Les tendances actuelles laissent entrevoir un bel avenir pour le service social des groupes. Il reste à souhaiter que les relations entre la pratique et la recherche permettront un accroissement des connaissances en service social des groupes qui rejaillira sur la formation des futurs intervenants. Ainsi, l'œuvre de Simone Paré, au Québec, aura des retombées dignes de cette pionnière.

Bibliographie

ABRAVANEL, H. (1986). « La prise de décision ». Dans N. Côté, H. Abravanel, J. Jacques et L. Bélanger, *Individu, groupe et organisation*. Montréal : Gaëtan Morin Éditeur, p. 232-277.

ALARIE, F. et ROSE, D. (1989). « Expérience de groupe auprès d'enfants témoins ou victimes de violence ». *Intervention*, 83, p. 58-63.

ALISSI, A. et CASPER, M. (1985). « Time as a factor in groupwork : Time-limited group experiences ». *Social Work with Groups*, 8 (2), p. 3-16.

ALTER, C. et EVENS, W. (1990). *Evaluating Your Own Practice : A Guide to Self-Assessement*. New York : Springer, 195 pages.

AMADO, G. et GUITTET, A. (1991). *Dynamique des communications dans les groupes*. Paris : Armand Colin, 213 pages.

ANDERSON, J. (1979). « Social work practice with groups in the generic base of social work practice ». *Social Work with Groups*, 2 (4), p. 281-293.

ANDERSON, J. (1986). « Integrating research and practice in social work with groups ». *Social Work with Groups*, 9 (3), p. 111-124.

ANDERSON, J. (1997). *Social Work with Groups : A Process Model*. New York : Longman, 332 pages.

AUBRY, J.M. et ST-ARNAUD, Y. (1967). *Dynamique des groupes*. Montréal : Éditions de l'Homme, 109 pages.

BALES, R.F. (1950). *Interaction Process Analysis : A Method for the Study of Small Groups*. Chicago : University of Chicago Press, 203 pages.

BALES, R.F., COHEN, S.P. et WILLIAMSON, S.A. (1979). *SYMLOG : A System for the Multiple Level Observation of Groups*. New York : Free Press, 537 pages.

BALGOPAL, P. et VASSIL, T.V. (1983). *Groups in Social Work : An Ecological Perspective*. New York : MacMillan, 335 pages.

BARKER, R.L. (1999). *The Social Work Dictionary*, 4e éd. Washington, D.C. : NASW Press, 584 pages.

BEAL, G.M., BOHLEN, J.M. et RAUDABAUGH, J.N. (1969). *Les secrets de la dynamique des groupes*. Paris : Chotard, 317 pages.

BEAUDOIN, G., CÔTÉ, I., DELISLE, R., GABOURY, M.-C., GUÉNETTE, N. et LESSARD, G. (1998). « L'intervention de groupe au service des enfants exposés à la violence conjugale ». *Intervention*, 107, p. 19-32.

BELLVILLE, T.P., RATHS, O.N. et BELLVILLE, C.J. (1969). « Conjoint marriage therapy with a husband and wife team », *American Journal of Orthopsychiatry*, 39 (3), p. 473-483.

BENNIS, W. et SHEPARD, H. (1962). «A theory of group development». Dans G. Bennis, K. Berne et R. Chin (sous la dir. de), *The Planning of Change*. New York : Holt, Rinehart and Winston, p. 321-340.

BERGERON, J.L., CÔTÉ-LÉGER, N., JACQUES, J. et BÉLANGER, L. (1979). *Les aspects humains de l'organisation*. Chicoutimi : Gaëtan Morin Éditeur, 337 pages.

BERMAN-ROSSI, T. (1993). «The task and skills of the social worker across stages of group development». *Social Work with Groups*, 16 (1-2), p. 69-81.

BERTCHER, H.J. et MAPLE, F. (1974). «Elements and issues in group composition». Dans P. Glasser, R. Sarri et R. Winter (sous la dir. de), *Individual Change Through Small Groups*. New York : Free Press, p. 186-208.

BERTCHER, H.J. et MAPLE, F.F. (1977). *Creating Groups*. Beverley Hills, Calif. : Sage, 96 pages.

BERTEAU, G., CÔTÉ, I. et LINDSAY, J. (1994). «Un regard sur l'évolution du service social des groupes au Québec et ailleurs». Dans *Actes du colloque «À la lumière de 50 ans d'action sociale»*. Québec : Université Laval, École de service social, p. 115-124.

BESSON, C. (1990). «Les groupes à court terme». *Service social*, 39 (1), p. 160-167.

BISNO, H. (1999). *Managing Conflict*. Newbury Park, Calif. : Sage, 175 pages.

BLAKE, R.R. et MOUTON, J.S. (1964). *The Managerial Grid*. Houston, Tex. : Gulf Publishing, 340 pages.

BLOCH, S. et CROUCH, E. (1985). *Therapeutic Factors in Group Psychotherapy*. Oxford : Oxford University Press, 342 pages.

BOISVERT, D., COSSETTE, F. et POISSON, M. (1995). *Animation de groupes*. Cap-Rouge, Québec : Presses interuniversitaires, 324 pages.

BOLDUC, A. (1996). «L'intervention de groupe auprès des personnes atteintes de brûlures». *Service social*, 45 (3), p. 137-152.

BOUDREAU, A. (1998). *Les retentissements de la coanimation sur le développement de l'aide mutuelle dans un groupe de soutien*. Essai de maîtrise. Québec : Université Laval, École de service social, 100 pages.

BOULANGER, M. et SAINT-PIERRE, A. (1980). «Le traitement des difficultés de relation entre parents et adolescents par l'intervention de groupe». *Service social*, 29 (1-2), p. 88-96.

BRAATEN, L.J. (1991). «Group cohesion : A new multidimensional model». *Group*, 15 (1), p. 39-55.

BRANDLER, S. et ROMAN, C.P. (1991). *Group Work : Skills and Strategies for Effective Interventions*. New York : Haworth Press, 256 pages.

BRETON, M. (1990). «Leçons à tirer de nos traditions en service social des groupes». *Service social*, 39 (1), p. 13-26.

BRETON, M. (1994). «On the meaning of empowerment and empowerment-oriented social work practice». *Social Work with Groups*, 17 (3), p. 23-37.

BRETON, M. (1996). «Plaidoyer contre les monopolisations professionnelles». *Intervention*, 102, p. 10-19.

BRONFENBRENNER, U. (1986). « Ecology of the family as a context for human development : Research perspective ». *Developmental Psychology*, 22 (6), p. 723-746.

BROWN, A. (1979). *Groupwork*. London : Heinemann Educational Books, 108 pages.

BROWN, L. (1991). *Groups for Growth and Change*. New York : Longman, 259 pages.

BUDMAN, S., SIMEONE, P., REILLY, R. et DEMBY, A. (1994). « Progress in short-term and time-limited group psychotherapy : Evidence and implications ». Dans A. Fuhriman et G.M. Burlingame (sous la dir. de), *Handbook of Group Psychotherapy*. New York : John Wiley and Sons, p. 319-339.

BURGOON, M., HESTON, J.K. et McCROSKEY, J. (1974). *Small Group Communication : A Functional Approach*. New York : Holt, Rinehart and Winston, 217 pages.

BURNSIDE, I. et SCHMIDT, M. (sous la dir. de) (1994). *Working with Older Adults : Group Processes and Techniques*. Boston : Jones and Bartlett, 514 pages.

CARTWRIGHT, D. (1968). « The nature of group cohesiveness ». Dans D. Cartwright et A. Zander (sous la dir. de), *Group Dynamics : Research and Theory*, 3e éd. New York : Harper and Row, p. 91-109.

CHAU, K.L. (1990). « Dynamique culturelle et service social des groupes : Pratique clinique en milieux multiculturels ». *Service social*, 39 (1), p. 27-40.

COMPTON, B. et GALLAWAY, B. (1989). *Social Work Processes*, 4e éd. Homewood, Calif. : Dorsey Press, 773 pages.

COREY, G. (1989). *Theory and Practice of Group Counseling*. Pacific Grove, Calif. : Brooks/Cole, 195 pages.

COREY, M.S. et COREY, G. (1997). *Groups : Process and Practice*, 5e éd. Pacific Grove, Calif. : Brooks/Cole, 454 pages.

CORSINI, R. et ROSENBERG, B. (1955). « Mechanism of group therapy : Processes and dynamics ». *Journal of Abnormal and Social Psychology*, 51, p. 406-411.

COSBY, S.G. (1992). « Factors influencing self-disclosure patterns of Black college students ». *Dissertation Abstracts International*, 52 (9-B), p. 4970.

CÔTÉ, I. (1990). « Intervention de groupe auprès d'enfants de parents divorcés », *Service social*, 37 (1-2), p. 214-223.

CÔTÉ, I. (1992). « La coanimation en travail de groupe : De la théorie à la pratique ». *Service social*, 39 (3), p. 157-169.

CÔTÉ, N. (1986). « La communication ». Dans N. Côté, H. Abravanel, J. Jacques et L. Bélanger (sous la dir. de), *Individu, groupe et organisation*. Boucherville : Gaëtan Morin Éditeur, p. 140-163.

COWGER, C. (1979). « Conflict and conflict management in working with groups ». *Social Work with Groups*, 2 (4), p. 309-320.

DARVEAU-FOURNIER, L. (1990). « Le groupe ici et ailleurs ». *Service social*, 39 (1), p. 5-12.

DASTE, B.M. (1980). « Some aspects of group leadership in a school social work training unit ». *Social Work with Groups*, 3 (2), p. 87-94.

DAUDELIN, H. (1998). « La coanimation ». Dans *Recueil de textes du cours « Service social des groupes »*. Québec : Université Laval, École de service social, p. 44-49.

DE ROBERTIS, C. (1987). *Méthodologie de l'intervention en travail social*. Paris : Le Centurion, 316 pages.

DE ROBERTIS, C. et PASCAL, H. (1987). *L'intervention sociale collective en travail social*. Paris : Le Centurion, 303 pages.

DE SHAZER, S. (1991). *Putting Difference to Work*. New York : W.W. Norton, 182 pages.

DESLANDES, R. et TURCOTTE, D. (1996). « Intervention auprès de deux groupes de femmes du deuxième âge en milieu rural ». *Intervention*, 102, p. 48-57.

DEWEY, J. (1910). *How We Think*. Boston : Heath, 224 pages.

DOUGLAS, T. (1979). *Group Processes in Social Work : A Theoretical Synthesis*. New York : John Wiley and Sons, 236 pages.

EBENSTEIN, H. (1998). « Single-session groups : Issues for social workers ». *Social Work with Groups,* 21 (1/2), p. 49-60.

EPHROSS, P.H. (1997). « Introduction ». Dans G.L. Greif et P.H. Ephross (sous la dir. de), *Group Work with Populations at Risk*. New York : Oxford University Press, p. 1-11.

ESSED, P. (1991). *Understanding Everyday Racism : An Interdisciplinary Theory*. Newbury Park, Calif. : Sage, 322 pages.

FALK, G. (1982). « An empirical study measuring conflict in problem-solving groups which are assigned different decision rules ». *Human Relations*, 35, p. 1123-1138.

FATOUT, M. (1992). *Models for Change in Social Group Work*. New York : Aldine de Gruyter, 218 pages.

FEINBERG, N. (1980). « A study of group stages in a self-help setting ». *Social Work with Groups*, 3 (1), p. 41-49.

FIKE, D.F. (1980). « Evaluating group intervention ». *Social Work with Groups*, 3 (2), p. 41-51.

FISCH, R., WEAKLAND, J.H. et SEGAL, L. (1986). *Tactiques du changement : Thérapie et temps court*. Paris : Seuil, 373 pages.

FISCHER, J. et CORCORAN, K. (1994a). *Measures for Clinical Practice : A Sourcebook*, 2ᵉ éd. New York : Free Press, vol. 1, 539 pages.

FISCHER, J. et CORCORAN, K. (1994b). *Measures for Clinical Practice : A Sourcebook*, 2ᵉ éd. New York : Free Press, vol. 2, 715 pages.

FLOWERS, J. (1979). « Behavior analysis of group therapy and a model for behavioral group therapy ». Dans D. Upper et S. Ross (sous la dir. de), *Behavioral Group Therapy, 1979 : An Annual Review*. Champaign, Ill. : Research Press, p. 5-37.

FRAMO, J. (1965). *Intensive Family Therapy : Theoretical and Practical Aspects*. New York : Harper and Row, 507 pages.

GALINSKY, M.J. et SCHOPLER, J.H. (1980). « Structuring coleadership in social work training ». *Social Work with Groups*, 3 (4), p. 51-63.

GALINSKY, M.J. et SCHOPLER, J.H. (1989). « Developmental patterns in open-ended groups ». *Social Work with Groups*, 12 (2), p. 99-114.

GARBARINO, J. et STOCKING, S.H. (1980). *Protecting Children from Abuse and Neglect: Developing and Maintaining Effective Support Systems for Families*. San Francisco: Jossey-Bass, 222 pages.

GARLAND, J., JONES, H. et KOLODNY, R. (1976). « A model for stages of development in social work groups ». Dans S. Bernstein (sous la dir. de), *Explorations in Group Work*. Boston: Milford Press, p. 17-71.

GARVIN, C. (1986). « Family therapy and group work: "Kissing cousins or distant relatives" ». Dans M. Parnes (sous la dir. de), *Innovations in Social Group Work: Feedback from Practice to Theory*. New York: Haworth Press, p. 1-16.

GARVIN, C., REID, W. et EPSTEIN, L. (1976). « A task-centered approach ». Dans R. Roberts et H. Northen (sous la dir. de), *Theories of Social Work with Groups*. New York: Columbia University Press, p 238-267.

GARVIN, C.D. (1997). *Contemporary Group Work*. Toronto: Allyn and Bacon, 322 pages.

GÉLINEAU, L. (1983). « Essai d'intervention de groupe dans un pavillon pour personnes âgées ». *Service social*, 32 (1-2), p. 79-88.

GERMAIN, C. et GITTERMAN, A. (1980). *The Life Model of Social Work Practice*. New York: Columbia University Press, 376 pages.

GLASER, B.A., WEBSTER, C.B. et HORNE, A.M. (1992). « Planning a group: An instructional project for graduate students ». *The Journal for Specialists in Group Work*, 17 (2), p. 84-88.

GLASSMAN, U. et KATES, L. (1990). *Group Work: A Humanistic Approach*. Newbury Park, Calif.: Sage, 294 pages.

GOLDSTEIN, A., KELLER, K. et SECHREST, L. (1966). *Psychotherapy and the Psychology of Behavior Change*. New York: John Wiley and Sons, 472 pages.

GREENFIELD, W.L. et ROTHMAN, B. (1987). « Termination or transformation? Evolving beyond termination in groups ». Dans J. Lassner, K. Powell et E. Finnegan (sous la dir. de), *Social Group Work: Competence and Values in Practice*. New York: Haworth Press, p. 51-66.

GREIF, G.L. et EPHROSS, P.H. (sous la dir. de) (1997). *Group Work with Populations at Risk*. New York: Oxford University Press, 346 pages.

GRZYBOWSKI, B. (1976). « Comment réussir une réunion ». *Psychologie*, 81, p. 7-12.

GULLERED, E. et HARLAN, V. (1962). « Four-way interviewing in marital counseling ». *Caseworker*, 43 (10), p. 532-537.

HARE, A.P., BLUMBERG, H.H., DAVIES, M.F. et KENT, M.V. (1994). *Small Group Research: A Handbook*. Norwood, N.J.: Ablex, 570 pages.

HEAP, K. (1994). *La pratique du travail social avec les groupes*. Paris: ESF, 212 pages.

HENRY, S. (1992). *Group Skills in Social Work: A Four Dimensional Approach*, 2e éd. Itasca, Ill.: F.E. Peacock, 286 pages.

HINES, M. (1988). « Similarities and differences in group and family therapy ». *Journal for Specialists in Group Work*, 13 (4), p. 173-179.

HOMANS, G. (1950). *The Human Group*. New York: Harcourt Brace Jovanovich, 484 pages.

HOME, A. (1996). « Réussir l'intervention de groupe malgré un contexte difficile : Mission impossible ? » *Intervention*, 102, p. 20-29.

HOME, A. et DARVEAU-FOURNIER, L. (1980). « La spécificité du service social des groupes ». *Service social*, 29 (1-2), p. 16-31.

HOME, A. et DARVEAU-FOURNIER, L. (1981). *Utilisation des groupes en service social dans la région 03*. Québec : Université Laval, École de service social, Laboratoire de recherche, 164 pages.

HOME, A. et DARVEAU-FOURNIER, L. (1983). « Les groupes de service social à Québec : Recherche et rapports entre théorie et pratique ». *Service social*, 32 (1-2), p. 129-155.

HOOLOMAN, C.R. et HENDRICK, H.W. (1972). « Adequacy of group decisions as a function of the decision making process ». *Academy of Management Journal*, 15, p. 175-184.

HOPMEYER, E. (1990). « Entraide et service social des groupes ». *Service social*, 39 (1), p. 64-75.

HUDSON, W.W. (1990). *WALMYR Classroom Training Package*. Tallahassee, Fla.: WALMYR Publishing Co., pag. multiple.

JANIS, I. (1982). *Groupthink: Psychological Studies of Policy Decisions and Fiascoes*. Boston: Houghton Mifflin, 344 pages.

JANIS, I. et MANN, L. (1977). *Decision Making: A Psychological Analysis of Conflict Choice and Commitment*. New York: Free Press, 488 pages.

JOHNSON, D.W. (1977). « Distribution and exchange of information in problem solving dyads ». *Communication Research*, 4, p. 283-298.

JOHNSON, D.W. (1988). *Les relations humaines dans le monde du travail*. Montréal : Éditions du Renouveau pédagogique, 280 pages.

JOHNSON, D.W. et JOHNSON, F.P. (1997). *Joining Together: Group Theory and Group Skills*. Needham Height, Minn.: Allyn and Bacon, 612 pages.

KALTER, N., PICKAN, J. et LESOWITZ, M. (1984). « School-based development facilitating groups for children of divorce: A preventive intervention ». *American Journal of Orthopsychiatry*, 54 (4), p. 613-623.

KAPLAN, K. (1988). *Directive Group Therapy-Innovative Mental Health Treatment*. Thorofare, New Jersey: Slack, 165 pages.

KIESLER, S. (1978). *Interpersonal Process in Groups and Organizations*. Arlington Heights, Va.: AHM, 398 pages.

KIRSCHENBAUM, H. et GLASER, B. (1978). *Developing Support Groups*. La Jolla, Calif.: University Associates, 80 pages.

KLEIN, A. (1970). *Social Work Through Group Process*. Albany, N.Y.: State University of New York at Albany, School of Social Welfare, 215 pages.

KLEIN, A. (1972). *Effective Group Work: An Introduction to Principle and Method*. New York: Association Press, 384 pages.

KONOPKA, G. (1963). *Social Group Work: A Helping Process*. Englewood Cliffs, N.J.: Prentice-Hall, 307 pages.

KURLAND, R. (1978). «Planning: The neglected component of group development», *Social Work with Groups*, 1 (2), p. 173-178.

KURLAND, R. et SALMON, R. (1998). *Teaching a Methods Course in Social Work with Groups*. Alexandria, Va.: Council on Social Work Education, 219 pages.

KURTZ, L. (1997). *Self-Help and Support Groups*. Thousand Oaks, Calif.: Sage, 229 pages.

LANDRY, S. (1995). «Le groupe restreint: Prémisses conceptuelles et modélisation». *Revue québécoise de psychologie*, 16 (1), p. 45-62.

LARIVIÈRE, C. (1977). *Qu'est-ce qu'un groupe?* Montréal: C.E.C.M., Service de l'éducation des adultes, 10 pages.

LAVOIE, F. et STEWART, M. (1995). «Les groupes d'entraide et les groupes de soutien: Une perspective canadienne». *Revue canadienne de santé mentale communautaire*, 14 (2), p. 13-22.

LECLERC, C. (1999). *Comprendre et construire les groupes*. Québec: Chronique sociale, Presses de l'Université Laval, 322 pages.

LEGAULT, G. (sous la dir. de) (2000). *L'intervention interculturelle*. Boucherville: Gaëtan Morin Éditeur, 364 pages.

LEGENDRE, R. (1993). *Dictionnaire actuel de l'éducation,* 2e éd. Montréal: Guérin, 1 500 pages.

LEVINE, B. (1979). *Group Psychotherapy: Practice and Development*. Englewood Cliffs, N.J.: Prentice-Hall, 332 pages.

LEVINE, B. (1980). «Co-leadership approaches to learning groupwork». *Social Work with Groups*, 3 (4), p. 35-38.

LEVINE, B. et GALLOGLY, V. (1985). *Group Therapy with Alcoholics: Outpatient and Inpatient Approaches*. Newbury Park, Calif.: Sage, 160 pages.

LEVINSON, H.M. (1973). «Use and misuse of groups». *Social Work*, 18 (1), p. 66-73.

LEWIN, K. (1951). *Field Theory in Social Science*. New York: Harper and Row, 346 pages.

LEWIN, K. (1959). *Psychologie dynamique: Les relations humaines*. Paris: PUF, 296 pages.

LEWIN, K., LIPPITT, R. et WHITE, R. (1939). «Patterns of agressive behavior in experimentally created "social climates"». *Journal of Social Psychology*, 10, p. 271-299.

LINDSAY, J. (1990). *Les types de groupes en service social*, texte inédit. Québec: Université Laval, École de service social, 12 pages.

LINDSAY, J. (1991). *La négociation d'un contrat*, texte inédit. Québec: Université Laval, École de service social, 7 pages.

LINN, L.S. (1975). « Factors associated with patient evaluation of health care ». *Milbank Memorial Fund Quarterly*, 53, p. 531-548.

MACKENZIE, K.R. (1994). « Group development ». Dans A. Fuhriman et G.M. Burlingame (sous la dir. de), *Handbook of Group Psychotherapy*. New York : John Wiley and Sons, p. 223-268.

MALEKOFF, A. (1999). *Group Work with Adolescents : Principles and Practice*. New York : Guilford Press, 336 pages.

MALUCCIO, A.N. et MARLOW, W.D. (1974). « The case for the contract ». *Social Work*, 19 (1), p. 28-36.

MARCOTTE, F. (1986). « Les rôles dans un groupe ». Dans R. Mayer, H. Lamoureux et J. Panet-Raymond (sous la dir. de). *L'action communautaire*. Montréal : Saint-Martin, p. 55-64.

MARTIN, P. et SHANAHAN, K. (1983). « Transcending the effects of sex composition in small groups ». *Social Work with Groups*, 6 (3/4), p. 19-32.

MAYER, R. et OUELLET, F. (1991). *Méthodologie de recherche pour les intervenants sociaux*. Boucherville : Gaëtan Morin Éditeur, 537 pages.

MCKAY, M. et PALEG, K. (sous la dir. de) (1992). *Focal Group Psychotherapy*. Oakland, Calif. : New Harbinger, 530 pages.

MENNECKE, B.E., HOOFER, J.A. et WYNNE, B.E. (1992). « The implications of group development and history for group support system theory and practice ». *Small Group Research*, 23, p. 524-572.

METCALF, L. (1998). *Solution Focused Group Therapy*. New York : Free Press, 242 pages.

MIDDLEMAN, R. (1980). « Co-leadership and solo-leadership in education of social work with groups ». *Social Work with Groups*, 3 (4), p. 39-50.

MIDDLEMAN, R.R. (1982). *The Non-verbal Method in Working with Groups : The Use of Activity in Teaching, Counseling, and Therapy*, éd. augm. Hebron, Conn. : Practitioners Press, 285 pages.

MIDDLEMAN, R.R. (1990). « Habiletés propres au travail social avec le groupe comme entité ». *Service social*, 39 (1), p. 151-160.

MIDDLEMAN, R.R. et GOLDBERG, G. (1987). « Social work practice with groups ». Dans *Encyclopedia of Social Work*, 18ᵉ éd. Washington, D.C. : National Association for Social Workers, p. 714-729.

MIREAULT, G., DRAPEAU, S., FAFARD, A., LAPOINTE, J. et CLOUTIER, R. (1991). *Évaluation d'un projet d'intervention auprès d'enfants de familles séparées : Le projet Entramis*. Québec : Département de santé communautaire, 152 pages.

MONTMINY, L. et BELLEVANCE, J.C. (1996). « Le groupe en contexte de réadaptation ». *Service social*, 45 (3), p. 153-174.

MORALES, A. et SHEAFOR, B. (1977). *Social Work : A Profession with Many Faces*. Boston : Allyn and Bacon, 286 pages.

MOSCOVI, S. et DOISE, W. (1992). *Dissensions, consensus : Une théorie générale des décisions collectives*. Paris : PUF, 236 pages.

MUCCHIELLI, R. (1975). *Le travail en équipe : Connaissance du problème, applications pratiques*. Paris : ESF, 49 pages.

MUCCHIELLI, R. (1992). *La conduite des réunions*. Paris : ESF, coll. « Formation permanente en sciences humaines », 62 pages.

MULLENDER, A. et WARD, D. (1991). *Self-directed Groupwork – Users Take Action for Empowerment*. Londres : Whiting and Birch, 194 pages.

NADELMAN, A. (1994). « Sharing the hurt : Adolescents in residential setting ». Dans A. Gitterman et L. Shulman, *Mutual Aid Groups, Vulnerable Populations, and the Life Cycle*. New York : Columbia University Press, p. 163-184.

NAPIER, R. et GERSHENFELD, M. (1993). *Groups : Theory and Experience*, 4ᵉ éd. Boston : Houghton Mifflin, 619 pages.

NEMETH, C. (1977). « Interaction between jurors as a function of majority vs. unanimity decisions rules ». *Journal of Applied Social Psychology*, 7, p. 38-56.

NGUYEN, T.D., ATTKISSON, C.C. et STEGNER, B.L. (1983). « Assessment of patient satisfaction : Development and refinement of a service evaluation questionnaire ». *Evaluation and Program Planning*, 6, p. 299-314.

NORTHEN, H. (1988). *Social Work with Groups*, 2ᵉ éd. New York : Columbia University Press, 382 pages.

NORTHEN, H. (1998). « Ethical dilemmas in social work with groups ». *Social Work with Groups*, 21 (1-2), p. 5-18.

OHLSEN, M., HORNE, A.M. et LAWE, C. (1988). *Group Counseling*. New York : Holt, Rinehart et Winston, 303 pages.

OUELLET, F. et MAYER, R. (2000). « L'étude de besoins ». Dans R. Mayer, F. Ouellet, M.C. Saint-Jacques et D. Turcotte (sous la dir. de), *Méthodes de recherche en intervention sociale*. Boucherville : Gaëtan Morin Éditeur, p. 257-286.

PAPELL, C. (1983). « Group work in the profession of social work : Identity and context ». Dans N. Lang et C. Marshall (sous la dir. de), *Patterns in the Mosaic : Proceedings of the 4ᵗʰ Annual Symposium for the Advancement of Social Work with Groups*. Toronto : Committee for the Advancement of Social Work with Groups, p. 1193-1209.

PAPELL, C. et ROTHMAN, B. (1966). « Social group work models : Possession and heritage ». *Journal of Education for Social Work*, 2, p. 66-77.

PAPELL, C. et ROTHMAN, B. (1978). « Editorial policy statement ». *Social Work with Groups*, 1 (1), p. 1-3.

PAPELL, C. et ROTHMAN, B. (1979). « Editorial », *Social Work with Groups*, 2, p. 275-279.

PAPELL, C. et ROTHMAN, B. (1980). « Relating the mainstream model of social work with groups to group psychotherapy and the structured groups approach ». *Social Work with Groups*, 3 (2), p. 5-25.

PAPELL, C. et ROTHMAN, B. (1983). « Le modèle du courant central en service social des groupes en parallèle avec la psychothérapie et l'approche de groupe structuré ». *Service social*, 32 (1-2), p. 11-31.

PÂQUET-DEEHY, A., HOME, A., HOPMEYER, A. et KISLOVICZ, L. (1983). « Étude comparative du service social des groupes à Montréal et à Québec ». *Service social*, 32 (1-2), p. 156-169.

PÂQUET-DEEHY, A., PROULX, J. et HAMEL, C. (1997). *L'évaluation d'une intervention de groupe auprès d'enfants et d'adolescents exposés à la violence conjugale aux Centres de la jeunesse et de la famille Batshaw.* Montréal : Centres de la jeunesse et de la famille Batshaw.

PARÉ, S. (1971). *Groupes et service social.* Québec : Presses de l'Université Laval, 336 pages.

PARÉ, S. (1992). « Quelques aspects de l'histoire du service social des groupes au Québec et ailleurs ». *Cahiers du service social des groupes*, 1, 47 pages.

PARSONS, T. (1964). *The Social System.* New York : Free Press, 575 pages.

PEDRO-CARROLL, J.O. et COWEN, E.L. (1985). « The children of divorce intervention program : An investigation of the efficacy of a school-based prevention program ». *Journal of Consulting and Clinical Psychology*, 53 (5), p. 603-611.

PELED, E. et DAVIS, D. (1995). *Groupwork with Children of Battered Women : A Practitioner's Guide.* Thousand Oaks, Calif. : Sage, 225 pages.

PELLEGRINI, R.J. (1971). « Some effects of seating position on social perception ». *Psychological Reports*, 28, p. 887-893.

PFEIFFER, W. et JONES, J. (1975). *Annual Handbook for Group Facilitators.* La Jolla, Calif. : University Associates Publishers inc., 289 pages.

PINE, I., TODD, W.E. et BOENHEIM, C. (1972). « Special problems of resistance in co-therapy groups ». *International Journal of Group Psychotherapy*, 22, p. 354-361.

POSTHUMA, B.W. (1989). *Small Groups in Therapy Settings : Process and Leadership.* Toronto : Little Brown, 240 pages.

PUTNAM, L.L. (1986). « Conflict in group decision making ». Dans R.Y. Hirokawa et M.S. Poole (sous la dir. de), *Communication and Group Decision Making.* Beverly Hills, Calif. : Sage, p. 175-196.

REID, K. (1997). *Social Work Practice with Groups : A Clinical Perspective.* Pacific Grove, Calif. : Brooks/Cole, 308 pages.

RICHARD, B. (1995). *Psychologie des groupes restreints.* Cap-Rouge : Presses interuniversitaires, 138 pages.

ROBERTS, R. et NORTHEN, H. (1976). *Theories of Social Work with Groups.* New York : Columbia University Press, 401 pages.

RONDEAU, G., LINDSAY, J., BEAUDOIN, G. et BRODEUR, N. (1997). *Les dimensions éthiques associées à l'intervention auprès des conjoints violents.* Québec : Université Laval, Centre de recherche interdisciplinaire sur la violence familiale et la violence faite aux femmes, 218 pages.

ROSE, S. et FELDMAN, R. (sous la dir. de) (1986). *Research on Social Group Work*, numéro spécial de *Social Work with Groups*, 9 (3), 124 pages.

ROSENTHAL, Y. et BANDURA, A. (1978). « Psychological modeling : Theory and practice ». Dans S. Garfield et A. Bergin (sous la dir. de), *Handbook of Psychotherapy and Behavior Changes*. New York : John Wiley and Sons, p. 621-658.

ROSNAY, J. de (1975). *Le macroscope : Vers une vision globale*. Paris : Seuil, 295 pages.

ROTHMAN, B. (1980). « Study of patterns of leadership in group work field instruction ». *Social Work with Groups*, 3 (4), p. 11-17.

ROTHMAN, B. et PAPELL, C. (1990). « Service social des groupes en contexte d'autorité ». *Service social*, 39 (1), p. 45-63.

ROTHOLZ, T. (1985). « The single session group : An innovative approach to the waiting room ». *Social Work with Groups*, 8 (2), p. 143-146.

RUDESTAM, K.E. (1982). *Experiential Groups in Theory and Practice*. Monterey, Calif. : Brooks/Cole, 318 pages.

RUSSEL, M.N. (1990). *Clinical Social Work : Research and Practice*. Newbury Park : Sage, 189 pages.

ST-ARNAUD, Y. (1989). *Les petits groupes : Participation et communication*. Montréal : Presses de l'Université de Montréal, 176 pages.

SAINT-JACQUES, M.C., OUELLET, F. et LINDSAY, J. (1994). « L'alliance de l'évaluation et de la pratique en service social des groupes ». *Cahiers du service social des groupes*, 8, 40 pages.

SCHATZ, M.S., JENKINS, L.E. et SHEAFOR, B.W. (1990). « Milford redefined : A model of initial and advanced generalist social work ». *Journal of Social Work Education*, 26 (3), p. 217-231.

SCHEIDEL, T. et CROWELL, L. (1979). *Discussing and Deciding : A Deskbook for Group Leaders and Members*. New York : McMillan, 331 pages.

SCHILLER, L.Y. (1995). « Stages of development in women's groups : A relational model ». Dans R. Kurland et R. Salmon (sous la dir. de), *Group Work Practice in a Troubled Society : Problems and Opportunities*. New York : Haworth Press, p. 117-138.

SCHILLER, L.Y. (1997). « Rethinking stages of development in women's groups : Implications for practice ». *Social Work with Groups*, 20 (3), p. 3-19.

SCHOPLER, J.H. et GALINSKY, M.J. (1990). « Can open-ended groups move beyond beginnings ? ». *Small Group Research*, 21 (4), p. 435-449.

SCHOPLER, J.H., GALINSKY, M. et ALICKE, M. (1985). « Goals in social group work practice : Formulation, implementation and evaluation ». Dans M. Sundel, P. Glasser, R. Sarri et R. Vinter, *Individual Change Through Small Groups*. New York : Free Press, p. 140-158.

SCHULTZ, B.G. (1988). *Communicating in the Small Group : Theory and Practice*. New York : Harper Collins, 270 pages.

SCHWARTZ, W. (1961). *The Social Worker in the Group : The Social Welfare Forum*, New York : Columbia University Press, 185 pages.

SCHWARTZ, W. (1971). « On the use of groups in social work practice ». Dans W. Schwartz et S. Zalba (sous la dir. de), *The Practice of Group Work*. New York : Columbia University Press, p. 3-24.

SCHWARTZ, W. et ZALBA, S. (1971). *The Practice of Group Work*. New York : Columbia University Press, 284 pages.

SHULMAN, L. (1976). *Le modèle de médiation : Une technique de travail social avec les groupes*. Paris : ESF, 128 pages.

SHULMAN, L. (1992). *The Skills of Helping : Individuals, Families and Groups*. Itasca, Ill. : Peacock, pag. multiple.

SIMARD, P., BEAUDOIN, A., TURCOTTE, D. et TURGEON, J. (2001). *L'accessibilité aux services psychosociaux pour les 0-12 ans en CLSC : Les liens avec les modes d'organisation*. Québec : École nationale d'administration publique et Université Laval, 164 pages.

SIPORIN, M. (1975). *Introduction to Social Work Practice*. New York : MacMillan, 468 pages.

STEINBERG, D.M. (1997). *The Mutual-Aid Approach to Working with Group*. Northvale, N.J. : Jason Aronson inc., 197 pages.

STEMPLER, B.J. (1993). « Supervisory co-leadership : An innovative model for teaching the use of social group work in clinical social work training ». *Social Work with Groups*, 16 (3), p. 97-110.

TARD, C., BEAUDOIN, A., TURCOTTE, D. et OUELLET, H. (1997). *L'évaluation de l'action des organismes dans le cadre du programme d'action communautaire pour les enfants (PACE) : Outils pour l'amélioration de la qualité des programmes*. Québec : Université Laval, Centre de recherche sur les services communautaires, 225 pages.

TOLMAN, R. et MOLIDOR, C. (1994). « A decade of social group work research : Trends in methodology, theory, and program development ». *Research on Social Work Practice*, 4 (2), p. 142-159.

TOLMAN, R. et ROSE, S. (sous la dir. de) (1994). *Empirical Research on the Outcomes of Social Work with Groups*, numéro spécial de *Research on Social Work Practice*, 4 (2), 119 pages.

TOSELAND, R. (1981). « Increasing access : Outreach methods in social work practice ». *Social Casework*, 62 (4), p. 227-234.

TOSELAND, R. (1995). *Group Work with the Elderly and Family Caregivers*. New York : Springer, 273 pages.

TOSELAND, R. et RIVAS, R. (1998). *An Introduction to Group Work Practice*, 3e éd. Toronto : Allyn and Bacon, 506 pages.

TROPMAN, J. (1995). « The role of the board in the planning process ». Dans J. Tropman, J. Erlich et J. Rothman (sous la dir. de), *Tactics and Techniques of Community Intervention*, 3e éd. Itasca, Ill. : F.E. Peacock, p. 157-170.

TURCOTTE, D. (1990). « Aide professionnelle et groupe d'entraide : Une démarche combinée pour les parents d'adolescent(e)s ». *Intervention*, 85, p. 64-72.

TURCOTTE, D. (1996). «Quelques tendances de l'évolution récente des pratiques en service social des groupes». *Revue canadienne de service social*, 13 (1), p. 53-74.

TURCOTTE, D. (1997). «Pour réussir le recrutement des membres: L'importance des alliances avec la communauté». *Service social*, 46 (2-3), p. 101-126.

TURCOTTE, D., BEAUDOIN, G. et PÂQUET-DEEHY, A. (1999). *Les pratiques d'intervention auprès des enfants et des adolescents exposés à la violence conjugale.* Québec: Université Laval, Centre de recherche interdisciplinaire sur la violence familiale et la violence faite aux femmes, 136 pages.

TURCOTTE, D. et FOURNIER, J.R. (1994). *Les pratiques actuelles en service social des groupes: Nature et contraintes.* Québec: Université Laval, Faculté des sciences sociales, École de service social, 54 pages.

TURCOTTE, D., SAMSON, C., LESSARD, G. et BEAUDOIN, A. (1997). *De l'intervention à l'évaluation: La dynamique de réalisation des projets d'action communautaire.* Québec: Centre de recherche sur les services communautaires, 127 pages.

TURCOTTE, D. et TARD, C. (2000). «L'évaluation de l'intervention et l'évaluation de programme». Dans R. Mayer, F. Ouellet, M.C. Saint-Jacques et D. Turcotte (sous la dir. de), *Méthodes de recherche en intervention sociale.* Boucherville: Gaëtan Morin Éditeur, p. 327-358.

VERNELLE, B. (1994). *Understanding and Using Groups.* Leicester: Whiting and Birch, 232 pages.

VINTER, R. (1974). «Program activities: An analysis of their effects on participant behavior». Dans P. Glasser, R. Sarri et R. Vinter (sous la dir. de), *Individual Change Through Small Groups.* New York: Free Press, p. 233-243.

WALDMAN, E. (1980). «Co-leadership as a method of training: A student's point of view». *Social Work with Groups*, 3 (1), p. 51-58.

WALL, V.D., Jr., GALANES, G.J. et LOVE, S.B. (1987). «Small task-oriented groups, conflict, conflict management, satisfaction, and decision quality». *Small Group Behavior*, 18, p. 31-55.

WALROND-SKINNER, S. (1980). *Thérapie familiale, traitement des systèmes vivants.* Paris: ESF, 167 pages.

WALTER, J.L. et PELLER, J.E. (1992). *Becoming Solution-Focused in Brief Therapy.* New York: Brunner/Mazel, 271 pages.

WATZLAWICK, P. (sous la dir. de) (1988). *L'invention de la réalité: Comment savons-nous ce que nous croyons savoir? Contributions au constructivisme.* Paris: Seuil, 373 pages.

WATZLAWICK, P., BEAVIN, J.H. et JACKSON, D.D. (1972). *Une logique de la communication.* Paris: Seuil, 285 pages.

WEEKS, D. (1992). *The Eight Essential Steps to Conflict Resolution.* New York: G.P. Putnam's Sons, 290 pages.

WEISS, J.C. (1975). «The D-R model of co-leadership of groups». *Small Group Behavior*, 19 (1), p. 117-125.

WHITTAKER, J. et GARBARINO, J. (1983). *Social Support Network: Informal Helping in the Human Services*. New York: Aldine de Gruyter, 295 pages.

WICKHAM, E. (1993). *Group Treatment in Social Work: An Integration to Theory and Practice*. Toronto: Thompson Educational, 143 pages.

WILSON, G. (1941). *Group Work and Casework: Their Relationship and Practice*. New York: Family Welfare Association of America, 107 pages.

WILSON, S.A. (1980). *Recording. Guidelines for Social Workers*. New York: Free Press, 241 pages.

WITTEMAN, H. (1991). «Group member satisfaction: A conflict-related account». *Small Group Research,* 22 (1), p. 24-58.

WOOD, J.T. (1977). «Constructive conflict in discussions: Learning to manage disagreements effectively». Dans J.W. Pfeiffer et J.E. Jones, *The 1977 Annual Handbook for Group Facilitators*, La Jolla, Calif.: University Associates Publishers, p. 115-119.

YALOM, I. (1983). *Inpatient Group Psychotherapy*. New York: Basic Books, 350 pages.

YALOM, I. (1995). *The Theory and Practice of Group Psychotherapy*, 4ᵉ éd. New York: Basic Books, 602 pages.

Index des auteurs

Index des sujets

Nous reconnaissons l'aide financière du gouvernement du Canada par l'entremise du Programme d'aide au développement de l'industrie de l'édition (PADIÉ) pour nos activités d'édition.

Gouvernement du Québec — Programme de crédit d'impôt
pour l'édition de livres — Gestion SODEC.